Die ‚komplexe' Perspektive

Einführung in die digitale Wirtschaft

Die Digitalisierung, das Internet der Dinge, Big Data, Data Science, intelligente Roboter, selbstfahrende Autos mit künstlicher Intelligenz und Industrie 4.0.

Wie soll man diese Technologien bewerten?

Welche Folgen werden sie haben?

Werden Roboter die Welt übernehmen?

Droht mit Big Data die Überwachungsgesellschaft?

Brauchen wir technischen Fortschritt überhaupt?

Kann man Fortschritt regulieren?

Das Buch richtet sich an alle und es werden keine speziellen Vorkenntnisse benötigt. In diesem Buch werden sachliche und technisch fundierte Antworten auf die obigen Fragen gegeben.

Jörn Dinkla ist freiberuflicher Informatiker und Unternehmensberater und arbeitet seit über 30 Jahren mit Informationstechnik. Er erstellt Software, schreibt Bücher und hält Vorträge und Schulungen. Sein Hauptinteresse gilt den Fächern Informatik, Wirtschaft, komplexe Systeme, Netzwerke, Computerspiele und KI.

Jörn Dinkla

Die ‚komplexe' Perspektive

Einführung in die digitale Wirtschaft

www.dinkla.com

Bibliografische Information der Deutschen Nationalbibliothek:

Die Deutsche Nationalbibliothek verzeichnet diese Publikation in der Deutschen Nationalbibliografie; detaillierte bibliografische Daten sind im Internet über http://dnb.dnb.de abrufbar.

Herstellung und Verlag:

BoD – Books on Demand, Norderstedt

ISBN 978-3-8391-3693-5

Vorwort

Die Menschheit ist in der Informations- und Wissensgesellschaft angekommen. Kaum sind die vielen Änderungen durch die neuen technischen und sozialen Erfindungen verdaut, tauchen weitere Neuigkeiten am Horizont auf: das Internet der Dinge, Big Data, Data Science, intelligente Roboter und selbstfahrende Autos mit künstlicher Intelligenz.

Wie soll man diese Technologien bewerten?

Welche Folgen werden sie haben?

Viele Menschen sind hier sehr skeptisch und fürchten, dass die Privatsphäre und die Freiheit von diesen neuen Technologien bedroht werden. Typische Schlagzeilen und Buchtitel enthalten Phrasen wie „Überwachungsstaat", „Datenkraken" und „sie wissen alles über uns". Andere haben eher wirtschaftliche Ängste und fürchten den Verlust von Arbeitsplätzen, einen „digitalen Turbokapitalismus" oder dass die Internetkonzerne die Weltherrschaft übernehmen. Politiker nutzen diese Ängste wiederum aus, um ihre politischen und wirtschaftlichen Interessen durchzusetzen.

Daher müssen die *Informationstechnologie,* die *Wirtschaft* und die *Politik* zusammen betrachtet werden. Das Thema ist sehr umfangreich, weil die Informationstechnik sehr viele Bereiche des Lebens beeinflusst. Um die Grenzen der Künstlichen Intelligenz zu verstehen, muss man auch die Grenzen der menschlichen Intelligenz kennen. Um die Gefährlichkeit einer falschen Regulierung einschätzen zu können, muss man über Grundwissen der Wirtschaft verfügen.

Daher erklärt dieses Buch die Grundlagen von vielen unterschiedlichen Bereichen und vermittelt das Grundwissen für die neue digitale Wirtschaft und Gesellschaft:

- Datenverarbeitung
- Künstliche Intelligenz
- Wirtschaftswissenschaften
- die Digitalisierung und deren wirtschaftliche Auswirkungen
- die begrenzte Rationalität der Menschen
- Komplexe Systeme
- Spieltheorie
- die Geschichte der Menschheit
- die Rolle der Politik

Das Buch richtet sich an alle und es werden keine speziellen Vorkenntnisse benötigt. Nach dem Lesen kann man die Welt und die technische Entwicklung aus der Perspektive der „komplexen Systeme" betrachten und die „Gefahren" neu bewerten.

Ich wünsche allen Leserinnen und Lesern viel Spaß beim Lesen und Nachdenken. Über konstruktive Kommentare per Email bin ich sehr dankbar.

Hamburg, im März 2016

Jörn Dinkla (joern@dinkla.net)

Danksagung

Danke gebürt Ruben J. Moor für seine konstruktive Kritik. Ich danke auch meinen Eltern für ihre Unterstützung.

Inhaltsverzeichnis

1. Einführung 1

  1.1 Das Buch im Überblick 1

  1.2 Was nicht im Buch behandelt wird............................. 3

  1.3 Die politische Seite 4

  1.4 Anmerkungen zum Buch 5

2. Systeme und Netzwerke 6

  2.1 Was sind Systeme? 6

  2.2 Korrelation und Kausalität.. 7

  2.3 Modelle, Graphen und Netzwerke 9

  2.4 Agentenbasierte Modellierung (ABM)...................... 25

  2.5 Komplexe Systeme 36

  2.6 Interventionen 41

  2.7 Schwarze Schwäne und Anti-Fragilität 43

3. Der Mensch 46

  3.1 Zwei unterschiedliche Mittel zum Zweck 46

  3.2 Begrenzte Rationalität 47

  3.3 Spieltheorie und menschliches Verhalten................... 48

  3.4 Zwei Visionen der Menschheit................................... 53

4. Die Geschichte.. 55

  4.1 Handel, Technik und soziale Institutionen 55

  4.2 Das ökonomische Mittel.. 59

5. Wirtschaft als komplexes System.................................. 70

  5.1 Was ist Ökonomie?.. 70

  5.2 Kritik an der traditionellen Ökonomie....................... 71

  5.3 Komplexe Ökonomie... 75

  5.4 Märkte.. 83

  5.5 Gewinnorientierung, Bürokratie und soziale Unternehmen 91

5.6 Evolution und Dynamik.. 96

5.7 Innovationen durch kollektive Intelligenz 98

5.8 Komplexe Ökonomie 99

6. Der Rohstoff: Daten.. 101

6.1 Daten, Informationen und Wissen 101

6.2 Daten in der Praxis 107

6.3 Datenbanken 117

6.4 Das Data-Warehouse 124

6.5 Business Intelligence 126

6.6 Big Data.. 128

7. Data Science: Daten zu Wissen 130

7.1 Einführendes Beispiel.. 130

7.2 Klassifikation und Regression 131

7.3 Data Mining... 135

7.4 Daten-intensive Wissenschaft... 140

8. Künstliche Intelligenz 142

8.1 Was ist Künstliche Intelligenz? 142

8.2 Der Turing-Test 143

8.3 Rationale Agenten 147

8.4 Suche 148

8.5 Neuronale Netze 151

8.6 Intelligente Roboter 155

8.7 Status der KI 156

9. Die digitale Wirtschaft.. 160

9.1 Digital, innovativ und exponentiell wachsend....................... 160

9.2 Die digitale Ökonomie 169

9.3 Innovationen vs. Wettbewerb 170

9.4 Agile Unternehmen.. 174

9.5 Innovationen 177

9.6 Entrepreneure 178

9.7 Neue Geschäftsmodelle 179

9.8 Soziale Netzwerke und die Demokratisierung 187

9.9 Das Wirtschaftswachstum und das BIP 191

9.10 „The winner takes it all" 193

10. Die Zukunft 194

10.1 Utopien und Dystopien 194

10.2 Die Rahmenbedingungen 197

10.3 Das Gehirn: Big Data, Data Science und KI 201

10.4 Das Nervensystem: Das Internet der Dinge 202

10.5 Die verbesserte kollektive Intelligenz 208

10.6 Die ferne Zukunft: die Singularität 213

11. … und die Politik 217

11.1 Das politische Spiel 217

11.2 Individuelle und ökonomische Freiheit 217

11.3 Das Finanzsystem 220

11.4 Markt und Staat 222

11.5 Komplexe Politik 227

11.6 Interessenskonflikte 229

11.7 Arbeit und Arbeitsplätze 233

11.8 Monopole und Patente 237

11.9 Datenschutz und Privatsphäre 239

12. Zusammenfassung und Fazit 245

12.1 Zusammenfassung 245

12.2 Folgerungen 246

13. Literaturverzeichnis 254

14. Index 263

1. Einführung

1.1 Das Buch im Überblick

Die Menschheit ist in der Informations- und Wissensgesellschaft angekommen. In den letzten zwanzig Jahren wurden Bücher, Musik, Filme und Fotos digitalisiert. Selbst die sozialen Kontakte verwalten die Menschen heute mit „Apps" und Internet-Plattformen. Durch diese großen Veränderungen gibt es auch viele Menschen, die Ängste vor weiteren Änderungen haben. Sie fragen sich, was da noch alles auf sie zukommen könnte, was aus den Arbeitsplätzen wird oder ob ein diktatorischer Überwachungsstaat entsteht. Manche fürchten sogar um das Ende der ganzen Menschheit, wenn künstliche Intelligenzen die Erde übernehmen.

Schon in den 80er-Jahren gab es Bücher mit Titeln wie *„Das Datennetz: Computer bedrohen die Freiheit"* [BK83]. Es gab auch schon Ängste vor Arbeitsplatzverlust durch Computer und Roboter. Kaum wurden die Computer und das Internet von den Ängstlichen als nicht so gefährlich akzeptiert, tauchen schon neue Ängste auf: Big Data, Data Science, selbstfahrende Autos und Künstliche Intelligenz.

Ist die Situation wirklich so gefährlich?

Um eine Antwort auf diese Frage zu finden, ist Wissen aus sehr vielen unterschiedlichen Bereichen notwendig. Das heutige Bildungssystem ist leider sehr theoretisch und trennt Informatik, Wirtschaftswissenschaften, Physik, Geschichte, Psychologie und die Soziologie voneinander. Für die Beantwortung der obigen Frage wird aber ein bisschen von allem benötigt. Man muss „ganzheitlich" in Netzwerken und komplexen System denken. Auch muss man den Elfenbeinturm der Wissenschaften verlassen und sich die Situation in den Unternehmen angucken. Außerdem ist es von Vorteil, auch einfache Grundkenntnisse von Daten und Informatik zu haben.

Das Buch enthält von allen diesen Themen genug, damit man die Situation nach dem Lesen wesentlich besser einschätzen kann. Es richtet sich an „Einsteiger" ohne Vorkenntnisse. Die einzelnen Kapitel sind relativ unabhängig voneinander, so dass das Buch auch mit Gewinn weitergelesen werden kann, wenn man einzelne Abschnitte nur schnell „überfliegt", weil einem das Thema z. B. zu theoretisch oder zu mathematisch ist.

Die wichtigste Grundlage dieses Buchs ist die Wissenschaft von den *„komplexen Systemen"*. Diese ist bisher noch nicht sehr bekannt, aber intuitiv sehr einfach zu lernen. Das Wort „komplex" wird umgangssprachlich oft benutzt und bedeutet meistens „sehr schwierig" oder „nicht einfach zu durchschauen". In Kapitel 2 **„Systeme und Netzwerke"** werden die Grundlagen von einfachen, komplizierten und komplexen Systemen anhand von Beispielen erklärt. Mit Graphen und Netzwerken können diese Systeme visualisiert und analysiert und mit der agentenbasierten Modellierung (ABM) simuliert werden.

Die zweite Grundlage dieses Buchs ist die menschliche Intelligenz, die in Kapitel 3 **„Der Mensch"** behandelt wird. Menschen verfügen nach Erkenntnissen der *Verhaltensökonomie* und Psychologie nur über begrenzte Fähigkeiten. Diese können sie aber mit Hilfe der *Spieltheorie* gewinnbringend einsetzen.

Die dritte Grundlage bildet das Kapitel 4 **„Die Geschichte"**, in dem ein ganz kurzer und abstrakter Überblick auf die menschliche Geschichte gegeben wird. Es wird insbesondere die Rolle des Tausches, des Handels und der technologischen Entwicklung betont. Es wird erklärt, warum „Wissen" heute wichtiger ist als „Kapital".

Mit diesem Grundwissen gerüstet, kann in Kapitel 5 die **„Wirtschaft als komplexes System"** betrachtet werden. Die Wirtschaft ist ein *Informationssystem* und Preise sind die Überträger der Informationen. Es wird erklärt, warum die traditionellen Wirtschaftswissenschaften um die Erkenntnisse der komplexen Systeme erweitert werden sollten. Einfache Grundkenntnisse der Wirtschaft werden auch erklärt, z. B. wie Märkte funktionieren oder der Zusammenhang von Angebot, Nachfrage und Preis.

Die fünfte Grundlage dieses Buchs sind die Daten und werden in Kapitel 6 **„Der Rohstoff: Daten"** behandelt. Es werden die verschiedenen Arten von Daten anhand von Beispielen erklärt. Anschließend wird gezeigt, wo sie in Computersystemen und in der Industrie wichtig sind. Es werden verschiedene Datenbanken vorgestellt und wie Daten in Daten-Warenhäusern verarbeitet und mit Business Intelligence interpretiert werden.

Wie aus Daten nützliches Wissen wird, ist Thema des Kapitels 7 **„Data Science: Daten zu Wissen"**. Unter dem Namen *Data Science* versammeln sich eine Menge von Techniken, wie man Daten mit Hilfe von Computern analysieren und statistische Schlüsse aus diesen ziehen kann. Als Beispiel werden hier sog. *Entscheidungsbäume* eingeführt.

Einen Schritt weiter geht es in Kapitel 8 „**Künstliche Intelligenz**". Hier wird erklärt, wie man Computern intelligentes Verhalten beibringen kann und ob Computer wirklich schon so intelligent sind wie Menschen. Dazu muss auch der Begriff „Intelligenz" ein wenig kritisch betrachtet werden. Anhand von *neuronalen Netzen* wird die Technik hinter den selbstfahrenden Autos skizziert. Schließlich wird die Frage untersucht, ob Computer wirklich intelligenter als Menschen werden können.

In Kapitel 9 „**Die digitale Wirtschaft**" werden die Auswirkungen der vorher beschriebenen Technologien auf die Wirtschaft (und damit natürlich auch auf die Gesellschaft) untersucht. Die *Digitalisierung*, die *Vernetzung* und das *exponentielle Wachstum* haben zu einer *digitalen Wirtschaft* geführt, die sich stark von der traditionellen Wirtschaft unterscheidet. Innovationen sind inzwischen wichtiger als Wettbewerb. Statt Firmengröße und Marktbeherrschung sind Anpassungsfähigkeit und „Agilität" gefragt. Die neu entstandenen Geschäftsmodelle und die sozialen Netzwerke werden erklärt.

In Kapitel 10 „**Die Zukunft**" wird ein Blick in die nähere Zukunft gewagt. Mit dem *Internet der Dinge* wird es einen weiteren Schritt der *Digitalisierung* geben. Die Technik des Internet der Dinge und einige neue Anwendungen werden erläutert. Die weit entfernte Zukunft wird mit der *Singularität* ebenfalls angesprochen.

Neue technische Erfindungen lösen oft wirtschaftliche Änderungen aus. Hier kommt es in der Regel zu Interessenskonflikten. Die etablierten Unternehmen wollen ihre Marktposition gegen die Neuankömmlinge schützen. Angestellte fürchten um ihre Arbeitsplätze. Die kleinen und neuen Unternehmen hingegen wollen freien und ungehinderten Zugang zum Markt. Dieses führt zu politischen Diskussionen bei denen die Menschen oft in zwei Lager geteilt sind: „für mehr Regierung" gegen „für mehr Markt". Diese Problematik wird in Kapitel 11 „**... und die Politik**" besprochen und ein Lösungsansatz vorgestellt, der die Erkenntnisse aus den komplexen Systemen berücksichtigt.

Schließlich werden in Kapitel 12 „**Zusammenfassung und Fazit**" die wichtigsten Erkenntnisse noch einmal zusammengefasst und ein Fazit gezogen.

1.2 Was nicht im Buch behandelt wird

Die technologische Entwicklung ist ein so weites Feld, dass man nicht gleichzeitig über alle Themen Bescheid wissen kann. Die Spezialisierung ist so weit fortgeschritten, dass man entweder in die Breite oder in die Tiefe gehen muss. Daher können in diesem Buch viele Technologien und Wissenschaften mit großem Potential nicht behandelt werden. Ganz nach dem Motto *„Schuster, bleib bei Deinem Leisten"* konzentriert sich dieses Buch auf den Bereich Informationstechnik (IT).

Darum werden z. B. die folgenden Themen nicht behandelt: 3D-Druck, Quantencomputer, selbstfliegende Drohnen, intelligente Werkstoffe, Nanotechnologie, Genomik, Biowissenschaften und die Genetik. Es sind natürlich alles interessante Gebiete, in denen sehr viel Neues passieren wird. Dass sie nicht im Buch behandelt werden, soll nicht bedeuten, dass sie in der Zukunft nicht wichtig sind.

1.3 Die politische Seite

Die technologischen Änderungen haben zu großen wirtschaftlichen Veränderungen geführt. Hier gab es Gewinner, wie z. B. die großen neuen Internet-Unternehmen, und Verlierer, wie z. B. die traditionellen Medienunternehmen. Daher hat technologischer Fortschritt auch immer eine politische Seite.

Als die deutsche Bundeskanzlerin Angela Merkel (CDU) im Jahr 2013 den Satz *„Das Internet ist für uns alle Neuland"* sagte, erntete sie dafür Spott und Häme. Das fanden viele lustig, weil sie als Konsumenten das Internet schon seit über 15 Jahren kannten. Aber hatte Frau Merkel als Konsumentin oder als Politikerin gesprochen? Wenn Frau Merkel aus der Sicht einer Politikerin sprach, hat sie gemeint, dass sich die Politik noch nicht sicher ist, wie sie die neuen Technologien behandeln soll. Ist geplant, das Internet stärker zu regulieren? Anderseits entwickelt sich das Internet ja auch täglich weiter. Es entstehen jeden Tag neue Anwendungen. Wenn man will, kann man jeden Tag im Internet irgendwo *„Neuland"* entdecken.

Im Jahr 2015 rief der Präsident des Europäischen Parlaments Martin Schulz (SPD) im Vorwort des Buchs *„Technologischer Totalitarismus: Eine Debatte"* zu einer *„politischen Debatte"* auf und erklärte *„Warum wir jetzt kämpfen müssen"* [Sch15]. Alleine der Titel des Buchs lässt die Einseitigkeit dieser „Debatte" schon erahnen. Das ist eine sehr gefährliche Entwicklung, denn Informatiker, Ingenieure und andere technisch Interessierte haben in der deutschen Öffentlichkeit fast keine Stimme und schon gar keine in der Politik. In weiten Teilen der Gesellschaft gelten Techniker als „Nerds", die man auch ein wenig auslachen kann, wie z. B. die Physiker in der Fernsehserie *„Big Bang Theorie"*. In die Medien kommen sie vorzugsweise als Kritiker von USamerikanischen Unternehmen oder der NSA, d.h. wenn man sie politisch ausnutzen kann. Gegen einen politisch geschulten aber technisch ungebildeten Journalisten kann ein Techniker im Fernsehen nicht andiskutieren. Das könnten eventuell Professoren, aber diese wiederum haben ganz andere wirtschaftlichen Interessen als Startup-Gründer und sehen die Gefahren von politischen Regulierungen nicht. Auch die Vertreter der großen Unternehmen haben ganz andere Interessen als der Mittelstand und die Startups.

Aber das größte Problem dieser „Debatte" ist, dass viele Teilnehmer ein veraltetes Geschichts- und Menschenbild aus der Zeit von Karl Marx haben, neuere Entwicklungen der Wirtschaftswissenschaften nicht kennen, nichts über die Nützlichkeit von Data Science wissen und ihnen unternehmerische Kenntnisse völlig fehlen. Fehlendes Grundwissen führt zu einer falschen Bewertung der Situation. Eine falsche Analyse aber führt auch zu einer falschen Politik. Und eine falsche Wirtschaftspolitik im Bereich der Informationstechnik hätte verheerende Folgen, wie in diesem Buch erklärt wird.

1.4 Anmerkungen zum Buch

Für dieses Buch gibt es eine Webseite:

http://komplexeperspektive.dinkla.com/

Alle Abbildungen in diesem Buch sind auch auf der Webseite in hoher Auflösung vorhanden. Außerdem können die Simulationen aus Kapitel 2 im Browser ausprobiert und der Source-Code heruntergeladen werden. Die in diesem Buch behandelten Themen sind sehr vielfältig und können daher nur grundlegend angesprochen werden. Auf der Homepage gibt es deshalb eine Liste mit weiterführender Literatur.

Wichtige Aussagen werden durch eine graue Box gekennzeichnet.

> **Wichtig**: Bedeutende Aussagen, werden mit einer solchen Box hervorgehoben.

Einige Diagramme in diesem Buch verwenden Icons von OSA, siehe http://www.opensecurityarchitecture.org/cms/about/license-terms für die Lizenz. Die kommerzielle Verwendung der Icons ist nach dieser Lizenz gestattet, sofern die Quelle angegeben wird.

2. Systeme und Netzwerke

2.1 Was sind Systeme?

Das Wort „System" kommt aus dem Griechischen und bedeutet *„aus mehreren Einzelteilen zusammengesetztes Ganzes"*. Diese Einzelteile stehen miteinander in Beziehung und „arbeiten" zusammen. Ein Einzelteil kann wiederum selber ein System sein, man nennt es dann Teilsystem oder Subsystem. Das Wort „System" wird häufig im Alltag verwendet, wie z. B. Sonnensystem, Ökosystem und Computersystem. Meistens werden die „Systeme" nach dem Einsatzgebiet unterschieden: technische, soziale, ökonomische, biologische und ökologische Systeme.

Systeme können natürlich oder künstlich sein, d.h. von der Natur oder vom Menschen geschaffen. Mit den *natürlichen Systemen* beschäftigen sich die *Naturwissenschaften*. Hier werden Modelle der Natur erschaffen und Theorien über das Verhalten erstellt. Diese Theorien werden anhand von Experimenten überprüft. Aufgrund der hohen „Komplexität" der Natur haben sich die Wissenschaftler die Arbeit erleichtert, in dem sie die Natur in die Teilsysteme Physik, Chemie und Biologie eingeteilt haben.

Mit den *künstlichen Systemen* beschäftigen sich allerdings nicht die *„Kunstwissenschaften"* oder die *„künstlichen Wissenschaften"*, sondern eine Vielzahl von unterschiedlichen Disziplinen [Sim96]. Das hat historische Gründe und hat dazu geführt, dass der Bereich der künstlichen Systeme schwer überschaubar ist.

Man kann bestimmte Sachverhalte besser erklären, wenn ein vereinfachtes Modell der Realität benutzt wird. Das Modell ist eine *Abstraktion*. Es ist in den Naturwissenschaften oftmals gar nicht notwendig bis ins letzte Detail auf die Atome zurück zu gehen. Die Physik kann z. B. die Bewegungen der Planeten auch mit einem abstrakten Modell präzise vorhersagen. Um eine Vorhersage über die Planetenlaufbahnen zu machen, kann man die *beobachteten Variablen* auf die Massen der Planeten, deren Umfänge, die Gravitationskonstante, usw. *reduzieren*.

Dieses Prinzip wird heute *„Reduktionismus"* genannt und einer seiner ersten Verfechter war René Descartes (1596 - 1650). Die Idee war, dass man ein komplexes System in seine Einzelteile zerlegt, diese einzeln analysiert und das System hinterher wieder zusammensetzt. Erst durch diese Methode wurde der Fortschritt und die Industrialisierung möglich [Mit09].

Am Anfang des 20. Jahrhunderts kamen aber die ersten Zweifel. Viele Sachverhalte konnten so nicht richtig erklärt werden: das Wetter, lebende Organismen, Epidemien, Ökonomie oder die Verbreitung von kulturellen Entwicklungen, kurzum alles Dynamische oder Lebendige. Dieses wird oft mit dem Spruch *„Das Ganze ist mehr als die Summe seiner Teile"* zusammengefasst. Solche Systeme werden *„komplexe Systeme"* genannt, wie z. B. die folgenden:

- Insektenkolonien von Ameisen oder Bienen
- Der Blutkreislauf im menschlichen Körper
- Die Wirtschaft und das Finanzsystem
- Die Entwicklung von Städten und Ballungsräumen

Die Theorie der komplexen Systeme wird seit den 80er-Jahren entwickelt [Mit09, Hol14, EA96, Bat07]. Sie ist in verschiedenen Fachgebieten entstanden, wie Informatik, Neurowissenschaften, Biologie, Ökonomie, Kognitionswissenschaften und Künstlicher Intelligenz.

2.2 Korrelation und Kausalität

Bei der Analyse von Systemen muss man aufpassen, dass man Korrelation und Kausalität nicht miteinander verwechselt. Diese Begriffe klingen kompliziert, sind aber recht einfach zu verstehen.

Nehmen wir mal an, ein junger außerirdischer Student hätte gerade etwas Freizeit, fliegt zum ersten Mal zur Erde und beguckt sich die Gesichter in einer Fußgängerzone einer beliebigen Stadt in Europa. Ihm fallen bei den Menschen zwei Unterschiede auf: manche haben lange Haare und manche haben kurze Haare. Außerdem haben manche Menschen rot angemalte Lippen und andere nicht. „Wie kommt denn das?" denkt der Außerirdische und erstellt ein Modell mit diesen zwei beobachteten Variablen „Lange Haare" und „Rote Lippen". Nachdem er 20 Menschen beobachtet hatte, erstellt er die folgende Tabelle mit seinen Messwerten:

Lange Haare	Rote Lippen
JA	JA
JA	JA
JA	JA
JA	JA
JA	JA
JA	JA
JA	JA
NEIN	JA
NEIN	NEIN
NEIN	NEIN
JA	NEIN
JA	NEIN
NEIN	NEIN
NEIN	NEIN
NEIN	NEIN
NEIN	NEIN
NEIN	NEIN
NEIN	NEIN
NEIN	NEIN
NEIN	NEIN

Der Außerirdische versucht, einen Zusammenhang zwischen den beiden Variablen zu erkennen und sieht, dass sehr häufig in beiden Spalten der gleiche Wert vorhanden ist. In 17 von 20 Zeilen steht in beiden Spalten der gleiche Wert „JA" bzw. „NEIN". Statistiker nennen das gleichzeitige Vorkommen von Werten *„Korrelation"*. Die Korrelation zweier Variablen gibt an, wie stark zwei Variablen voneinander abhängen. Wenn sie jeweils die gleichen Werte haben, dann ist die Korrelation hoch. Die Korrelation kann Werte von -1 bis 1 annehmen. Der Außerirdische berechnet eine Korrelation von 0,698. Das ist noch nicht sehr hoch, aber es deutet einen Zusammenhang an.

„Aber wie hängen die beiden Variablen zusammen?" fragt sich der Außerirdische: „Verursachen die roten Lippen das Haarwachstum?" oder „führen lange Haare zu rote Lippen"? Wenn diese beiden Variablen zusammenhängen, was ist die Ursache, was ist die Wirkung? Wie hängen die beiden Variablen *„kausal"* zusammen?

Der Außerirdische hat eine Korrelation zwischen zwei Variablen beobachtet, aber das heißt nicht, dass zwischen den beiden eine *Ursache-Wirkung-Beziehung* besteht. Es ist nicht so, dass durch lange Haare rote Lippen entstehen oder umgekehrt. Es ist ein *statistischer Fehlschluss*. Eine Ursache-Wirkung-Beziehung wird auch *kausale* Beziehung genannt. *Korrelation ist nicht gleich Kausalität.*

Und das Geheimnis für den außerirdischen Studenten ist, dass es noch eine *unbeachtete Variable* gibt, die er nicht beobachtet hat: das Geschlecht. Da er diese Variable nicht in das Modell aufgenommen hat und Korrelation mit Kausalität verwechselte, hat er ziemlichen Unsinn erforscht.

Es ist also bei einer Datenanalyse wichtig, dass es möglichst wenig unbeobachtete Variablen gibt. Das führt bei heutigen Firmen dazu, dass sie im Rahmen des Data-Warehousing und Big Data erst einmal sehr viele Daten sammeln ohne zu wissen, was sie eigentlich damit anstellen können. Es könnten Daten über eine Variable sein, die später einmal nützlich wird. Später im Buch werden wir diese Themen und die Datenanalyse mit Data Science genauer behandeln. Auf der anderen Seite sind viele beobachtbaren Variablen oftmals nicht wichtig. Ein Physiker beobachtet andere Dinge als ein Chemiker. Aus praktischen Gründen schränkt man die Menge der beobachteten Variablen daher ein. Das Modell stellt nur einen Ausschnitt dar, es ist eine Abstraktion. Der Außerirdische im obigen Beispiel hätte auch die Außentemperatur und die Luftfeuchtigkeit messen können. Aber diese sind für seine Fragestellung nicht relevant. Welche Variablen verwendet werden hängt davon ab, wofür man das Modell benötigt. Das Prinzip von Ockham's Rasiermesser (benannt nach Wilhelm von Ockham (1288 - 1347)) besagt, dass man von zwei Modellen, die den gleichen Sachverhalt erklären, das einfachere nehmen soll.

Wichtig: Das Modell soll so einfach wie möglich sein, aber nicht reduktionistisch.

2.3 Modelle, Graphen und Netzwerke

Ein „einfaches" Modell

Dieses ist das einzige Kapitel, in dem Programmtexte mit mathematischen Formeln zu sehen sind. Es ist für das weitere Verständnis des Buchs nicht notwendig, den Code zu verstehen. Leser ohne Programmiererfahrung erhalten so aber einen ersten Eindruck von der Programmierung.

Wir fangen mit einem sehr einfachen System an: In einer fernen zweidimensionalen Galaxie gibt es drei Planeten: einen kleinen roten, einen mittleren blauen und einen großen grauen. Wir möchten die Bewegungen von diesen Planeten simulieren. In der folgenden Abbildung sind diese „Planeten" mit den unterschiedlichen Farben und Größen auf einem Koordinatensystem zu sehen:

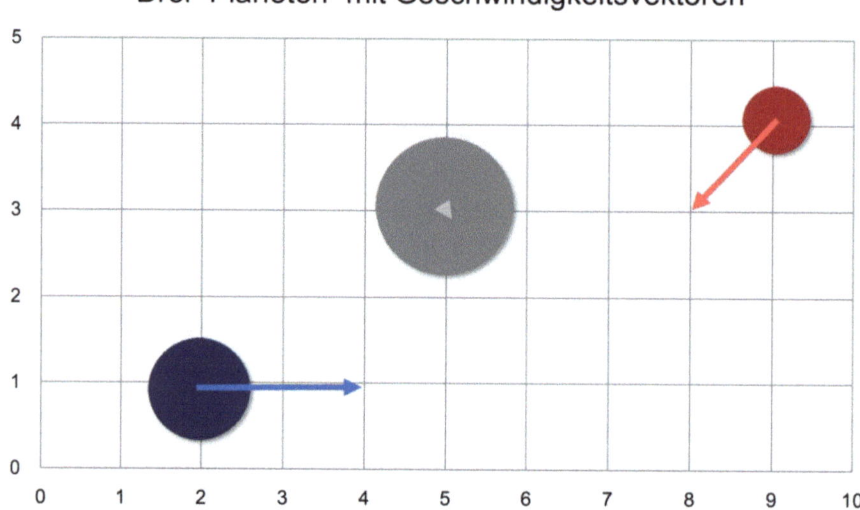

Das Koordinatensystem hat eine waagerechte x-Achse mit Werten von 0 bis 10 und eine senkrechte y-Achse mit Werten von 0 bis 5. Eine Koordinate wird als Paar von Zahlen (x, y) angegeben. Der blaue Planet befindet sich z. B. an den Koordinaten (2, 1).

In der Informatik hat sich die *objektorientierte Programmierung* durchgesetzt. Für jeden Planeten benötigen wir die folgenden *Attribute*, die zusammen den *„Zustand"* des Objekts definieren:

- eine Farbe „color"
- eine Masse bzw. das Gewicht „mass"
- eine Position „position" im Raum in 2D-Koordinaten (x,y)
- einen Richtungs-und-Geschwindigkeits-Vektor „velocity" in 2D-Koordinaten (x, y)

Der Richtungs-und-Geschwindigkeits-Vektor drückt die Bewegung des Planeten aus. Die Geschwindigkeit wird durch die Länge des Vektors ausgedrückt. Ein solcher Vektor wird in Diagrammen oft mit einem Pfeil dargestellt.

In der Software-Entwicklung verwendet man in den meisten Projekten englische Variablennamen. Dieses liegt zum einen an den internationalen Projekten, an den Mitarbeitern, die kein Deutsch sprechen, oder an der englischen Literatur. Nur ein kleiner Bruchteil der englischen Informatik-Literatur wird ins Deutsche übersetzt. Ohne Englischkenntnisse kann man Informatik daher nicht studieren. Also werden auch hier englische Namen verwendet.

Der folgende Programmcode stellt die Definition der Klasse `Circle` da. Es ist eine direkte Umsetzung der obigen Liste.

```
class Circle {
   String color;
   num mass;
   Vector position;
   Vector velocity;
   ...
}
```

Das Programm ist in der Programmiersprache Dart[1]. Es besagt, dass es eine Klasse gibt, die `Circle` heißt und als Attribute eine Zeichenkette (`String`) namens „`color`", eine Zahl (`num`) namens „`mass`", einen Vektor namens „`position`" und einen Vektor namens „`velocity`" hat.

Von dieser Klasse kann man sog. *„Objekte"* erstellen. Dieses geschieht hier mit der Funktion `new`. Im folgenden Beispiel werden die drei Planeten erstellt.

```
var u, v, w;
u = new Circle(color: "blau", mass: 3, position:
new Vector(2, 1), velocity: new Vector(2, 0));
v = new Circle(color: "grau", mass: 4, position:
new Vector(5, 3), velocity: new Vector(0, 0));
w = new Circle(color: "rot", mass: 2, position: new
Vector(9, 4), velocity: new Vector(-1, -1));
```

Für das Programm haben diese Kreise die Namen u, v und w. Man könnte auch sprechendere Namen verwenden, aber hier sollten sie kurz sein.

---

[1] https://www.dartlang.org

Bisher hat die Klasse `Circle` nur Attribute zum Speichern ihrer Daten. Eine Klasse kann aber auch sog. Methoden haben, mit denen sie die Werte ihrer eigenen Attribute ändern kann. Wir möchten die neue Position aus der alten `position` und der `velocity` berechnen, indem wir die `velocity` zur aktuellen `position` hinzuaddieren. Dazu müssen wir der Klasse `Circle` eine Methode geben, die wir `step()` nennen:

```
class Circle {
… wie bisher …
  step() {
    position = position + velocity;
  }
}
```

Eine Methode erkennt man an der Parameterliste „ () “ und den geschweiften Klammern „{}“. Mit `step()` wird `velocity` zur `position` hinzuaddiert. Vor dem Aufruf von `step()` hat die blaue Kugel den folgenden Zustand.

```
color: blau, mass: 3, position: (2, 1), velocity:
(2, 0)
```

Und nach einem einmaligen Aufruf ist `position` = (2+2, 1+0)

```
color: blau, mass: 3, position: (4, 1), velocity:
(2, 0)
```

Und nach einem weiteren Aufruf:

```
color: blau, mass: 3, position: (6, 1), velocity:
(2, 0)
```

Hier sollte man auch beachten, dass die alten Werte verloren sind. Der `Circle` merkt sich seine Geschichte nicht, er hat kein Gedächtnis. Dieses müsste man ihm extra einprogrammieren. Das ist nicht so schwierig, aber schon mit Aufwand und Arbeitszeit verbunden. Aus diesem Grund sind Programme immer möglichst minimal, d.h. sie sollten gerade so viel Code enthalten, so dass sie ihre Aufgabe erfüllen können. Wenn es sich hier nicht um einen einfachen unwichtigen Kreis handeln würde, sondern um den Inhalt eines Banktresors, dann sollte man sich den vorherigen Stand schon merken. Bei richtigen Computersystemen werden wichtige Daten in Datenbanken gespeichert und die Methoden werden in sog. *Logging-Dateien* protokolliert, damit man später nachgucken kann, wer wann etwas geändert hat.

> **Wichtig**: Programmierung ist umständlich, denn alles muss man genau spezifizieren. Umständlichkeit kostet Arbeitszeit und damit auch Geld. Darum versucht man in der Informatik, die Programme so einfach wie möglich und so umfangreich wie notwendig zu gestalten.

Die `step()`-Methode ändert den Zustand des Objekts, daher wird sie auch *Zustandsänderungsmethode* genannt. Mathematisch betrachtet, drückt die Methode die *Differenz* zwischen den beiden Zuständen aus, sie ist eine *Differenzfunktion*.

Wir haben ein Modell der drei Kugeln programmiert und können dieses „*simulieren*", in dem wir die `step()`-Methoden für alle drei Kreise u, v und w aufrufen:

```
num t = 0;
while (t < 10) {
    u.step(); v.step(); w.step();
    t = t + 1;
}
```

Wenn man diesen Programmcode verstehen will, muss man ihn Zeile für Zeile „*interpretieren*". Die Variable t steht für die Zeit und hat zuerst den Wert 0. Der Wert dieser Variablen kann später wieder geändert werden. Dann werden in einer sog. `while`-Schleife die `step()`-Methoden von u, v und w aufgerufen und anschließend t um 1 erhöht. Die Variable t wird schrittweise ausgehend von 0 hochgezählt. Am Anfang befinden wir uns zum Zeitpunkt t=0, dann kommt t=1, dann t=2, usw. Die while-Schleife beendet sich, wenn t gleich 10 ist.

Wir haben damit eine *Simulation* geschrieben. In der folgenden Abbildung sind die Änderungen für die ersten drei Schritte eingezeichnet:

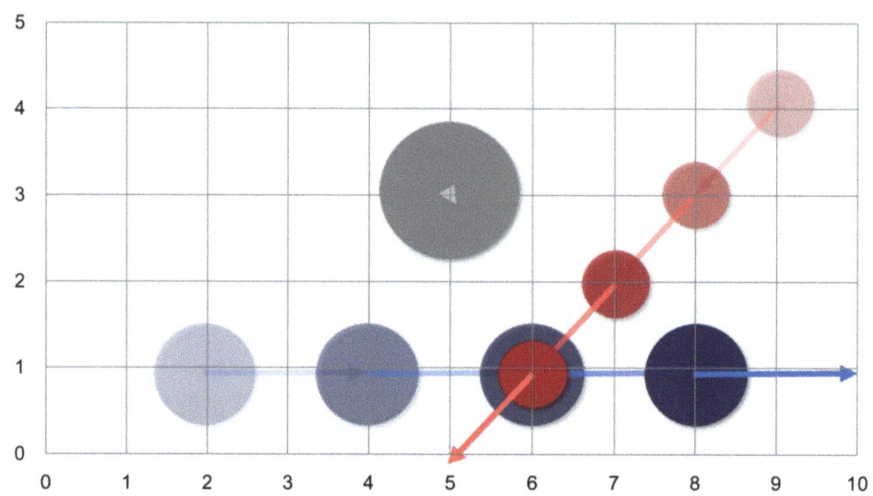

Die `velocity` der grauen Kugel ist (0, 0) daher bewegt sich diese nicht. Die mittelgroße blaue Kugel wandert in Richtung der x-Achse, weil die `velocity` (2, 0) ist und die kleine rote Kugel diagonal „nach unten links" weil die `velocity` gleich (-1, -1) ist.

Nun hat unsere Zeit in der Variablen `t` im Vergleich zur richtigen Zeit einen großen Unterschied: die natürliche Zeit ist *kontinuierlich* und besteht nicht aus „Schritten". Eine Sekunde lässt sich beliebig oft in kleinere Teile zerlegen. Die simulierte Zeit `t` aber ist *diskret*, sie besteht aus einzelnen Punkten. Dieses ist eine starke Vereinfachung, aber damit wird die Programmierung des Modells einfacher.

Man könnte sich jetzt die Frage stellen, ob der rote und der blaue Kreis zusammenstoßen werden? In der Realität ja, aber nicht in diesem Modell. Man müsste erst eine „Kollisionserkennung" programmieren. Das Modell spiegelt die Realität nicht wieder.

Differenzialrechnung

Ein Problem unseres Modells ist, das wir sehr viel rechnen müssen, um herauszufinden, wo sich die Kugeln zum Zeitpunkt `t=1.000.000` befinden. In der obigen Simulation fangen wir bei `t=0` an und müssen dann eine Million Mal `step()` aufrufen. Das kann bei umfangreichen Modellen den Computer ganz schön fordern. Geht das nicht schneller?

In der Mathematik hat sich hier die *Differentialrechnung* etabliert. Mit dieser kann man für eine Differenzfunktion eine sog. geschlossene Formel ermitteln, mit der man das Ergebnis für beliebige Werte von t direkt berechnen kann. Für die drei Kreise ist das z. B. einfach. Die folgenden drei Funktionen berechnen die Position der Kugel zum Zeitpunkt t auch ohne Simulation:

```
rot(t)  = (9, 4) + t*(-1,-1)
blau(t) = (2, 1) + t*(2, 0)
grau(t) = (5, 3)
```

> **Wichtig**: Mit einer geschlossenen Formel können die Werte für einen beliebigen Zeitpunkt t ganz einfach berechnet werden. Die Simulation wird nicht benötigt.

Das ist in vielen Fällen bei aufwendigen Modellen eine riesige Zeitersparnis. Aber leider gibt es diese geschlossenen Formeln nur für ziemlich einfache Differenzfunktionen bzw. step()-Methoden. Hierauf kommen wir später noch zurück.

Ein „kompliziertes" Modell

In der fernen Galaxie der drei Kreise machen die Forscher eine neue Entdeckung: die *Schwerkraft*. Die Schwerkraft ist proportional zur Masse des Planeten und der Entfernung und sorgt dafür, dass die anderen Planeten angezogen werden. Die Planeten beeinflussen sich gegenseitig. Wir überspringen hier die physikalische Theorie und passen ein bereits fertiges Programm an unser zweidimensionales Modell an [Wil13].

Die step()-Methode mit Schwerkraft ist allerdings schon etwas komplizierter. Leser, die nicht an der Programmierung interessiert sind, können beruhigt sein, denn es ist der letzte Code in diesem Buch. Interessierte hingegen können den Code auf der Homepage des Buchs ausprobieren und herunterladen:

```
step() {
  Vector force = new Vector(0, 0);
  objects
    .where( (Circle c) => c != this)
    .forEach( (Circle c) =>
      force += bodyBodyInteraction(position,
```

```
                         c.position, c.mass));
  velocity = velocity + new Vector(force.x /
                         mass, force.y / mass);
  position = position + velocity;
}
```

In der ersten einfacheren `step()`-Methode wurde nur die `position` geändert. Mit der Schwerkraft ändert sich aber auch die `velocity`. Zuerst werden die Kräfte `force` für alle anderen Kreise in `objects` mit der Hilfsfunktion `bodyBodyInteraction()` addiert. Anschließend wird eine neue `velocity` berechnet und mit dieser dann die neue `position`.

Die Simulation ist damit schon komplizierter geworden. Die Bewegungen eines Planeten hängen von den anderen Planeten ab. Diese Simulation ist die Grundlage des sog. *n-Körper-Problems* („*n-body problem*"), das viele wissenschaftliche Anwendungen hat [Wil13]:

- Simulation der Planetenlaufbahnen in der Astronomie
- Molekulare Modellierung chemischer Moleküle
- Partikel-Systeme bei der Simulation von Wasser oder Feuer

Graphen und Netzwerke

Die bisherige Darstellung war die anschauliche aus der „richtigen" physikalischen Welt. Wir können das Modell aber auch abstrakter darstellen. In unserem ersten System haben wir drei Elemente, zwischen denen keine Abhängigkeiten bestehen. Wir zeichnen sie einfach nebeneinander in das folgende Diagramm ein.

color: "blau",
mass: 3,
position: (2, 1),
velocity: (2, 0)

color : "grau",
mass : 4,
position: (5, 3),
velocity : (0, 0)

color : "rot",
mass : 2,
position: (9, 4),
velocity: (-1,-1)

Jedes Element hat mehrere Attribute-Wert-Paare, die die Eigenschaften bzw. den Zustand bestimmen. Die einzelnen Elemente sind unabhängig voneinander. Im zweiten System wirkte die Schwerkraft auf die „Planeten" ein. In der folgenden Abbildung ist die Schwerkraft als Pfeil eingezeichnet:

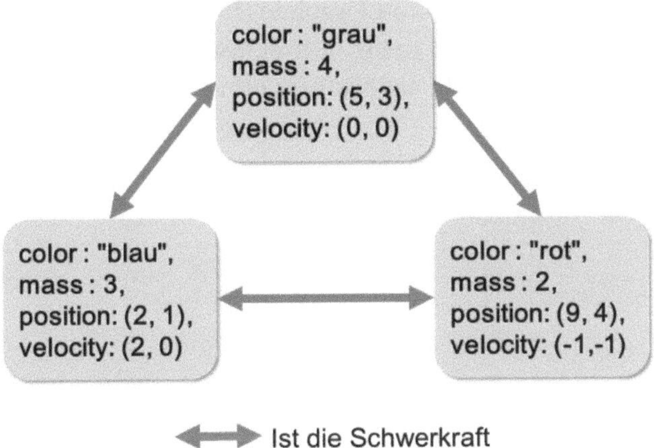

Wir können uns das Modell auch etwas abstrakter zeichnen und „Elemente"
hinzufügen.

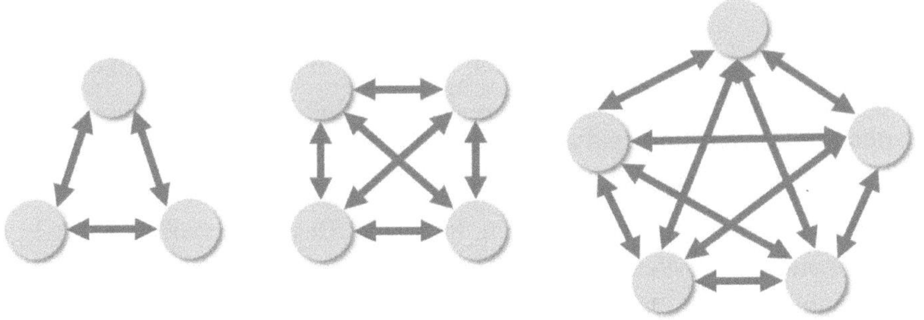

Ein solch abstraktes Gebilde wird *Graph* oder auch *Netzwerk* genannt.
Graphen werden in vielen Wissenschaften verwendet, wie z. B. der
Mathematik, der Informatik, den Sozialwissenschaften, der Ökonomie und
der Biologie. Auch die Nahverkehrspläne einer Stadt oder der Linienplan der
Eisenbahn sind Graphen.

Ein *Graph* besteht aus einer Menge von *Knoten* (die „Planeten" in unserer
Simulation) und aus *Kanten* zwischen diesen Knoten, die durch die
schwarzen Pfeile dargestellt werden. Mit den Kanten werden *Beziehungen*,
auch *Relationen* genannt, zwischen den Knoten modelliert. Die Schwerkraft
war die Beziehung zwischen den einzelnen „Planeten". Das letzte Diagramm
z. B. enthält drei Graphen: der linke Graph hat 3 Knoten und 3 Kanten, der
mittlere hat 4 Knoten und 6 Kanten und der rechte hat 5 Knoten und 10
Kanten.

Es gibt unterschiedliche Arten von Graphen. In folgendem Beispiel sind die Kanten *„gerichtet"* und nicht mehr bidirektional und es sind „Schlaufen" erlaubt, mit der ein Knoten mit sich selbst verbunden werden kann.

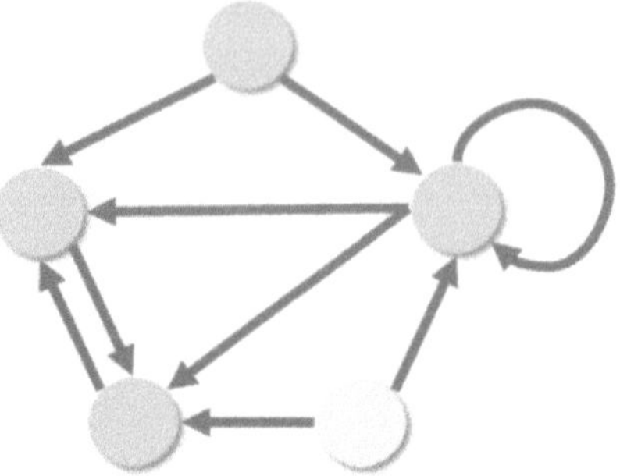

Bei gerichteten Graphen kann es passieren, dass manche Knoten von anderen nicht mehr erreicht werden können. Der helle Knoten z. B. hat nur „ausgehende" Kanten, die anderen können ihn nicht erreichen.

Der Vorteil am hohen Abstraktionsgrad von Graphen ist, dass man sie in verschiedenen Gebieten einsetzen kann und die Graphentheorie „wiederverwenden" kann. Es gibt z. B. die folgenden Netze, die gut mit Graphen modelliert und analysiert werden können:

- Technische Netze: Internet, Telefonnetz, Strom, Wasser, Gas
- Soziale Netze: Freundschaften, Familien, Bekanntschaften, Kontakte
- Ökonomische Netze: Ausbreitung von Finanzkrisen, Logistik, Transport
- Informationsnetze: Nachrichten, Internet, WWW
- Biologische Netze: Metabolische Netze, Übertragung von Epidemien, Neuronale Netze

In einem sozialen Netzwerk sind Menschen miteinander befreundet. In folgendem Diagramm ist ein Netzwerk mit den vier Personen Anton, Berta, Charlie und Dennis dargestellt.

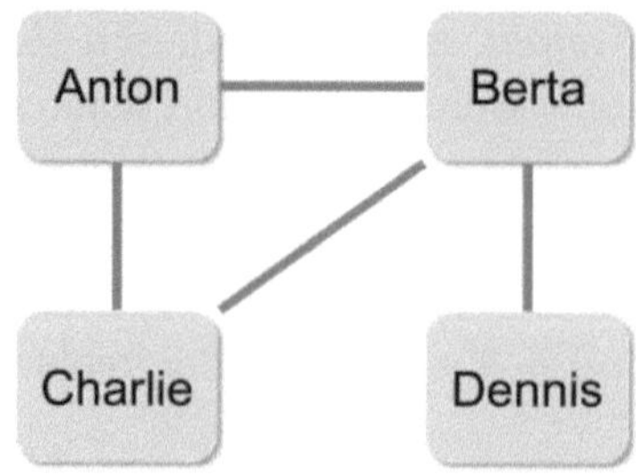

Bei bidirektionalen Kanten lässt man die Pfeilspitzen in der Regel weg, so auch in diesem Graphen. Wenn zwei Knoten verbunden sind, dann sind sie befreundet. Die Anzahl der Kanten eines Knotens sind dann die Anzahl der Freunde der Person im Netzwerk. Anton hat zwei Freunde und Berta hat drei.

Ein Netzwerk kann auch aus Knoten mit einem unterschiedlichen Typ bestehen. Neben Personen könnte es beispielsweise auch Städte beinhalten. Diese unterschiedlichen Typen kann man z. B. durch verschiedene Formen oder Farben visualisieren. In folgendem Beispiel sind die Städte mit dunkleren Knoten gekennzeichnet. Die Kanten zu diesen Knoten sind gepunktet gezeichnet.

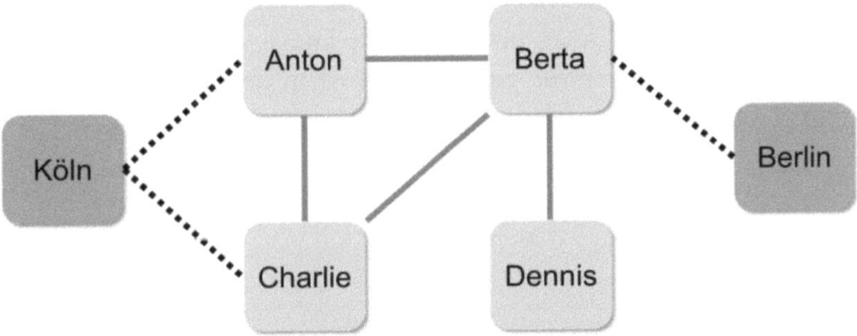

Anton und Charlie wohnen in Köln, Berta in Berlin und der Wohnort von Dennis ist nicht bekannt.

In der Realität können die Graphen sehr kompliziert werden. Hier wurden Programme zur Visualisierung entwickelt, wie z. B. Gephi[2].

Die Analyse von Netzwerken ist ein noch recht junges Gebiet, denn ohne Computer sind nur sehr kleine Netzwerke analysierbar. In Zukunft wird ein großer Teil der Wissenschaften die Netzwerktheorie bzw. die Graphentheorie benutzen.

Computernetze

Auch Computernetze lassen sich als Graphen darstellen. Die folgenden verschiedenen Netzarten sind die bekanntesten:

- Internet: Großes internationales Netz, meistens über Kabel verbunden
- Intranet: Über Kabel verbundenes Netz in Unternehmen oder anderen Organisationen

---

[2] https://gephi.github.io/

- WLAN („wireless local area network"): Netz für kleinere Gebäude, Heimnetz für Privathaushalte
- 3G und 4G: Telekommunikationsnetze für Mobiltelefone

Es gibt zwei wesentliche Methoden, wie man verschiedene Geräte miteinander verbinden kann:

- Client-Server
- Peer-to-Peer (P2P)

Nehmen wir als Beispiel an, Anton, Berta und Charlie wollen sich auf einer Webseite einloggen, auf der sie miteinander „chatten" können. Der Rechner für diese Webseite wird *„Server"* genannt. Anton, Berta und Charlie benutzen einen Web-Browser als *„Client"*. Diese Architektur wird daher auch *Client-Server-Architektur* genannt und ist in der folgenden Abbildung dargestellt.

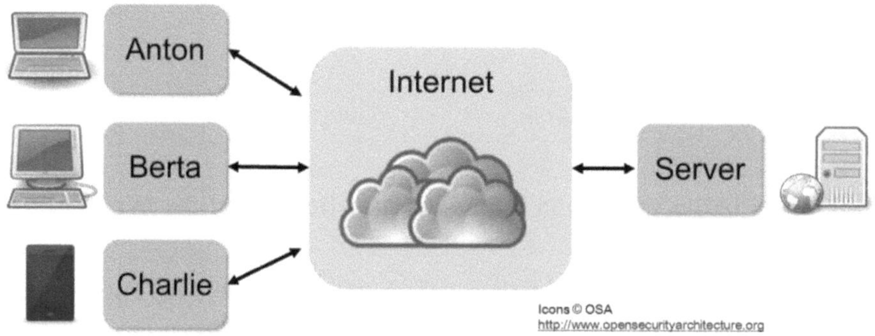

Links im Bild sind Anton mit seinem Laptop, Berta mit ihrem PC und Charlie mit seinem Mobiltelefon. Rechts ist der WWW-Server. Zwischen ihnen ist ein nicht näher spezifiziertes Netz, das in Diagrammen oft als Wolke (englisch „cloud") dargestellt wird. Das hat zum Begriff *„Cloud-Computing"* bei Internet-Diensten geführt, wie z. B. beim Cloud-Speicher, wo man Platz für Daten auf einem entfernten Server bekommt.

Anton, Berta und Charlie tauschen jetzt Nachrichten miteinander über den Server aus. Eine Client-Server-Architektur ist fehleranfällig, denn ohne Server funktioniert die Kommunikation zwischen Anton, Berta und Charlie nicht. In einer Diktatur wäre es einfach möglich, einen solchen Dienst abzuschalten oder zu überwachen.

Eine Alternative ist ein sog. *Peer-to-Peer-Netzwerk* (*P2P*). Hier wird die Software, die sich bisher auf dem Server befunden hat, auf alle Clients verteilt. Jeder Teilnehmer ist jetzt auch teilweise ein Server.

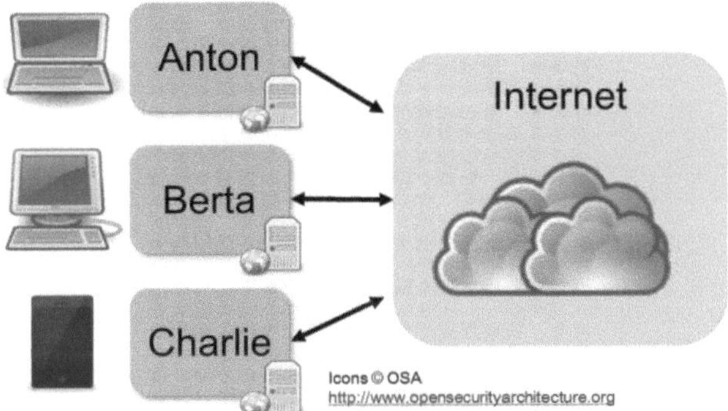

Solche P2P-Applikationen bekamen allerdings aufgrund von Tauschbörsen, auf denen raubkopierte Musik oder Filme getauscht wurden, einen schlechten Ruf. Die P2P-Architektur ist aber ausfallsicherer und nicht einfach zu kontrollieren. In Diktaturen sind sie daher ein wichtiges Mittel, um sicher zu kommunizieren. Ein weiteres Beispiel für eine P2P-Applikation ist die Crypto-Währung Bitcoin.

Ein „komplexes" Modell

Das physikalische System war schon dynamisch aber noch einfach zu verstehen, weil sich die einzelnen Planeten deterministisch nach einem festen Muster verhalten. Die Planeten haben schon Abhängigkeiten, aber diese sind konstant und ändern sich nicht. Die Planeten können nicht selber entscheiden, wohin sie fliegen. „Komplex" wird es erst, wenn die Elemente eigene Entscheidungen machen und sich anpassen können.

Das Schelling-Modell, benannt nach seinem Erfinder Thomas C. Schelling, besteht aus m*n Grundstücken [Sch78]. Ein Grundstück kann entweder frei sein oder ein roter rautenförmiger oder ein blauer quadratischer *„Agent"* wohnt auf diesem[3]. Das Feld startet mit einer zufälligen Belegung von roten,

---

[3] Anmerkung: Die Farben rot und blau sind natürlich symbolisch und können für jeden beliebigen Unterschied stehen. Man könnte auch Zahlen, wie z. B. Null und Eins verwenden. Ursprünglich kommt das Modell aus den USA, weil sich Forscher gefragt hatten, wie die China-Towns oder die Schwarzenviertel entstehen konnten [Sch78].

blauen und leeren Feldern. In der folgenden Abbildung ist ein solches Modell abgebildet:

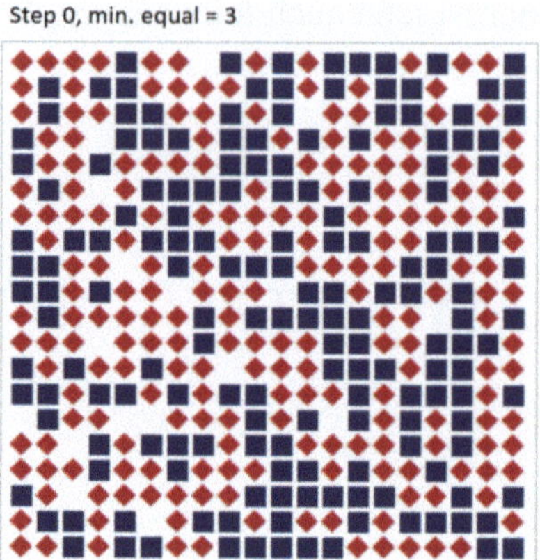

In jeder Runde guckt jeder „Agent", wie viele Nachbarn die gleiche Farbe haben. Wenn mehr als eine bestimmte Anzahl eine andere Farbe hat, dann zieht der Agent auf ein anderes freies Feld um. Die Nachbarschaft eines Agenten sind die Felder um ihn herum. In der folgenden Abbildung sind zwei unterschiedliche Nachbarschaften für einen Agenten dargestellt:

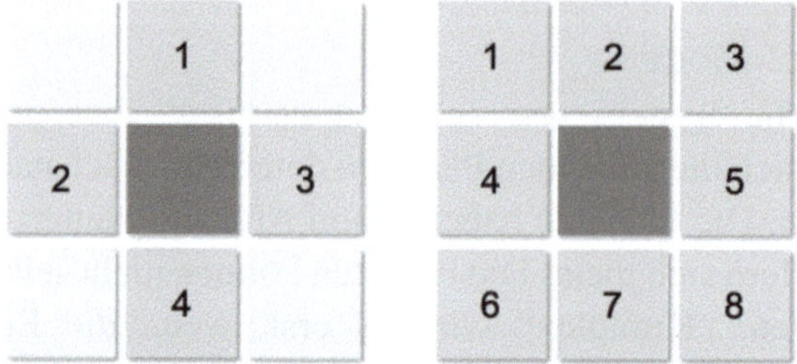

Der Agent befindet sich in der Mitte. Die Moore-Nachbarschaft links im Bild besteht nur aus vier Nachbarn: oben, unten, links und rechts. Die von-Neumann-Nachbarschaft beinhaltet zusätzlich auch die diagonalen Nachbarn[4].

Der Agent ist in unserem Beispiel so einfach wie möglich gehalten: In jedem Schritt beguckt er seine von-Neumann-Nachbarschaft (mit acht Nachbarn) und zählt die unterschiedlichen Farben. Sind zu wenig Gleiche darunter, so

---

[4] Die Nachbarschaften wurden benannt nach nach Edward F. Moore (1925 - 2003) und John von Neumann (1903 - 1957).

zieht er um in irgendein noch freies Feld. Man sagt, der Agent ist *„adaptiv"*, er ändert aufgrund seiner Umgebung sein Verhalten.

Frage: Wie sieht das Spielfeld nach ein paar Zügen aus, auch wenn der Agent bereit ist, in einer „Minderheit" zu leben mit nur mindestens 3 gleichen Nachbarn von 8?

Thomas C. Schelling hat dieses Gedankenexperiment in den 70er-Jahren gemacht und musste es noch von Hand ausrechnen. Heute kann man es mit Computersimulationen einfach berechnen. Auf der Homepage des Buchs kann man es auch ausprobieren. Bei mindestens drei gleichen Nachbarn entwickelt sich das Spielfeld in den ersten beiden Schritten folgendermaßen:

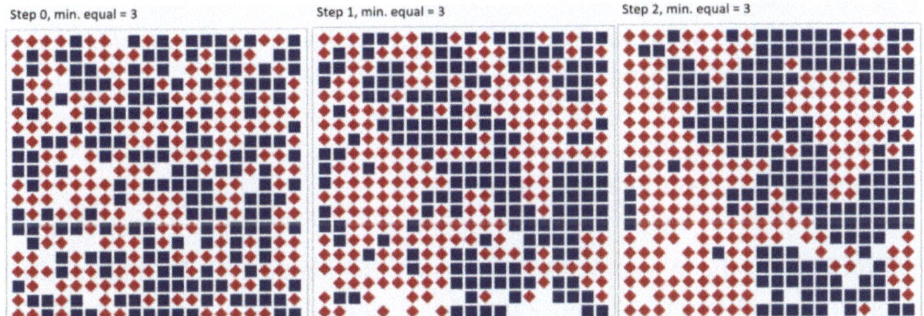

Links ist die Ausgangssituation, in der Mitte der erste Schritt und rechts der zweite. Hier ist schon klar erkennbar, dass sich die beiden Gruppen voneinander trennen. Wie kann das sein? Die Agenten akzeptieren doch, in einer Minderheit von mindestens drei gleichen Nachbarn zu wohnen. Trotzdem entstehen „Wohnblöcke" mit gleichen Agenten. In der Soziologie nennt man das *Segregation*, lat. von absondern/sich trennen.

Die folgende Abbildung zeigt die Spielfelder nach fünf Schritten für unterschiedliche Mindestanzahlen von gleichen Nachbarn: 2, 3 und 4:

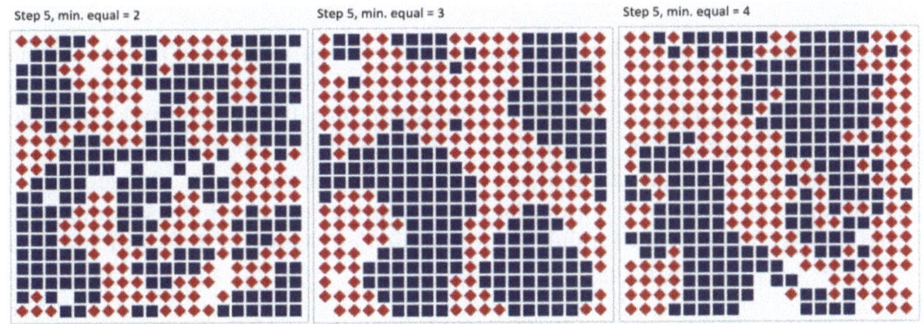

Auch hier sind die „Blöcke" klar zu erkennen. Es entsteht ein Gruppenverhalten, das nicht „einprogrammiert" wurde. Kritiker könnten der Gesellschaft in der Mitte bei mindestens drei gleichen Nachbarn schon „Rassismus" vorwerfen, dabei ist jeder einzelne Agent tolerant. In einer Demokratie aber, benötigt man aber immer eine Mehrheit von 51%, d.h. die Agenten müssen auf mindestens 4 gleiche Nachbarn bestehen, um ein „Unentschieden" erreichen zu können. Dann entsteht allerdings schon eine klare Trennung.

Das Gruppenverhalten wurde nicht explizit in den einzelnen Agenten einprogrammiert, sondern es ist entstanden. Man sagt, das Verhalten ist *emergent*. Das Problem bei emergentem Verhalten ist, dass es keiner vorhergesehen hat. Hier macht der Satz *„das Ganze ist mehr als die Summe seiner Teile"* wirklich Sinn[5].

> **Wichtig**: Emergentes Verhalten entsteht unvorhergesehen durch Wiederholung von Interaktionen.

Das Problem für die Wissenschaft ist, dass dieses emergente Verhalten nicht vorher herausgefunden werden kann. Man sieht es der `step()`-Funktion nicht an. Dieses besteht aus einer einfachen Regel „IF (Anzahl der gleichen Nachbarn <= 3) THEN ziehe um ELSE bleibe". Es entsteht globales Verhalten aus den einzelnen lokalen Aktionen der Agenten.

Auch für Mathematiker, die gerne die Differentialrechnung verwenden, gibt es hier ein Problem: Für diese einfache Regel konnte bisher mit der Differentialrechnung keine Lösung gefunden werden [EK10]. Bei den ersten beiden Beispielen mit den drei „Planeten" war das noch möglich. Da konnte

---

[5] Mathematisch ist der Satz „das Ganze ist mehr als die Summe seiner Teile" natürlich wahr. Es gibt nach der *Kategorientheorie* zwei unterschiedliche Operationen zwischen zwei Elementen: die *Summe* und das *Produkt*. Und das Produkt ist in der Regel – umgangssprachlich gesprochen – die „größere" Operation [Spi14]. Das Ganze ist also das Produkt seiner Teile, nicht seine Summe. In der Mengenlehre z. B. ist die disjunkte Vereinigung ein Beispiel für eine Summe und das kartesische Produkt ein Beispiel für ein Produkt. Die Summe der Mengen $\{A, 1\}$ und $\{B, 2\}$ ist damit $\{A, B, 1, 2\}$ und das Produkt $\{(A, B), (A, 2), (1, B), (1, 2)\}$. Die Summe verliert die Information, woher die Elemente kommen, ob von „links" oder von „rechts". Das kartesische Produkt hingegen erhält alle Informationen. Das kartesische Produkt ist mehr als die disjunkte Summe seiner Teile.

man z. B. eine Million Berechnungen sparen, weil man diese geschlossene Formel hatte. Das ist hier nicht möglich.

> **Wichtig**: Ein System mit emergentem Verhalten wird auch *komplexes System* genannt. Komplexe Systeme müssen simuliert werden. Die Mathematik kann solche dynamischen Prozesse nicht beschreiben.

Dieses Beispiel ist eine einfache Variante des von Thomas C. Schelling bereits 1969 veröffentlichten Modells. Schelling war ein Pionier der komplexen Systeme und sein 1978 erschienenes Buch *„Micromotives and Macrobehavior"* war sehr einflussreich [Sch78]. Schelling hat für seine Arbeiten in der Spieltheorie 2005 zusammen mit Robert J. Aumann den „Nobelpreis" für Wirtschaftswissenschaften erhalten[6].

Ein Modell ist eine Abstraktion und eine Vereinfachung der Realität. Dieses Beispiel ist nach dem Prinzip von „Ockham's Rasiermesser" mit Absicht so minimalistisch. Es ist das kleinste Modell, das die Segregation erzeugt. Dieses einfache Modell kann aber der Ausgangspunkt für weitere Untersuchungen sein, denn man könnte es auf verschiedene Arten erweitern [EK10, Bat07, RG11, EA96, MP07]:

- Mehr als zwei verschiedenen Farben der Agenten „rot" und „blau"
- Größere Nachbarschaften: alle Nachbarn, die in zwei Schritten erreichbar sind
- Verschiedene Grenzwerte für den Umzug: Rote ziehen um bei weniger als 3 gleichen Nachbarn, Blaue bei weniger als 2 gleichen Nachbarn
- Die Entfernung könnte bei einem Umzug eingeschränkt werden
- Man könnte Mieten bzw. Grundstückspreise einführen

2.4 Agentenbasierte Modellierung (ABM)

In den vorherigen Beispielen haben wir bereits *„Agenten"* benutzt. Jetzt ist es an der Zeit, den Begriff zu klären. Ein Agent handelt, er „agiert". Das Wort stammt aus dem lateinischen *„agere"* und bedeutet eben „handeln" oder

---

[6] Der „Nobelpreis" für Wirtschaftswissenschaften wurde in Anführungszeichen gesetzt, weil der ausführliche Name „Alfred-Nobel-Gedächtnispreises für Wirtschaftswissenschaften" ein wenig sperrig ist und er eigentlich nicht zu den ursprünglichen „richtigen" Nobelpreisen gehört.

„betreiben". Ein *Agent* lebt in einer *Umwelt* („environment") und nimmt Informationen über seine *Sensoren* war. Mit seinen *Aktuatoren* kann der Agent mit der Umwelt interagieren. Ein Agent handelt nach definierten *Regeln*. In einer *Simulation* wird eine Anzahl Agenten in einer Umwelt „ausgesetzt". In jedem Zeitschritt dürfen die Agenten dann nach ihren Regeln wahrnehmen und handeln. Agenten bilden künstliche Gesellschaften („artificial societies"), die während einer Simulation entstehen und sich ändern. Ziel einer Simulation ist zu verstehen, wie und unter welchen Umständen emergentes Verhalten auftritt. Es entsteht ein *„CompuTerrarium"* [EA96].

Man spricht hier auch von agentenbasierter-Modellierung (ABM) [RG11, EA96, WR15]. Es ist eine neue Art, Wissenschaft zu betreiben. Kenneth J. Arrow, der 1972 den „Nobelpreis" für Wirtschaftswissenschaften erhielt und das berühmte Arrow-Theorem fand, sagte 2006 „Ich bin überzeugt, dass die agentenbasierten Versuche in der Ökonomie ein wichtiges Werkzeug werden" [Eps06].

Aber ABM erfordert ein Umdenken. Probleme werden aus der Sicht der Individuen formuliert und nicht aus der Sicht der Gesamtheit. Die Welt wird von „unten" betrachtet und nicht von „oben". Es ist eine „bottom-up"-Modellierung und keine „top-down"-Modellierung. Der Schriftsteller Leo Tolstoi (1828 - 1910) war einer der ersten Menschen, der diese „bottom-up"-Sichtweise beschrieb [Eps14]. In seinem Werk „Krieg und Frieden" schrieb er 1812 folgendes:

> *„Um die Gesetze der Geschichte zu studieren, müssen wir in dem Gegenstand der Betrachtung einen vollständigen Wechsel vornehmen, müssen die Herrscher, Minister und Generale beiseite lassen und die gleichartigen, unendlich kleinen Triebkräfte untersuchen, durch welche die Massen sich leiten lassen."*

… und …

> *„Nur wenn wir einen unendlich kleinen Einzelteil (das Differential der Geschichte, d.h. die gleichartigen Bestrebungen der Menschen) zum Gegenstand der Betrachtung machen und uns auf die Integralrechnung verstehen (die Kunst, die Summe dieser unendlich kleinen Einzelteile zu berechnen), nur dann können wir hoffen, zu einem Verständnis der Gesetze der Geschichte zu gelangen."*

Dieses „*Differential*" ist die `step()`-Methode. Aber so innovativ Tolstoi hier auch war, so irrte er sich auch ein bisschen, denn wie wir inzwischen wissen, reicht es nicht, „*die Summe dieser unendlich kleinen Einzelteile zu berechnen*", sondern wir müssen „das Produkt simulieren".

ABM wurden bereits mit Erfolg in sehr vielen verschiedenen Bereichen angewendet. Dynamische Prozesse lassen sich sehr gut mit Ihnen darstellen. ABMs halfen zum Beispiel mit, folgende Fragen zu klären:

- Wie entstehen gesellschaftliche Normen und Gebräuche? [Eps06]
- Wie breiten sich Waldbrände aus? [WR15]
- Wie entwickeln sich Städte? [WR15, EA96, Bat07]
- Wie breiten sich Epidemien und anderen Krankheiten aus? [WR15]
- Wo entstehen Staus im Verkehr? [WR15]
- Wie können Regenwälder sowohl wirtschaftlich genutzt werden, als auch die Artenvielfalt erhalten bleiben? [RG11]
- Wie wachsen Tumore? [WR15]

Die ABMs sind noch eine recht junge Entwicklung und ihre Verbreitung nimmt immer weiter zu. Im Folgenden werden wir ein paar ABMs vorstellen.

Sugarscape

Joshua M. Epstein und Robert Axtell haben 1996 in ihrem Buch „*Growing Artificial Societies: Social Science from the Bottom Up*" ein bis heute oft verwendetes Modell namens „*Sugarscape*" erschaffen [EA96]. Sugarscape besteht aus einem 2D-Gitter von Zellen. In manchen dieser Zellen wächst in jedem Zeitschritt eine zufällige Menge von Zucker. Die Agenten haben einen Stoffwechsel (Metabolismus) und benötigen in jedem Zeitschritt eine zufällig bestimmte Menge von Zucker. Sie können diesen Zucker von dem Feld ernten, auf dem sie sich gerade befinden. Zucker, den sie nicht verbrauchen, halten sie als Vorrat vor. In jeder Zelle kann sich höchstens ein Agent befinden. In der folgenden Abbildung ist ein „Sugarscape" skizziert:

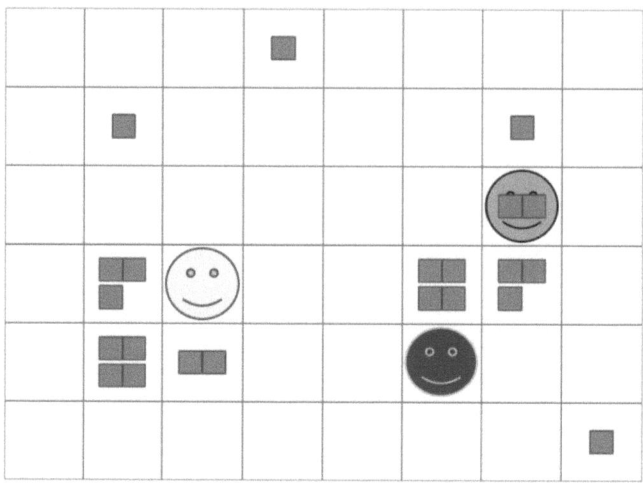

Zucker wird durch die kleinen Klötzchen symbolisiert. Es gibt drei Agenten: Hell, Mittel und Dunkel. Nur „Mittel" hat etwas zu essen. Die anderen beiden stehen auf Feldern, auf denen es nichts gibt. Die Agenten haben eine zufällig bestimmte Sichtweite, mit der sie ihre Umgebung nach Zucker durchsuchen können, wie in der nächsten Abbildung skizziert:

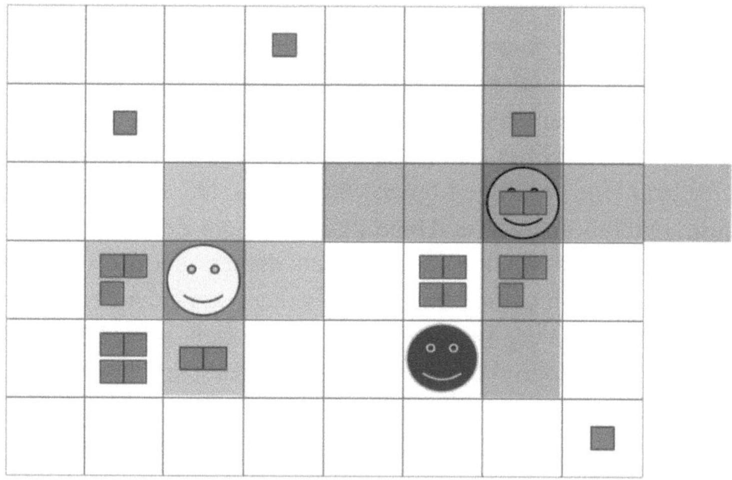

Der helle Agent mit einer Sichtweite von 1 sieht nur die nächsten Nachbarn, der mittelgraue Agent mit einer Sichtweite von 2 sieht auch die Nachbarn der nächsten Nachbarn. Die Agenten können nicht diagonal gucken, sie betrachten ihre Moore-Nachbarschaft.

Bei der Simulation wird am Anfang festgelegt, wieviel Zucker sich in jeder Zelle befindet. Dann wird die Agentenpopulation definiert und der

Metabolismus und die Sichtweite jedes Agenten festgelegt. In der `step()`-Methode führt der Agent die folgenden Schritte durch:

1. Wieviel Zucker finde ich in meiner Umgebung in meiner Sichtweite?
2. Ist das mehr Zucker als auf dem Feld, auf dem ich gerade stehe?
3. Wenn ja, gehe dorthin, andernfalls bleibe
4. Nimm den Zucker aus der aktuellen Zelle
5. Esse genügend Zucker, falls nicht genügend vorhanden ist, „stirb" und scheide aus

Und so geht es dann für jeden Zeitschritt weiter. Die folgende Abbildung zeigt einen Screenshot mit dem Werkzeug NetLogo.

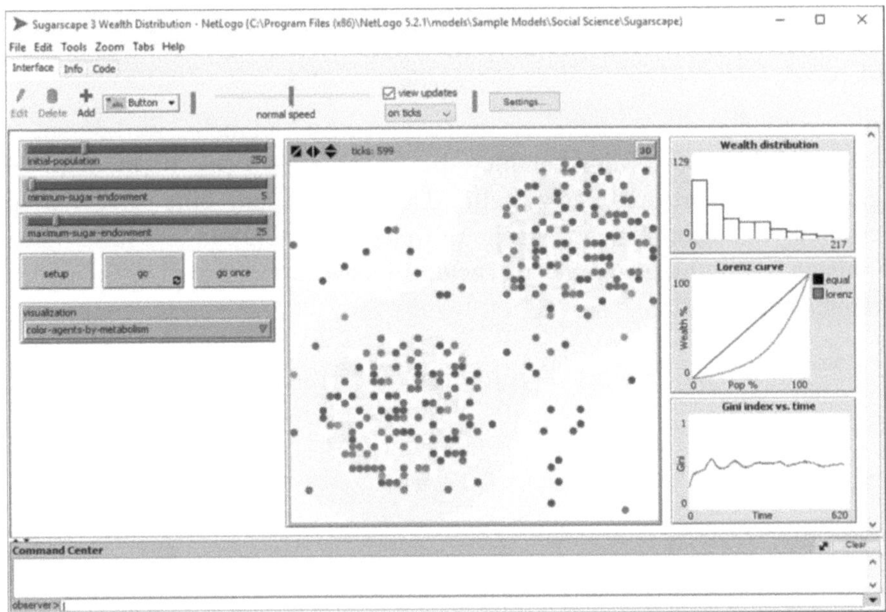

Hier gibt es sehr viele Variationsmöglichkeiten:

- Die Größe des Spielfelds und die Anzahl der Agenten
- Wieviel Zucker kann sich auf einer Zelle befinden?
- Wie schnell wächst der Zucker? Schnell oder nur langsam, z. B. ein Stück pro Zeitschritt?
- Agenten könnten eine beschränkte Lebensdauer haben. Nach t Zeitschritten sterben sie dann automatisch. Ein neuer Agent wird als Ersatz zufällig hinzugefügt.

Epstein und Axtell gehen in ihrem Buch verschiedene Möglichkeiten durch. In dieser einfachen „Spielwelt" lassen sich schon drei aus der Realität bekannte Eigenschaften zeigen [EA96]:

Erstens kann eine Umgebung nur eine bestimmte Menge von Lebewesen verkraften, sie hat eine *„Tragfähigkeit"* („carrying capacity") wie in der Ökologie. Wenn zu viele Agenten erzeugt werden, kann die Umgebung diese nicht mehr ernähren. Das mag jetzt auf den ersten Blick trivial erscheinen, aber in einem komplexeren Modell könnte man wirkliche Landwirtschaften modellieren und berechnen, wie viele Menschen sich von dieser Landwirtschaft ernähren können.

Zweitens wird bei Simulationen mit einer hohen Anzahl von Agenten über der „Tragfähigkeit" deutlich, dass eine *„Selektion"* entsteht. Agenten mit einer hohen Blickweite und geringem Metabolismus überleben eher als andere.

Drittens können die Agenten einen Zuckervorrat sammeln, sie können zu Wohlstand kommen. Man hat hier die „Verteilung" des Vermögens der Agenten analysiert und festgestellt, dass es sich um eine sog. Pareto-Verteilung handelt, benannt nach Vilfredo Pareto (1848 - 1923). Diese Wohlstandsverteilung ist eine emergente Eigenschaft und wird in folgendem Graphen dargestellt:

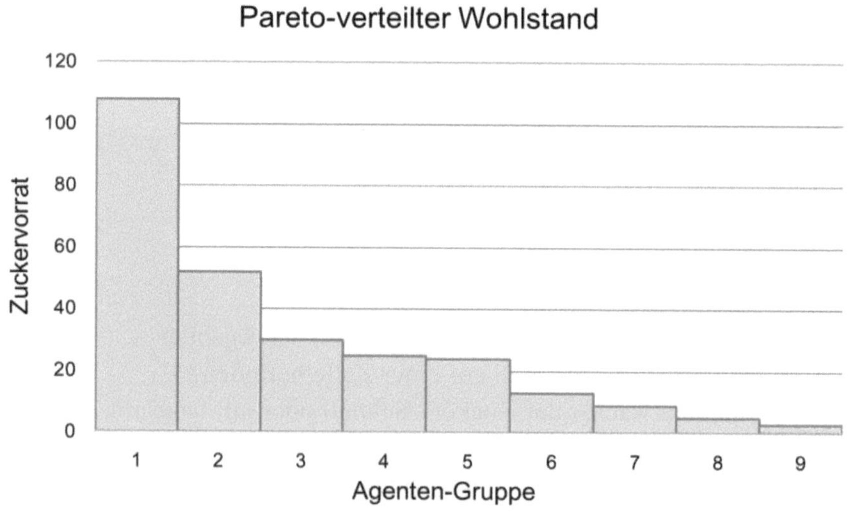

Die reichen Agenten haben also sehr viel mehr Zucker als die ärmeren. Das heißt also: der Wohlstand ist ungleich „verteilt". Pareto hatte diese Verteilung übrigens gefunden, als er die realen Einkommen in Italien untersuchte. Diese Art von Verteilung findet man in vielen komplexen Systemen. Ein weiteres Beispiel für eine Pareto-Verteilung ist die Verteilung von Wörtern in einem deutschen Text. Es gibt Wörter, die sehr viel öfter vorkommen als andere, wie z. B. „der", „die", „das", „ein", „aus", usw.

Hier muss man anmerken, dass der Begriff *„Verteilung"* aus der Statistik stammt und sich darauf bezieht, wie häufig bestimmte Werte auftreten, wie sie sich „verteilen". Es heißt nicht, dass es irgendwo einen „Verteiler" gibt. Es gibt niemanden, der diese Verteilung durchführt. Wenn man jetzt die obige Verteilung eine „ungerechte Verteilung" nennen würde, dann trifft das den Kern der Sache nicht, denn es ist niemand in diesem Modell „ungerecht". Kein Agent tut in diesem Modell den anderen etwas an. Sie arbeiten alle nur vor sich hin. Komplexe Systeme haben keine interne oder externe Steuerung, sondern sie „regeln sich selbst". Es entsteht eine *„spontane Ordnung"* („spontaneous order"). Diese „Ordnung" muss allerdings nicht im Sinne des Betrachters sein und kann auch große Ungleichheiten erzeugen.

In diesem Modell entstehen die Ungleichheiten dadurch, dass die Agenten einen unterschiedlichen Stoffwechsel und Sichtfähigkeiten haben. Außerdem ist der Zucker ungleich verteilt. Hier in der Simulation gilt momentan „Wer zuerst kommt, malt zuerst". Wer am Anfang durch Zufall auf einer zuckerreichen Zelle ist, hat Vorteile. Das emergente „bottom-up"-Verhalten zeigt also nicht erwünschte Resultate.

Das Gegenteil von „bottom-up" ist „top-down" und hier am einfachen Beispiel kann man schon überlegen, wie man durch „Interventionen" diese Wirtschaft den eigenen Vorstellungen von „Gerechtigkeit" anpassen könnte. Ist es besser wenn alle gleich viel Wohlstand haben? Wie könnte man das erreichen? „Einfach einsammeln und verteilen" klingt einfacher als es ist, denn diese „Umverteilung" muss auch durch Agenten erfolgen. Man benötigt Agenten, die Zucker einsammeln und an ärmere verteilen. Aber wer bestimmt, wieviel Zucker eingesammelt wird und wer arm genug ist, dass er welchen enthält? Wird das zentral für alle entschieden? Muss man mit diesen „Umverteilern" auch Politiker und eine ganze Demokratie implementieren? Die Umverteilung muss durch Agenten geschehen, die auch Zucker essen müssen, weil auch sie einen Stoffwechsel haben. Dürfen die vom eingesammelten Zucker essen? Ein Agent mit einem hohen Metabolismus könnte zum Umverteiler werden, weil er nur so an den vielen Zucker kommt.

Das Sugarscape-Modell mag erst einfach und trivial erscheinen, aber es entstehen hier schon eine Menge politischer Fragen, die gar nicht einfach zu lösen bzw. zu implementieren sind. Als Programmierer kann man an dieser Stelle nicht einfach sagen *„das muss der Staat machen"* und die Sache damit auf sich beruhen lassen, weil den Staat müsste man auch erst programmieren. Und bevor man das machen kann, muss man sich fragen „wie genau soll der Staat das denn eigentlich machen"? Welche Mittel stehen ihm eigentlich zur Verfügung? Wer bezahlt ihn? Wer sorgt dafür, dass die „Umverteiler" sich die „Diäten" nicht ständig erhöhen (hier mit Zucker bekommt der Begriff „Diät" eine ganz neue Note).

Sugar and Spice

Im Laufe ihres Buchs untersuchen Epstein und Axtell viele Erweiterungen des Basismodells [EA96]:

- *Migration durch saisonale Effekte*: Wenn Jahreszeiten eingeführt werden und der Zucker in manchen Regionen langsamer wächst, lassen sich Wanderungsbewegungen beobachten.
- *Umweltverschmutzung*: Wenn der Abbau von Zucker Schmutz erzeugt, dann entstehen verschmutze Gebiete und die Agenten haben große Schwierigkeiten, sich zu ernähren.
- *Geschlechter und Vermehrung*: Wenn man den Agenten ein Geschlecht gibt und sie Kinder haben können, lässt sich untersuchen, welche Merkmale sich fortpflanzen und wie sich die Bevölkerung entwickelt.
- *Kulturelle Attribute*: Wie breiten sich bestimme Meinungen aus? Wie entstehen Netzwerke? Wie entstehen „Stämme" von Agenten?
- *Aggressionen*: Was passiert, wenn Aggressionen erlaubt werden?
- *Gewürz als zweites Gut*: Wenn es zusätzlich zum Zucker eine zweite Ware „Gewürz" („spice") gibt und der Metabolismus der Agenten so geändert wird, dass Agenten beides zum Leben benötigen, dann entsteht Tauschhandel mit den Nachbarn. Hier lassen sich ökonomische Phänomene untersuchen, wie z. B. zu welchen Preisen die beiden Waren gehandelt werden.

Alle diese Beispiele machen deutlich, dass Komplexität mit sehr einfachen Mitteln erzeugt werden kann. Es treten hier viele bisher von Wissenschaft und Politik nicht gelöste Fragen auf. ABM kann aber helfen, auf diese Fragen Antworten zu finden.

Warum sind die Anasazi weggezogen?

Das „Long House Valley" in Arizona im Südwesten der USA wurde jahrhundertelang von Anasazi-Indianern bewohnt. Aber recht plötzlich um 1300 n. Chr. verließ die gesamte Bevölkerung dieses Tal und es war danach für eine längere Zeit nicht mehr bewohnt. Manche Forscher vermuteten eine Dürre-Periode als Ursache.

Ausgehend von ihrem Sugarscape-Modell entwickelten Epstein und Axtell ein Modell dieses Tals [Eps06]. Das Tal ist 96 Quadratkilometer groß und befindet sich heute in einem Navajo-Indianer-Reservat. Es existierten umfangreiche Daten über das Klima und die Umwelt in diesem Tal aufgrund von Forschungsarbeiten. Die klimatischen Bedingungen im Tal erlaubten z. B. auch die Erforschung der landwirtschaftlichen Nutzung in der Vergangenheit. Durch Ausgrabungen bekam man Einblicke in die verschiedenen kulturellen Entwicklungsstufen der Bevölkerung im Laufe der Zeit. Man hatte herausgefunden, dass von 7000 bis 1800 v. Chr. Jäger und Sammler die Gegend spärlich besiedelten. Um 1800 v. Chr. begann die Landwirtschaft mit dem Anbau von Mais und führte dann zur Anasazi-Kultur bis zu deren plötzlichem Verschwinden um 1350 n. Chr. Für die Landwirtschaft sind geologische Kenntnisse über die Beschaffenheit des Bodens und der Wasservorkommen sehr wichtig.

Es mussten Daten aus sehr vielen verschiedenen Projekten und Datenbanken zusammengetragen werden. Es muss ausdrücklich betont werden, dass diese Arbeiten nur geschehen konnten, weil es wiederverwendbare Daten der vorherigen Forschungsarbeiten gab. Ohne diese „Datensammelei" wäre diese Simulation nicht möglich. Man braucht hier auch Forscher, die den Umgang mit Daten genügend kennen, damit sie die Daten im richtigen Umfang und Format speichern. Man benötigt Forscher mit Daten- und Datenanalyse-Kenntnissen.

Die Simulation wurde von 800 v. Chr. bis 1350 n. Chr. berechnet. In diesem Modell wurden die Haushalte als „Agenten" benutzt, weil man die genaue Anzahl der Einwohner und deren Verhalten nicht kannte, während die Anzahl der ca. 200 Haushalte aufgrund von Ausgrabungen bekannt war.

Das Ergebnis der Simulation ist, dass es nicht alleine an einer anhaltenden Dürre lag, dass die gesamte Bevölkerung das Tal verließ. Denn das Tal war zwar trockener geworden, aber es hätte noch für ein paar Einwohner gereicht. Das alle Einwohner geschlossen das Tal verließen, muss demnach auch soziale Gründe gehabt haben. Die Einwohner wollten sich wohl nicht voneinander trennen.

Das Modell ist auch in NetLogo verfügbar. Der folgende Screenshot zeigt einen Ausschnitt aus der Simulation.

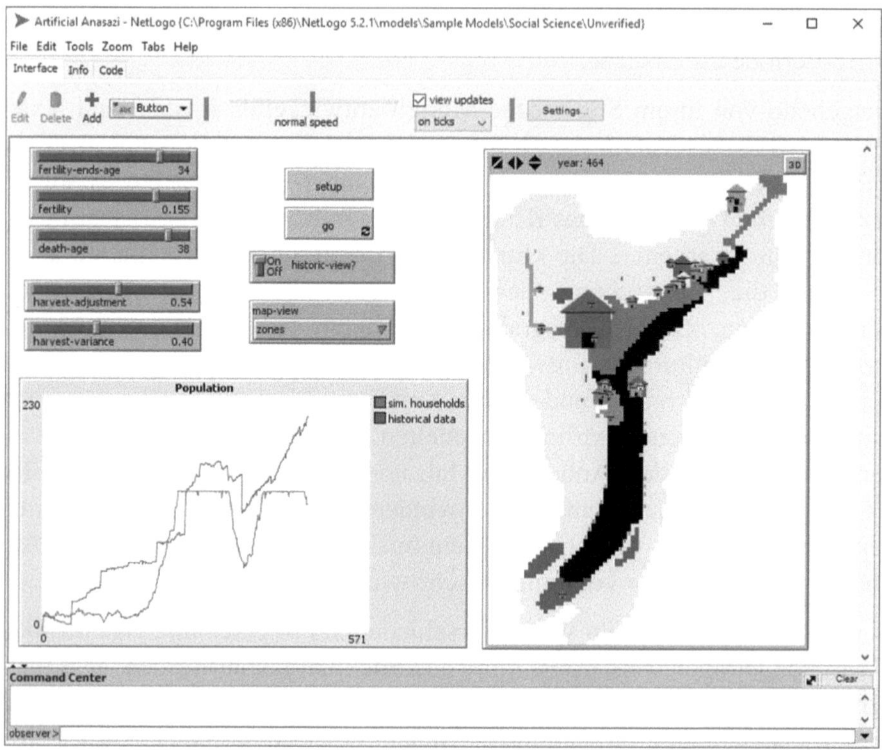

Man sieht hier am Screenshot, dass die absoluten Bevölkerungszahlen in diesem Modell nicht richtig vorhergesagt wurden, aber das wurde in einem späteren Modell verbessert [Eps06, Kap. 5]. Der amerikanische Historiker Jared Diamond schrieb in der amerikanischen Zeitschrift Nature über dieses Projekt, das es einen *„neuen Standard in der archäologischen Forschung"* darstellt.

„Menschlicher" mit Agent_Zero

In der traditionellen agentenbasierten Modellierung sind Agenten oft recht mechanisch, weil sie nur einfache IF-THEN-Bedingungen abarbeiten. Aber gesellschaftliche Phänomene lassen sich nur mit „menschlicheren" Agenten

untersuchen. Daher hat Joshua M. Epstein ein „Software-Individuum"
entwickelt, dass er in seinem Buch *„Agent_Zero: Toward Neurocognitive
Foundations for Generative Social Science"* vorstellt [Eps14]. Agent_Zero
soll sich „menschlicher" verhalten, auch Fehler machen und kein perfekter
„homo oeconomicus" sein. Hierzu hat er drei verschiedene „Komponenten":

- Gefühle: emotional, gefühlsbezogen („affective")
- Denken: kognitiv, beratend („deliberative")
- Sozial: Netzwerk mit anderen, die ihn beeinflussen können

Diese Komponenten können auch gegensätzlicher Meinung sein: Agent_Zero
hat daher ein „inneres Leben" evtl. auch mit Widersprüchen. Agent_Zero soll
so die Komplexität menschlichen Verhaltens besser darstellen.

Das liest sich jetzt natürlich besser, als es in Wirklichkeit ist: Agent_Zero
besteht aus drei Funktionen, deren Ergebnisse addiert werden. Es sind relativ
einfache Formeln, die aber anhand von Erkenntnissen von
Neurowissenschaftlern entworfen wurden. Diese Formeln sind auch nach
Meinung von Epstein alles andere als perfekt und nur als erster Ansatz zu
begreifen. Sie erfüllen ihre Aufgabe seiner Meinung nach aber, denn sein Ziel
ist nicht die Modellierung des Einzelnen, sondern der Gesellschaft. Wenn
mehrere dieser einfachen Agenten „zusammenkommen" erzeugen sie
gesellschaftliches Verhalten, das er untersuchen möchte.

Hierzu simuliert er z. B. den arabischen Frühling 2011, die Entstehung von
Konjunkturzyklen in der Wirtschaft oder amerikanische Gerichtsprozesse,
bei denen die Herzen und Gehirne der Geschworenen zu gewinnen sind.

Komplexe Ökonomie

Der Wirtschaftswissenschaftler W. Brian Arthur hat
wirtschaftswissenschaftliche Probleme mit Hilfe von komplexen Systemen
und ABM untersucht. Seit den 80er-Jahren arbeitet er an der *„komplexen
Ökonomie"* („complexity economics"). Er hat z. B. die folgenden Themen
mit ABM untersucht [Art14]:

- Manipulation von Finanzsystemen
- Verhalten von Aktienmärkten
- Technologischer Wettbewerb und Skaleneffekte („increasing
  returns")
- Funktionsweise von Erfindungen

Die komplexe Ökonomie wird später in Kapitel 5 noch genauer behandelt.

Sie selbst als Agent

Sie sind der Agent, die anderen Menschen auch. Die Umgebung ist die richtige Welt. Was müsste man da alles in die `step()`-Funktion einprogrammieren? Denken Sie auch an Urlaub oder an die Rente? Wenn Sie ein Auto kaufen wollen, wieviel Kredit sollte man aufnehmen?

Was müsste der Agent alles berücksichtigen? Wirtschaftliches Verhalten auf jeden Fall. Aber dazu müsste man sich erst mal bewusst machen, warum man seine Einkäufe so macht, wie man sie macht. Die meisten Einkäufe z. B. im Supermarkt macht man aus Gewohnheit und ohne große Überlegung. Warum kaufe ich einen bestimmten Joghurt und wie bringe ich dem Agenten dieses bei? Die traditionellen Wirtschaftswissenschaften sehen die Wirtschaft aus der Vogelperspektive („top-down"), sie berechnen Aggregate und machen Modelle mit Differentialgleichungen.

Bei der agentenbasierten-Modellierung (ABM) wird eine ganz andere Perspektive benötigt, „bottom-up". Hier in diesem Beispiel entspricht sie der Ego-Perspektive.

2.5 Komplexe Systeme

Einteilung

SystemWir haben jetzt verschiedene Modelle kennengelernt. Die Beispiele haben gezeigt: Ob ein System einfach oder kompliziert ist, hängt von verschiedenen Faktoren ab:

- Anzahl der Elemente bzw. der Knoten
- Komplexität der einzelnen Knoten, insbesondere der `step()`-Funktion
- Die Anzahl und die „Komplexität" der Beziehungen zwischen den Elementen

Systeme lassen sich umgangssprachlich folgendermaßen kategorisieren [Pea15]:

- Einfach („obvious")
- Kompliziert („complicated")
- Komplex („complex")
- Chaotisch („chaotic")

Das sind keine wissenschaftlichen Definitionen, aber im Alltag lassen sie sich gut verwenden.

In einem *einfachen* System sind Ursache und Wirkung klar erkennbar. Es gibt keine Nebenwirkungen. Jeder kann hier gelernte Rezepte anwenden, wie z. B. bei IKEA™ oder bei LEGO™.

In einem *komplizierten* System hingegen erfordert die Analyse von Ursache und Wirkung schon einigen Aufwand und Expertenwissen. Optimale Lösungen können mit einigem Aufwand berechnet werden. Das Wissen für die Lösung von Aufgaben in komplizierten Systemen wird in Schulen und Universitäten gelehrt. Lösungen entstehen aus der Kombination von bestehendem Wissen. Ein Krimi ist hier ein gutes Beispiel, allerdings nicht die einfachen im Fernsehen, sondern eher Agatha Christie, Ellery Queen oder John Dickson Carr.

In *komplexen* Systemen ist die Beziehung zwischen Ursache und Wirkung nur im Nachhinein ersichtlich. Optimale Lösungen sind nur sehr schwer zu finden oder es gibt sie nicht. Das Lösen des komplexen Systems überschreitet häufig die bei der formalen Bildung erhaltenen Fähigkeiten. Man muss Neues erfinden oder das bestehende Wissen auf neue Art anwenden.

Ein *chaotisches* System hingegen ist ein hoffnungsloser Fall. Es ist rational nicht feststellbar, was Ursache und was Wirkung ist.

Hier muss man streng unterscheiden, ob ein System *komplex ist* oder ob es nur als *komplex angesehen wird*. Schach z. B. wurde früher mal als komplex angesehen, bei näherer Betrachtung ist es aber ein einfaches mathematisches Optimierungsproblem und wird heute nur noch als kompliziert betrachtet, weil die Erstellung von Schachprogrammen heutzutage noch kompliziert ist. Ob ein System als einfach, kompliziert oder komplex gesehen wird, hängt also auch von der Bildung, vom Wissen und von der zur Verfügung stehenden Technik ab.

Eigenschaften von komplexen System
Komplexe Systeme zeigen emergentes Verhalten und besitzen darüber hinaus oft noch weitere besondere Eigenschaften [Hol14, EK10, MP07, Mit09]:

- *Selbst-Organisation*: Komplexe Systeme haben keine interne oder externe Steuerung, sondern sie „regeln sich selbst". Es entsteht eine „spontane Ordnung" („spontaneous order"). Diese „Ordnung" muss allerdings nicht im Sinne des Betrachters sein. Ein Beispiel hierfür sind Vogelschwärme.

- *Adaptivität*: Die Agenten des Systems passen sich an und dadurch passt sich das ganze System an. Diese Anpassung kann durch Lernen oder durch Evolution erfolgen.
- *Dezentralität*: Es gibt keine zentrale Kontrolle, nur Selbst-Kontrolle der einzelnen Elemente.
- Jede Komponente hat relativ einfache Regeln. Das Gesamtsystem hat komplexes Verhalten.
- *Diversität*: Einige komplexe Systeme werden im Laufe ihrer Existenz noch komplexer, in dem die Diversität der Elemente steigt. In einem Dschungel z. B. entstehen neue Tier-, Insekten- und Pflanzenarten.
- *Schmetterlingseffekt*: Kleine Unterschiede in der Anfangskonfiguration können große Auswirkungen haben und zu ganz anderen Ergebnissen führen. Kann ein Schmetterling in Brasilien einen Wirbelsturm in Texas auslösen? [TG15]

In manchen Büchern wird zwischen „complex physical systems" (CPS) und „complex adaptive systems" (CAS) unterschieden. Andere unterscheiden „komplexe Systeme" und „komplexe adaptive Systeme". Das machen wir hier aus Gründen der Einfachheit nicht.

Differentialgleichungen

Das traditionelle wissenschaftliche Mittel, um dynamische Systeme zu beschreiben sind *Differentialgleichungen*. Diese drücken ähnlich wie die `step()`-Methode die Unterschiede bezüglich der Zeit aus. Für einen PKW ist dieses Differential z. B. die Geschwindigkeit und wird in km/h angegeben. Für viele einfache und komplizierte Systeme in den Wissenschaften sind diese Differentialgleichungen oft die beste Wahl[7]. Aber mit komplexen Systemen haben sie ihre Schwierigkeiten.

---

[7] Sogenannte *gewöhnliche Differentialgleichungen* („ordinary differential equation", ODE) haben nur eine unabhängige Variable und können einfach gelöst werden (wenn sie linear sind). Allerdings haben viele Probleme mehr als eine unabhängige Variable und müssen mit *partiellen Differentialgleichungen* („partial differential equation", PDE) beschrieben werden. Diese besitzen oft keine einfache geschlossene Lösung und müssen für jeden Zeitschritt berechnet werden. Dieses geschieht heutzutage mit leistungsstarken Computern und ist oft sehr zeit- und rechenintensiv und kann unter Umständen ganze Rechenzentren in Anspruch nehmen. Ein Großteil der Rechenzeit der Top-500-Supercomputer (http://www.top500.org/) wird mit

> **Wichtig**: Die Differentialgleichungen sind nicht für komplexe Systemen geeignet, diese müssen mit ABM simuliert werden.

Agenten-basierte-Modellierung (ABM), Teil 2

ABMs haben daher viele Vorteile im Vergleich zu den Differentialgleichungen, denn man benötigt nur rudimentäre Programmierkenntnisse und die „bottom-up"-Perspektive ist sehr viel natürlicher [Eps06, RG11, EA96]. ABMs sind einfacher zu verstehen und bieten oft auch kausale Erklärungen an, während mathematische Methoden in der Regel nur aus Zahlen bestehen und „number crunching" sind. Ein weiterer Vorteil von ABM ist, dass es zwischen Simulationen und Computerspielen einen fließenden Übergang gibt [BP12].

Das Ziel der agentenbasierten Modellierung ist, bestimmtes emergentes *Verhalten* von Systemen zu erzeugen und zu untersuchen. Es ist ein neues wissenschaftliches Instrument für eine *„generative Wissenschaft"* und erzeugt *„generative Erklärungen"* [Eps06, WR15].

Momentan sind ABMs allerdings noch nicht sehr weit verbreitet: Menschen haben Traditionen und Gewohnheiten. Wenn jemand schon sehr viel Zeit und Arbeit in eine wissenschaftliche Methode gesteckt hat, warum sollte er eine zweite Methode lernen und wieder bei Null anfangen? Hier hilft ein Vergleich des wissenschaftlichen Fortschritts mit der Wanderung durch ein Gebirge [CK14]. Die einzelnen Berge stellen die wissenschaftlichen Methoden dar und je höher man kommt, desto mehr weiß der Bergsteiger bzw. Forscher. Das Wissen ist im Gebirge verborgen und der Wissenschaftler sucht einen Weg hindurch. Auf der Wanderung ist er schon recht weit einen Berg hochgewandert. Doch dann entdeckt er in der Ferne einen noch höheren Berg, auf dem er noch bessere Erkenntnisse haben würde. Das Problem ist aber, dass er erst wieder ein gutes Stück hinuntersteigen müsste, um dann wieder erneut den höheren Berg zu besteigen. Er würde also auf einem niedrigeren Niveau wieder anfangen. Die Fortschritte auf dem ersten Berg verhindern

---

der Lösung von PDEs verbracht. Das Lösen von PDEs ist heute noch Forschungsgegenstand und auch eine mathematische Kunst. Hier werden jährlich viele wissenschaftliche Artikel geschrieben. PDEs haben daher eine lange Einlernzeit und benötigen ein mehrjähriges mathematisches Studium.

oder verzögern ein Herabsteigen und ein Weitermachen auf dem zweiten Berg. Diese Problematik wird in der englischen Literatur *„Twin Peaks"* genannt, wie die legendäre Fernsehserie aus den 90ern von David Lynch[8].

Aber auch wenn ABM heutzutage noch nicht so weit verbreitet ist, ist es wichtig, die Probleme aus der „komplexen" Perspektive zu betrachten.

Für Einsteiger gibt es u. a. die folgenden Software-Werkzeuge für die ABM:

- **NetLogo** ist eine Variante der Programmiersprache Logo und angepasst an ABM. Es ist Open-Source, hat Schildkröten-Grafik und es gibt viele Beispiele, siehe http://netlogoweb.org. Als Einführung sind die Bücher *„An Introduction to Agent-based Modeling"* von Uri Wilensky und William Rand [WR15] und *„Agent-Based and Individual-Based Modeling: A Practical Introduction"* von Steven F. Railsback und Volker Grimm [RG11] geeignet.
- **Repast** besteht aus mehreren Open-Source Produkten und bietet eine Entwicklungsumgebung auf Basis von Eclipse. Die Programmierung geschieht auch in einer Variante von Logo, ReLogo genannt, oder in Groovy oder Java, siehe http://repast.sourceforge.net/. Es sind Vorkenntnisse in der Software-Entwicklung mit Eclipse empfohlen.
- **StarLogo TNG** ist eher für Kinder zum Lernen von Turtle-Grafik und graphischen Elementen, http://education.mit.edu/portfolio_page/starlogo-tng/.
- **MASON** ist eine in Java geschriebene Bibliothek für Multi-Agenten-Simulationen. Es richtet sich eher an Software-Entwickler, http://cs.gmu.edu/~eclab/projects/mason/.
- **AnyLogic** ist eine kommerzielle auch in der Industrie angewandte Plattform von der es eine Version für die private Nutzung zum Lernen zum Download gibt, http://www.anylogic.com.

---

[8] Wissenschaftler, die sich erstmal mühevoll jahrelang in die PDEs eingearbeitet haben, geben diese natürlich nicht so schnell wieder auf. Und die wissenschaftliche Welt ist teilweise auch sehr konservativ, die Neuem gegenüber teilweise sehr skeptisch gegenübersteht. Daher wird sich die ABM daher selber auch nur „bottom-up" durchsetzen, d.h. in Privatinitiative genutzt werden und dadurch eine Verbreitung erfahren.

2.6 Interventionen

Menschliches Handeln in komplexen Systemen

Der Psychologe Dietrich Dörner hat in seinem Buch *„Die Logik des Misslingens "* beschrieben, welche Schwierigkeiten Menschen beim Umgang mit komplexen Systemen haben [Doe03]. Dörner und seine Mitarbeiter haben eine Computersimulation einer Landwirtschaft in Afrika entwickelt. Die Zusammenhänge der einzelnen Variablen in diesem Modell wurden explizit als komplexes System gestaltet. Der „Spieler" hat diktatorische Vollmachten in der Simulation, d.h. er kann beliebig in die Wirtschaft eingreifen. Er kann Brunnen bauen lassen, Ackerland düngen, usw. Das Ziel von Dörner war zu untersuchen, wie Testpersonen mit einem solchem komplexen System umgehen. Was machen sie richtig? Was machen sie falsch?

Die Simulation verläuft in einer Reihe von Zeitschritten. Am Anfang jedes Zeitschritts bekommt der Spieler die Gelegenheit, sich Informationen über den Zustand der „Wirtschaft" zu beschaffen. Anschließend kann er Handlungen veranlassen. Die Simulation berechnet daraufhin den nächsten Zustand und es folgt der nächste Zeitschritt.

Ein Ergebnis der Untersuchung ist, dass die Spieler den Umgang mit komplexen Systemen *nicht intuitiv beherrschen*. Es gibt die folgenden Schwierigkeiten [Doe03]:

- Nach dem ersten Kennenlernen des Systems überschätzen die Spieler ihr Wissen über das System und unterschätzen die Komplexität des Systems. Sie sind nicht mehr selbstkritisch genug.
- Schwierig ist auch die verspätete Rückmeldung des Systems. Negative Rückwirkungen sehen sie evtl. erst später an einer ganz anderen Stelle. Daher können sie Ursache und Wirkung oft kausal nicht miteinander in Beziehung bringen.
- Unter Zeitdruck fangen die „Spieler" an, ihre Aktionen zu „überdosieren". Das System wird daraufhin in eine Richtung stark ausschlagen, der Spieler steuert dann wiederum zu stark dagegen und die Probleme schaukeln sich hoch.
- Spieler denken eher in linearen kausalen Ketten (A -> B -> C) als in kausalen Netzen. Daher schätzen sie Nebenwirkungen und langfristige Wirkungen oft falsch ein.
- Spieler unterließen nach falschen Aktionen die notwendige Selbstkritik und Selbstkorrektur und machten weiter wie bisher oder delegierten schwierige Aufgaben einfach an andere.

- Oft wird exponentielles Wachstum zuerst nicht gesehen. Das sind Prozesse, wo etwas sehr stark wächst und werden später in Abschnitt 9.1 behandelt.

Dietrich Dörner vergleicht ein komplexes System mit einem Schachspiel, bei dem die Figuren mit Gummifäden aneinander hängen und sich gegenseitig beeinflussen. Damit ist es unmöglich, nur eine Figur zu bewegen. Der Spieler bewegt immer andere Figuren mit. Manchmal ist es sogar noch schlimmer und es gibt unbeobachtete Variablen. Dann ist ein Teil des Spielfelds für den Spieler nicht sichtbar und vernebelt. Der Spieler hat nur unvollständige Informationen [Doe03]. Bei komplexen Systemen muss man ganzheitlich denken und immer die Gesamtsituation beachten, man muss immer mehrere Aspekte im Auge behalten, weil von jeder Intervention mehr als ein Aspekt betroffen ist. Dietrich Dörner fasst es folgendermaßen zusammen *„in einer Welt von interagierenden Teilsystemen muss man in interagierenden Teilsystemen denken, wenn man Erfolg haben will“*.

> **Wichtig**: Beim Umgang mit komplexen Systemen ist die „Komplexität" zu berücksichtigen.

Entscheidungen in komplexen Systemen

Wenn in einem komplexen System etwas nicht stimmt und man „politisch" und „top-down" eingreifen will, wie beispielsweise bei der Zuckerverteilung in Sugarscape in Abschnitt 2.4, dann muss man sich ein Mittel überlegen, mit dem man das Ziel erreichen kann ohne fatale Nebenwirkungen loszutreten. In einfachen Systemen ist das ganz einfach:

1. Überlege ein zu erreichendes Ziel
2. Mit welchen Mitteln lässt sich das Ziel erreichen?
3. Welche Nebenwirkungen haben die Mittel jeweils?
4. Wähle das Mittel mit den geringsten Nebenwirkungen
5. Wende das Mittel an

Und genau das ist in komplexen Systemen nicht so einfach, denn in Schritt 3 können die Nebenwirkungen nur bestimmt werden, wenn man das System gut kennt. Die Entscheidung in Schritt 4 ist auch schwierig, weil hier viele Kriterien gegeneinander abgewogen werden müssen. In komplexen Systemen werden Entscheidungen durch die folgenden Sachverhalte erschwert [Doe03]:

- *Komplexität und Vernetztheit*: voneinander abhängige Variablen
- *Intransparenz*: nicht alle Variablen sind sichtbar oder messbar
- *Dynamik*: Das System entwickelt sich weiter und ändert sich, es hat eine Eigendynamik
- *Unsicherheit*: Unvollständige oder falsche Informationen über das System

Es gibt die folgenden Quellen von Unsicherheit:

- Unbeobachtete Variablen
- Unbekannte Abhängigkeiten von Variablen
- Unbekannte Auswirkungen der Aktionen und Handlungen

In der Sprache der Netzwerke und Graphen gibt es also unbekannte Knoten und unbekannte Kanten. In komplexen Systemen ist die Beziehung zwischen Ursache und Wirkung nicht trivial und eine Aktion bzw. ein Mittel hat oft mehr als eine Auswirkung. Entscheidungen in komplexen Systemen sind damit auch *„komplexe Entscheidungen"*. Die *Entscheidungstheorie* bildet die Grundlage für optimale Entscheidungen. Basierend auf den zur Verfügung stehenden Informationen wird mit Hilfe der Wahrscheinlichkeitsrechnung die optimale Entscheidung ermittelt [Pet11]. In komplexen Systemen sind diese Informationen aber unsicher und daher ist es sehr schwer, die „richtige" Entscheidung zu finden. Menschen können mit komplexen System also in der Regel nicht umgehen, weil sie die Folgen ihres Handelns nicht absehen können. Politische „top-down" Interventionen sind daher mit Vorsicht zu genießen. Wir werden hierauf später im politischen Kapitel in Abschnitt 11.5 darauf eingehen.

2.7 Schwarze Schwäne und Anti-Fragilität

Nassim Nicholas Taleb ist ein Philosoph, Statistiker und Risiko-Analyst, der in den letzten Jahren durch eine Reihe von Büchern Aufsehen erregt hat. Er hat einige Jahre als Finanzmathematiker in mehreren Wall-Street-Unternehmen gearbeitet. Er hat sich mit Finanzderivaten und Hedgefonds beschäftigt und war genau im Mittelpunkt des „Kasino-Kapitalismus".

In *„Der Schwarze Schwan: Die Macht höchst unwahrscheinlicher Ereignisse"* [Tal08] zeigt er, dass Menschen im Allgemeinen blind gegenüber außergewöhnlichen Ereignissen sind. Er verdeutlicht dieses anhand des schwarzen Schwans. Vor der Entdeckung Australiens haben die Menschen gedacht, dass alle Schwäne weiß sind und dass Schwäne keine andere Farbe haben können. Das war einerseits aus der Erfahrung her richtig, denn bis dahin hatte man nur weiße Schwäne gesehen. Aber es gibt ja andere schwarze Vögel, wie z. B. Raben. Einen schwarzen Schwan aber hat man für unmöglich gehalten. Nassim Taleb geht diesem Denkfehler nach, warum Menschen etwas für unmöglich halten, das aber eigentlich nur unwahrscheinlich ist.

Ein „schwarzer Schwan" ist für Taleb ein außergewöhnliches Ereignis, das große Auswirkungen hat und im Nachhinein aber von Menschen immer erklärt werden kann nach dem Motto „hinterher ist man immer schlauer". Beispiele für „schwarze Schwäne" sind z. B. die Finanz- und Wirtschaftskrisen oder der Anschlag vom 11. September 2011 auf das World Trade Center.

Das Problem ist, das „schwarze Schwäne" in der Regel nicht bei der Formulierung von Gesetzen und Regulierungen berücksichtigt werden. Auch bei der Modellierung von technischen Systemen kann es sein, dass man „schwarze Schwäne" vergisst und sie nicht in das Modell aufnimmt. Ein Beispiel hierfür sind die fehlerhaften Risikomodelle vor der Finanzkrise von 2008.

> **Wichtig**: In komplexen Systemen kann es „schwarze Schwäne" geben.

In seinem Buch *„Antifragilität: Anleitung für eine Welt, die wir nicht verstehen"* [Tal12] unterteilt Taleb Systeme in die folgenden drei Klassen:

- Fragile Systeme
- Robuste Systeme
- Anti-fragile Systeme

Ein *fragiles* System ist zerbrechlich. Mit den falschen Eingaben oder Aktionen kommt es nicht zurecht. Es ist auf Störungsfreiheit angewiesen. Die Dinge müssen genau so laufen wie geplant, mit so wenig Abweichungen wie möglich. Typischerweise sind von Menschen geschaffene Systeme *fragil*.

Ein *robustes* System kommt auch mit falschen Eingaben zurecht. Bei manchen robusten Systemen können sogar Teilsysteme ohne Funktionalitätsverlust ausfallen. Dieses erreicht man mit *Redundanz*. Bei einem Flugzeug mit zwei Düsentriebwerken kann theoretisch eines ausfallen. Ein System, das mit Fehlern umgehen kann, wird auch *fehlertolerantes* System genannt. Hier ist zu berücksichtigen, dass manche Systeme nur mit einer begrenzten Anzahl von Fehlern auskommen. Das letzte Düsentriebwerk dürfte z. B. nicht auch noch ausfallen.

Ein *anti-fragiles* System hingegen gewinnt bei Störungen an Stabilität hinzu. Diese Systeme sind bisher meistens in der Natur zu finden. Menschen können diese Systeme noch nicht künstlich erstellen. Wenn ein Mensch sportlich trainiert, in dem er z. B. Joggen geht, so gewinnen die Muskeln und Sehnen durch die „Störung" hinzu. Der Körper verbessert sich durch die „Störung" bzw. das Training und baut die Muskeln wieder auf.

Bei der Komposition von Systemen aus Teilsystemen muss man berücksichtigen, dass sich die Eigenschaften von Teilsystemen nicht auf das Gesamtsystem übertragen. Das Gesamtsystem kann eine andere Klasse haben, als die Teilsysteme.

Ein Gesamtsystem aus fragilen redundanten Teilsystemen ist z. B. robust und nicht fragil. Eine Wirtschaft insgesamt ist robust, wenn die einzelnen Unternehmen fragil sind, d.h. insolvent gehen können. Hier werden die einzelnen fragilen Teile einfach ausgetauscht. Ein Bankensystem hingegen, bei dem die einzelnen Banken nicht insolvent gehen können, ist nicht robust, sondern fragil. Denn die Banken, die Verluste anhäufen, werden hier nicht ausgetauscht, sondern können mit ihrem Fehlverhalten weiter machen.

> **Wichtig**: Wenn man Teilsysteme robuster macht, kann das Gesamtsystem fragil werden.

Nassim Taleb hat sich auch mit komplexen Systemen und Interventionen beschäftigt [Tal12]. In „Antifragilität" schreibt er:

> *„Ein komplexes System benötigt – entgegen der allgemeinen Meinung – keine komplizierten Systeme, keine Regulierungsmethoden, keine ausgefeilten politischen Strategien. Je einfacher, desto besser ... Da die Dinge nicht bis ins Letzte durchschaubar sind, hat ein Eingreifen unvorhergesehene Auswirkungen. "*

Für die Modellierung von System sind die Erkenntnisse von Nassim Taleb äußerst wichtig.

3. Der Mensch

3.1 Zwei unterschiedliche Mittel zum Zweck

Der Mensch hat Wünsche und Ziele. Um ein Ziel zu erreichen, muss man einen Weg dahin finden. Man muss entscheiden, mit welchen Mitteln man das Ziel erlangen kann. Das ist nicht immer einfach. Je komplexer die Umgebung ist, desto schwieriger wird es. Wir hatten in Abschnitt 2.5 gelernt, dass eine Aktion in komplexen Systemen immer mehr als eine Auswirkung hat.

Der Soziologe und Ökonom Franz Oppenheimer hat diese Mittel in zwei entgegengesetzte Gruppen eingeteilt [Opp27]:

- das ökonomische Mittel
- das politische Mittel

Das *ökonomische Mittel* ist die eigene Arbeit oder der freiwillige Tausch, denn auf diesen beiden Tätigkeiten begründet sich die Wirtschaft.

Das *politische Mittel* ist der Einsatz von Gewalt oder Zwang zur Erlangung eines Gutes. Oppenheimer hat es politisches Mittel genannt, weil Güter hauptsächlich durch Kriege und andere militärische Operationen angeeignet wurden (er schrieb das 1927). Unter das politische Mittel fallen auch Steuern und Abgaben [9].

Diese Unterscheidung ist minimal und auch ein wenig provokant, erlaubt aber, die Themen des Buches zu gliedern. In diesem Buch werden zuerst nur die ökonomischen Mittel betrachtet. Erst später im letzten Kapitel 11, in dem es u. a. um die Regulierung durch den Staat geht, wird das politische Mittel besprochen. Das politische Mittel kann sowohl „top-down" als auch „bottom-up" eingesetzt werden.

---

[9] Franz Oppenheimer sah sich selbst als liberalen Sozialisten und für ihn war der Staat *„nichts anderes als das politische Mittel in seiner Entfaltung"*. Davon sind die meisten heutigen Sozialisten natürlich weit entfernt. Im Gegenteil, sie sehen den Staat als das Mittel zur Durchsetzung ihrer Ziele an, wie z. B. die Umverteilung und die Gleichheit. Das Franz Oppenheimer aber damals nicht als Extremist galt, sieht man daran, dass Ludwig Ehrhard ein Schüler war. Ludwig Erhardt gilt als „Vater des deutschen Wirtschaftswunders" und als Begründer der „sozialen Marktwirtschaft". Er war von 1949 - 1963 Bundesminister für Wirtschaft und von 1963 bis 1966 sogar deutscher Bundeskanzler.

3.2 Begrenzte Rationalität

Bis in die 70er Jahre hinein haben viele Wissenschaftler angenommen, dass sich Menschen in der Regel vernünftig verhalten und das ihr Denken meistens folgerichtig und logisch ist. Abweichungen hiervon wurden mit starken Emotionen begründet, wie Angst, Liebe oder Hass [Kah12]. In den 70er-Jahren änderte sich das, nachdem sog. *Verhaltensökonomen* damit begannen ökonomische Entscheidungen aus einem psychologischen Hintergrund heraus zu untersuchen. Und die Forscher fanden heraus, dass das menschliche Denkvermögen ganz anders ist als bisher angenommen. Es gibt einen Teil des Gehirns, der für das *„schnelle Denken"* zuständig ist, für Spontanität und Ideen. Wenn einem aber nichts einfällt, dann schaltet sich das *„langsame Denken"* ein. Man grübelt und überlegt und versucht sich irgendwie anzustrengen. Aus diesem Grund hat Daniel Kahneman sein Buch auch *„Schnelles Denken, langsames Denken"* genannt [Kah12]. Kahneman nennt den schnellen Teil System 1 und den langsamen System 2. Das System 1 erledigt die Alltagsaufgaben, wie z. B.

- Verstehen von einfachen Sätzen Sprache im Alltag
- Räumliches Sehen
- Auto fahren in ruhigen Verkehrssituationen
- Antrainiertes Verhalten und auswendiggelerntes Wissen
- Das von Tieren vererbte angeborene Verhalten, wie z. B. Wegrennen bei Feuer

Das System 1 arbeitet automatisch und schnell. Die Benutzung strengt den Menschen nicht an. Es ist ständig in Betrieb. Der Mensch kann es auch nicht kontrollieren. Man kann z. B. das Sprachverstehen nicht ausschalten. Wenn man nicht hören will, was jemand sagt, muss man sich die Ohren zuhalten. System 1 kann trainiert werden. Man kann neue Sprachen lernen und nach einiger Übung diese sofort verstehen, ohne groß nachzudenken. Der Energieverbrauch sinkt dann auch und man kann länger zuhören ohne zu ermüden. Da System 1 immer automatisch läuft, ist es schwierig, Fehlentscheidungen zu bemerken. Manchmal entscheidet es so schnell, so dass sich der Mensch gar nicht bewusst ist, dass da überhaupt eine Frage beantwortet wurde.

Das System 2 führt das langsame und systematische Denken durch. Es benötigt Konzentration und kann von außen gestört werden. Dieses Denken verbraucht Energie, es ist auf Dauer anstrengend. System 2 ist für die Selbstkontrolle des Menschen verantwortlich. Wenn man sich bei Ärger zusammenreißen kann, wurde das mit System 2 gemacht. Mit Hilfe des System 2 kann man das System 1 auf bestimmte Sachen fokussieren bzw. „programmieren", wie z. B. auf Fotos eine bestimmte Person zu suchen oder auf Wimmelbildern bestimmte Gegenstände. Wenn jemand „Pass mal auf" oder „Hör mal genau zu" sagt, dann möchte er erreichen, dass derjenige sich mit dem System 2 voll konzentriert.

Die beiden Systeme sind grundsätzlich aktiv. System 1 arbeitet immer, System 2 ist normalerweise im Schlafzustand und wird nur bei Bedarf aktiviert. Man wacht dann evtl. mit einem Schrecken auf „Huch, was war das für ein Geräusch?". Man kann die Fehler von System 1 leider nicht ausschalten. Man kann sein System 2 nur darauf aufmerksam machen, dass es alles genau überprüft, wie z. B. beim Lösen einer Rechenaufgabe mit vielen Zahlen. Man kann allerdings sein System 1 langsam umtrainieren. Zusammengefasst kann man sagen: das System 1 führt *heuristische Arbeit* durch, das System 2 führt *systematische Arbeit* durch [Pea15].

> **Wichtig**: Der Mensch verfügt nur über eine *begrenzte Rationalität* („bounded rationality").

Der Mensch verhält sich aus seiner Sicht vernünftig, ist aber durch sein Gehirn eingeschränkt. Der Grad der Rationalität hängt auch davon ab, wie viel Zeit ein Mensch zum Lösen einer Aufgabe hat. Wenn es sehr schnell gehen muss, benutzt der Mensch System 1 und es besteht die Gefahr, dass er zwar etwas „Intuitives", aber etwas Falsches tut. Wir werden hierauf später in Kapitel 8 wieder zurückkommen, um die Frage beantworten zu können, ob Künstliche Intelligenz und Roboter die Menschen ersetzen werden können.

3.3 Spieltheorie und menschliches Verhalten

Beim Kinderspiel „Schere, Stein, Papier" bzw. „Schnick, Schnack, Schnuck" spielen zwei Kinder gegeneinander. Jedes Kind kann mit seiner Hand eine Schere, einen Stein oder Papier symbolisieren. Die Schere entspricht zwei gespreizten Fingern, der Stein einer Faust und das Papier einer flachen Hand. Das Spiel wird meistens in mehreren Runden gespielt. Beide Kinder zeigen sich gleichzeitig ihre Hände nach dem sie einen Vers wie z. B. „Schnick, Schack, Schnuck" gesagt haben. Der Gewinner der Runde wird nach den folgenden Regeln ermittelt: Schere schneidet Papier, Papier umwickelt Stein, Stein schleift Schere. Solche Spiele kann man als Tabelle bzw. mathematisch ausgedrückt als eine Matrix darstellen:

		Spieler B		
		Stein	Papier	Schere
Spieler A	Stein	0 0	-1 1	1 -1
	Papier	1 -1	0 0	-1 1
	Schere	-1 1	1 -1	0 0

In den Zeilen werden die Möglichkeiten des ersten Spielers und in den Spalten die Möglichkeiten des zweiten Spielers dargestellt. In jeder Zelle sind zwei Zahlen aufgeschrieben: die erste ist der Gewinn für den ersten Spieler, die zweite ist der Gewinn für den zweiten Spieler. Wenn Spieler A „Stein" wählt und Spieler B „Schere", dann führt das zum obersten grauen Feld in der rechten Spalte mit dem Inhalt „1   -1". Das bedeutet, das Spieler A 1 gewinnt und Spieler B 1 verliert. Gewinn ist hier durch eine 1 und Verlust durch eine -1 formalisiert.

Dieses Spiel ist ein einfaches Beispiel für Spiele, mit der sich die *Spieltheorie* befasst. Allen diesen Spielen ist gemein, dass zwei Spieler die gleichen Aktionen zur Verfügung haben und sich nicht miteinander absprechen können. In der Spieltheorie hat man sich z. B. gefragt, ob es beim obigen Spiel eine *Strategie* gibt, mit der ein Spieler den anderen besiegen kann? In der Spieltheorie untersucht man Spiele mit logischen und mathematischen Methoden. Diese *mathematische Spieltheorie* ist eine normative Theorie, die optimale Strategien ermittelt. Wie sich „richtige" Menschen aber bei solchen Spielen verhalten, ist Gegenstand der *„verhaltensbasierten Spieltheorie"* („behavourial game theory") [Gin14]. Die Spieltheorie ist eine analytische Methode zur Untersuchung von sozialen Interaktionen. Sie gilt für alle lebenden Organismen, daher findet die Spieltheorie auch Anwendungen in der Biologie, der Ökonomie, der Informatik, der Künstlichen Intelligenz, der Psychologie und der Soziologie.

Das Kinderspiel „Schere, Stein, Papier" ist ein sogenanntes *Nullsummenspiel*. Der Gewinn des einen Spielers ist der Verlust des Anderen. Solche Nullsummenspiele kommen in der Realität oft vor, wie z. B. bei *Wettbewerb*. Im Sport gewinnt der eine immer auf Kosten des anderen. Wenn zwei Firmen in der Wirtschaft z. B. ein sehr ähnliches Produkt anbieten, befinden sie sich in einem Nullsummenspiel. Jeder zusätzliche Verkauf geht auf Kosten des Wettbewerbers. In manchen Ländern ist das „Feilschen" um den Preis erlaubt. In einem Schuhgeschäft kann man dann z. B. einen geringeren Preis verlangen als auf dem Preisetikett steht. Dieses „Feilschen" ist auch ein Nullsummenspiel. Der eine gewinnt auf Kosten des anderen.

Das *Gefangenendilemma* ist ein Beispiel für ein *Nicht-Nullsummenspiel* [Fre14]. Zwei Personen A und B werden zusammen bei einem Einbruch von der Polizei erwischt und werden in getrennte Zellen gesteckt. Sie können nicht miteinander kommunizieren. Beide sollen von der Polizei verhört werden und das Strafmaß hängt davon ab, ob sie Gestehen oder nicht. Die folgende Tabelle drückt das Spiel aus:

		Spieler B	
		Schweigt	Gesteht
Spieler A	Schweigt	-2 -2	-10 -1
	Gesteht	-1 -10	-5 -5

Die Beweislage ist recht dünn und wenn beide Spieler schweigen, dann werden sie beide für nur zwei Jahre eingesperrt. Wenn beide Spieler gestehen, werden sie beide für fünf Jahre eingesperrt. Wenn nur ein Spieler gesteht, der andere aber schweigt, geht der Gestehende nur für ein Jahr ins Gefängnis und der Schweigende verbringt zehn Jahre hinter Gittern.

Was sollen die Spieler machen? Im Gegensatz zum vorherigen Spiel „Schnick, Schnack, Schnuck" spielen die Spieler nicht gegeneinander, sondern sie würden profitieren, wenn sie kooperieren. Es ist ein *Nicht-Nullsummenspiel*. Am klügsten ist es zu schweigen. Aber dann besteht die Gefahr, dass der Andere einen „in die Pfanne haut", da ein Jahr Gefängnis besser sind als zwei Jahre. Kann der Spieler dem anderen Spieler vertrauen? Es ist ein *Dilemma*. Das *Gefangenendilemma* ist ein Beispiel, bei dem sich Egoismus nicht auszahlt. Denn wenn beide egoistisch handeln, sind beide auf jeden Fall schlechter dran, als wenn sie sozial handeln und kooperieren.

Das Gefangenendilemma lässt sich zu folgender Tabelle verallgemeinern:

		Spieler B			
		Kooperation		Boykott	
Spieler A	Kooperation	R	R	S	T
	Boykott	T	S	P	P

Die beiden Spieler können kooperieren oder boykottieren [Sig09]. In den Zellen gibt es vier verschiedene Werte:

- Belohnung R („reward") für Kooperation
- Bestrafung P („punishment") für Boykott
- Versuchung T („temptation")
- Trottelprämie S („sucker's payoff")

Hiermit lassen sich sehr viele Spiele mit formulieren. Wenn $T > R > P > S$ gilt, dann ist es eine Variante des Gefangenendilemmas.

Solche Dilemmas tauchen in der Welt häufig auf. Ein bekanntes Beispiel ist der *„kalte Krieg"* in den 80er-Jahren zwischen dem Westen und dem Ostblock. Damals stand man vor der Frage, ob man Aufrüsten sollte, also mehr Atomwaffen herstellen und installieren sollte, oder ob man Abrüsten sollte? Kooperation ist in diesem Beispiel Abrüsten und Boykott ist Aufrüsten.

Ein weiteres Spiel ist die Hirschjagd [Sky03]. Stellen wir uns zwei prähistorische Höhlenmenschen vor, die überlegen, was sie heute jagen sollen für ihre Familien. Geht jeder alleine für sich los, kann jeder zwei Hasen jagen, die zwei Menschen satt machen. Tun sie sich zusammen können sie einen Hirsch jagen, der 10 Personen satt macht. Wenn der eine Hirsche jagen möchte, der andere aber Hasen, dann gibt es nur zwei Hasen zu essen. Die folgende Tabelle beschreibt das Spiel:

		Spieler B			
		Hirsch		Hasen	
Spieler A	Hirsch	5	5	0	2
	Hasen	2	0	2	2

Auch hier sind die beiden durch Kooperation besser gestellt. Hier ist $R > P = T > S$.

Beim Gefangenendilemma oder bei der Hirschjagd macht es einen großen Unterschied, ob man das Spiel einmal, zweimal oder beliebig oft spielt [Gin14, Sig09, Sky03]. Denn Menschen haben ein Gedächtnis und vergessen es nicht, wenn der Mitspieler einen unfair behandelt. Was würde passieren, wenn der eine Einbrecher im Gefangenendilemma nach zehn Jahren wieder aus dem Gefängnis kommt. Würde er Rache wollen? Würde er den gleichen Fehler nochmal machen? Menschen merken sich auch, wer jemanden gut behandelt und bilden Freundschaften. Bei der Hirschjagd sieht man förmlich Freundschaften entstehen, weil das gemeinsame Jagen große Vorteile hat.

Welche Strategie ist für ein beliebig oft wiederholtes Spiel optimal?

Aus mathematischer Sicht ist es am besten, wenn man im ersten Zug kooperiert und anschließend immer das macht, was der Gegenspieler gemacht hat. Man „kopiert" das Verhalten des Gegenspielers. Diese Strategie wird *„Tit for Tat"* genannt. Aber Menschen sind nur begrenzt rational. Die verhaltensbasierte Spieltheorie hat untersucht, wie Menschen sich in Wirklichkeit verhalten [Gin14]. Wenn jemand immer nur seinen eigenen Vorteil maximiert, dann ist er *egoistisch* („self-regarding"). Eine andere Bezeichnung für solche Menschen, die keine Mitgefühle mit anderen haben und keine Rücksicht auf die Situation der anderen nehmen, ist Soziopath. Das Gegenteil davon, wenn jemand immer den Vorteil des anderen maximiert, ist *aufopfernd* („other-regarding") bzw. *altruistisch kooperierend*. Wenn sich der Gegenspieler als Egoist erweist, kann man ihn im nächsten Zug bestrafen, indem man auch nicht kooperiert. Wenn ein Spieler bereit ist, für die Strafe auch eigene Nachteile in Kauf zu nehmen, nennt man es *„altruistische Bestrafung"*.

Die Wissenschaftler haben herausgefunden, dass Menschen in der Regel *bedingte Kooperatoren* und *altruistische Bestrafer* sind [Gin14]. Sie neigen normalerweise zur Kooperation, bei Fehlverhalten aber, wenn jemand gegen soziale Normen verstößt und egoistisch ist, neigen sie zur altruistischen Bestrafung.

> **Wichtig**: Die meisten Menschen sind bedingte Kooperatoren und altruistische Bestrafer.

Ein kleiner Teil von Menschen allerdings hat auch eine *Abneigung gegen Ungleichheit* („inequality aversion"). Diese Menschen handeln so, dass möglichst wenig Ungleichheit entsteht. Wenn diese Menschen sich selber durch Ungleichheit benachteiligt sehen, neigen sie allerdings zu stärkeren Maßnahmen, als wenn sie selber andere benachteiligen.

Menschen sind also weder die selbstlosen Altruisten der utopischen politischen Theorien noch die Egoisten der Wirtschaftswissenschaften. Sie suchen Win-Win-Situationen und bestrafen diejenigen, die sich anders verhalten.

3.4 Zwei Visionen der Menschheit

Es gibt sehr viele verschiedene „Theorien" über die ideale menschliche Gesellschaft und wie mit Gerechtigkeit, Gleichheit, Freiheit, Macht und Rechten umzugehen ist. Beispiele hierfür sind der Sozialismus, der Kommunismus und der Anarchismus. Streng wissenschaftlich darf man diese politischen Weltanschauungen eigentlich nicht „Theorien" nennen, weil eine Theorie wissenschaftlich bewiesen sein muss. Diese politischen „Theorien" sind eher Vermutungen oder Hypothesen. Interessanterweise vertragen sich viele dieser „Theorien" nicht miteinander. Nicht nur, dass sich sehr unterschiedliche Theorien, wie z. B. der Sozialismus und die Marktwirtschaft, nicht miteinander vertragen, sondern auch spezielle Untergruppen dieser Richtungen weisen große Unterschiede auf.

Der Wirtschaftswissenschaftler Thomas Sowell hat diese verschiedenen „Theorien" auf zwei unterschiedliche *„Visionen"* zurückgeführt [Sow07]:

- die *uneingeschränkte* Vision („unconstrained")
- die *eingeschränkte* Vision („constrained")

In der *uneingeschränkten Vision* ist der Mensch im Prinzip gut. Er wird aber durch die Umstände und die Gesellschaft nicht dazu angeleitet, diese „Güte" auch im realen Leben zu zeigen. Menschen sind verbesserbar, *„perfektionierbar"*. Im Prinzip wären die Menschen in der Lage, perfekte moralische Menschen zu werden, die nur an das Allgemeinwohl denken und altruistisch sind. Dieses Ideal ist auch auf der Erde durchsetzbar, der Himmel auf Erden ist zu erreichen. Und es dürfen keine Opfer und Kosten gescheut werden, um dieses Ziel zu erreichen. Die Kosten werden oft mit Sprüchen wie „Das ist eben der Preis der Gleichheit" gerechtfertigt. Da die Kosten egal sind, sehen sich die Vertreter dieser Version selten zu Kompromissen bereit. Als typisches philosophisches Werk nennt Sowell hier *„Enquiry Concerning Political Justice"* von William Godwin (1756 - 1836) von 1793. William Godwin hat menschliche Handlungen nach zwei Kriterien eingeteilt: Ob es absichtliche oder unabsichtliche Handlungen waren und ob das Ergebnis gut oder schlecht war [Sow07]. Die folgende Tabelle gibt einen Überblick:

	Gut	Schlecht
Beabsichtigt	Tugend („virtue")	Laster („vice")
Unbeabsichtigt	*Emergenz*	Nachlässigkeit („negligence")

Wenn man absichtlich Gutes tut, ist es Tugend. Absichtlich etwas Schlechtes zu tun ist ein Laster. Unbeabsichtigt kann man bei Godwin nur schlechtes tun. Für Godwin gab es kein unbeabsichtigtes Gutes. Dabei ist das unbeabsichtigte Gute eine emergente Eigenschaft des Systems. Es entsteht „bottom-up" der durch Win-Win-Situationen suchende Menschen. Es ist mehr als die Summe seiner Teile. Auch heute noch sehen Menschen, die die uneingeschränkte Vision verfolgen, oft die Existenz dieser „bottom-up"-Dynamik nicht.

In der *eingeschränkten Vision* hingegen ist der Mensch nicht wesentlich verbesserbar, er ist meistens egoistisch, manchmal altruistisch. Der Mensch ist moralisch nicht vollkommen, manche Menschen sind sogar unmoralisch. Mit diesen Einschränkungen muss eine Gesellschaft rechnen und entsprechende Institutionen bereitstellen, um damit umzugehen, wie z. B. ein Rechtssystem und die Polizei. Die Gesellschaft muss auch Anreize für gutes Verhalten haben, damit sich die Gesellschaft insgesamt trotzdem positiv entwickeln. Als Beispiel hierfür nennt Sowell *„The Theory of Moral Sentiments"* von Adam Smith (1723 - 1790) von 1759.

Die beiden großen Revolutionen des 18. Jahrhunderts kann man als Realisierung dieser beiden Visionen sehen: die uneingeschränkte Vision hinter der französischen Revolution von (1789-1799) und die eingeschränkte hinter der amerikanischen Revolution (1763 - 1789).

Im Laufe des Buches wird die eingeschränkte Vision noch genauer behandelt.

4. Die Geschichte

4.1 Handel, Technik und soziale Institutionen

Tausch führt zu Handel

Ötzi lebte vor ca. 5300 Jahren in der Kupfersteinzeit in den Ötztaler Alpen. Er war 1,54 m groß und starb mit ca. 45 Jahren. Ötzi hatte eine Axt aus 99% Kupfer. Das Kupfer stammt aus dem Salzburger Land, ca. 200km von seinem Fundort entfernt. Ötzi hatte auch einen Dolch mit einer Feuersteinklinge und einem Griff aus Eschenholz. In dem Feuerstein sind Fossilien eingeschlossen, die es nur in der Gegend vom Gardasee gegeben hat, mindestens 100km entfernt. In den Haaren hat man eine hohe Konzentration von Metallen gefunden, daher wird vermutet, dass er mit der Kupfer-Verarbeitung in Berührung kam. Die Verarbeitung von Kupfer ist so aufwendig, dass man nebenher keine anderen Arbeiten machen kann, geschweige denn Lebensmittel anbauen kann [Rid10].

Was sagt das über die Welt von Ötzi aus?

Es muss Handel und spezielle „Kupfer-Hersteller" gegeben haben, die die notwendigen Werkzeuge für die Herstellung und Verarbeitung hatten. Die Gesellschaft von Ötzi war also schon entwickelt und kannte Spezialisierung, Arbeitsteilung, Handel und Tausch: es gab also schon eine Art „Marktwirtschaft" [10].

Matt Ridley geht in seinem Buch *„The Rational Optimist"* der Frage nach, was die wichtigste Erfindung des Menschen war [Rid10]. Was hat den Erfolg des Menschen verursacht? Wie entstand der Fortschritt?

Es ist der freiwillige Tausch! Erst als der Mensch „herausgefunden" hatte, dass er mit anderen Waren tauschen kann, und das beide davon profitieren, unterschied er sich wirklich von den Tieren. Affen, wie z. B. Schimpansen, kennen gegenseitige Hilfe nach dem Motto „Wie Du mir, so ich Dir" (*„Tit for Tat"*). Wenn ein Schimpanse den anderen entlaust, dann wird der andere ihn auch entlausen [Fre14, Rid10]. Dieses Verhalten wird *Reziprozität* genannt. Wissenschaftler haben aber festgestellt, dass Affen nicht handeln könne. Dazu fehlt ihnen die „Logik". Ein Affe kann etwas Nicht-essbares gegen etwas Essbares eintauschen. Er kann aber etwas Essbares, das er nicht

---

[10] Mehr Informationen zu Ötzi: http://www.mummytombs.com/main.otzi.html.

so gerne mag, nicht gegen etwas anderes Essbares eintauschen, dass er eigentlich viel lieber mag. Diese „Intelligenz" fehlt ihm [Rid10].

Der freiwillige Tausch ermöglicht erst die Arbeitsteilung. Menschen können sich auf bestimmte Berufe „spezialisieren" und dennoch am Leben bleiben, da das wirtschaftliche Netz ihnen erlaubt, ihre Waren zu tauschen. Ötzi konnte eine Kupferaxt und ein Messer aus Feuerstein bei einem „Werkzeugmacher" erwerben. Ohne diesen Tausch ist nur ein Leben aus *Subsistenzniveau* möglich. Jeder muss seine eigenen Lebensmittel „jagen und sammeln" und kann kein Fachwissen aufbauen, weil die Zeit dazu fehlt. Ohne Arbeitsteilung ist kein Fortschritt möglich [Rid10].

Der freiwillige Tausch zwischen zwei Personen ist für beide positiv, es ist eine Win-Win-Situation. Die Person A hat zu viel X und möchte gerne Y haben, Person B hat zu viel Y und möchte gerne X haben. Also können sich die beiden darauf einigen X und Y miteinander zu tauschen. Das Verhältnis, wie viele X die Person B für ein Y bekommt ist der *Preis*. Der *Wert* wird durch den Tausch festgesetzt. Es ist ein *subjektiver Wert* [Mis49]. Jede Person bestimmt aufgrund ihrer *persönlichen Präferenzen*, ob sie bei dem Austausch profitiert: „Was möchte ich lieber haben? 3 X oder 2 Y?".

Das Preise subjektiv und nicht objektiv sind, hat zuerst der Ökonom Carl Menger (1840 - 1921) untersucht, der heute als „Gründer" der sog. *Österreichischen Schule* gilt. Viele andere Ökonomen, wie z. B. Karl Marx, glaubten damals noch an einen objektiven Wert von Gütern und Arbeit. Damit hatten sie aber starke Schwierigkeiten, weil sie viele Fragen damit nicht zufriedenstellend klären konnten. Warum zahlen manche Menschen für berühmte Gemälde sehr viel Geld? Weil sie es wert sind? Oder weil es Menschen gibt, die es so wertvoll finden?

Vom Handel zum Wohlstand

Die „Erfindung" des Tauschs und des Handels blieb aber nicht ohne Folgen. In der nächsten Abbildung wird die Entwicklung vereinfacht dargestellt:

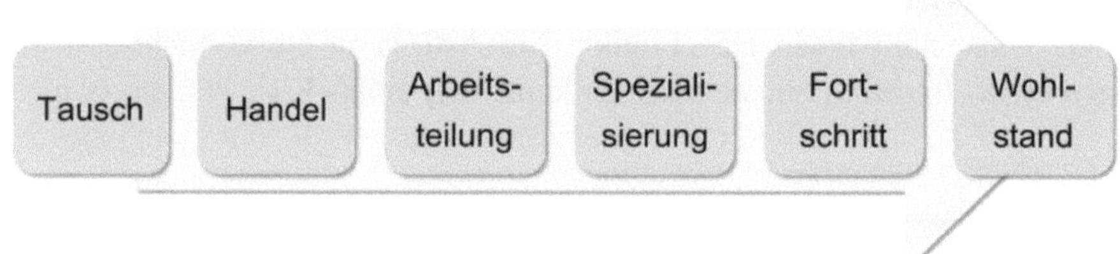

Durch die „Erfindung" des Tausches wurde der Handel möglich. Die Menschen können Arbeit auf verschiedene Menschen aufteilen. Dadurch ist es Menschen möglich, sich auf eine Aufgabe zu konzentrieren, sich zu spezialisieren. Diese „Spezialisten" haben dann Sachen herausgefunden, die vor Ihnen keiner herausfand, weil bisher niemand anderer so viel Zeit in ein Fachgebiet stecken konnte. Neue Produkte, wie z. B. Kupferäxte entstanden und der Fortschritt war geboren. Danach waren die Menschen zusammen sehr viel erfolgreicher, als sie es alleine wären. Die gesamte Gesellschaft wird „wohlhabender". Es geht den meisten zusammen besser als alleine. Wohlstand ist die Möglichkeit, die Produkte und Dienstleistungen anderer zu nutzen, von denen man selber nicht weiß, wie sie hergestellt werden. Es entstand – in den Worten von Matt Ridley – eine *„kollektive und kumulative Intelligenz"*, die sich durch Handel und Arbeitsteilung durch Spezialisierung auszeichnet.

Technik und gesellschaftliche Entwicklung

Die Spezialisierung führt dazu, dass Menschen ihr Handwerk und ihre Werkzeuge, sprich ihre Technologien, verbessern. Viele der technischen Erfindungen haben große Auswirkungen auf die Gesellschaft. Auf technische Erfindungen folgen oft auch „soziale Erfindungen". Als Beispiel sei der Buchdruck oder das Internet genannt. Das Internet hat die sozialen Netze ermöglicht, durch die die Welt zum „globalen Dorf" geworden ist und z. B. geholfen hat, den „Arabischen Frühling" im Jahr 2011 einzuleiten.

Es gibt auch Erfindungen, die nicht technisch, sondern nur gesellschaftlich sind. Viele gesellschaftliche Normen und Werte sind „Erfindungen". Ein Beispiel hierfür ist die sog. *goldene Regel* „Was du nicht willst, dass man dir tu, das füg auch keinem andern zu". Weitere Beispiele sind z. B. die Herrschaft des Rechts („rule of law"), die Demokratie, Kredite, Respekt von Eigentum und die freie Presse. Diese gesellschaftlichen Erfindungen sind nicht weniger wichtig als die technischen [Rid10]. Im Gegenteil ohne eine stabile Gesellschaft mit einer gewissen „Ordnung" kann die Wirtschaft nicht existieren. Das Wort „Ordnung" wird im Deutschen oft mit Autorität, dem Kaiserreich oder einer Diktatur assoziiert. Diese Art von „Ordnung" könnte man als „top-down"-Ordnung bezeichnen und ist hier nicht gemeint. Es gibt auch Normen und Regeln, die „bottom-up" in der Gesellschaft entstehen, die man auch als „Ordnung" auffassen kann.

Fortschritt geschieht also durch technische *und* soziale Erfindungen. Wie lässt sich Fortschritt oder die Zivilisation dann aber messen? Ist die Welt besser geworden? Hat es wirklich Fortschritt gegeben? Oder befindet sich die Welt auf einem rückläufigen Kurs? Wenn man etwas bewerten will, muss man ein Vergleichskriterium haben. Der britische Historiker Ian Morris hat in seinem Buch *„Wer regiert die Welt: Warum Zivilisationen herrschen oder beherrscht werden"* ein solches Vergleichskriterium entwickelt: den *„Index der gesellschaftlichen Entwicklung"* [Mor11, BA14]. Hierzu hat Morris sehr viele Daten gesammelt und die westliche Zivilisation mit der östlichen Zivilisation verglichen. Der Index soll ausdrücken, wie gut eine Gesellschaft ihre physikalische und intellektuelle Umwelt meistern konnte und besteht aus den folgenden Attributen:

- Energieausbeute:
    - Wieviel Kalorien kann ein Mensch für die Nahrung bekommen?
    - Wieviel Energie steht für Arbeit, Handel, Industrie, Transport und Ackerbau zur Verfügung?
- Gesellschaftliche und wirtschaftliche Organisation
    - Die Größe der Städte und Organisationen
- Kriegsführung und -technik
    - Anzahl der Truppen, Waffen, Logistik
- Informationstechnik
    - Die zur Verfügung stehenden Möglichkeiten zur Informationsverarbeitung
    - Und wie diese in Anspruch genommen wurden

Diese vier Merkmale hat Morris *„quantifiziert"*, d.h. als Zahlen ausgedrückt und zu dem genannten Index zusammengefasst. Mit diesem Index vergleicht Morris dann verschiedene Zivilisationen miteinander. Das ist zwar auch ganz interessant, aber nicht für dieses Buch wichtig. Denn hier kommt es nur darauf an, dass ein *Historiker* verstanden hat, wie wichtig die Informationstechnik wirklich ist.

> **Wichtig**: Die Informationstechnik ist ein wesentlicher Faktor für die Zivilisation und den Fortschritt.

Dieser Historiker spricht hier nicht von einem „technologischen Totalitarismus", wie es deutsche „Intellektuelle" und Politiker tun, sondern versteht die Wichtigkeit der Informationstechnik [Sch15]. Dass die Informationstechnik so wichtig ist, liegt nicht daran, dass irgendwelche „Kapitalisten" unbedingt Geld verdienen wollen, sondern daran, dass die IT eine wichtige Aufgabe erfüllt. Die in diesem Buch behandelten Themen sind also wichtig für den Fortschritt. Eine *„politische Debatte"* und eine politische Einflussnahme kann demnach zu einer bedrohlichen Angelegenheit werden, wenn die Politik hier die falschen Weichen stellt.

> **Wichtig**: Eine falsche Regulierung der IT hat wahrscheinlich fatale Auswirkungen.

Wichtig:

4.2 Das ökonomische Mittel

Theory-of-Constraints

Die *Produktionsfaktoren* eines Produkts oder einer Dienstleistung sind alles, was zur Produktion dieses Produkts oder der Dienstleistung erforderlich sind. Es sind die „Zutaten" oder der „Input". Hierzu zählen z. B. Wissen, Kapital, Zeit, Arbeit und Land. Der israelische Unternehmensberater Eliyahu M. Goldratt (1947 - 2011) hat in seiner *„Theory of Constraints"* beschrieben, dass es bei organisierter Arbeit, wie z. B. in einer Fabrik, immer einen Engpass („constraint") gibt, der verhindert, dass schneller oder besser produziert wird [GC12].

In der folgenden Abbildung sei mal sehr abstrakt ein Teil einer Fabrik mit drei Maschinen dargestellt.

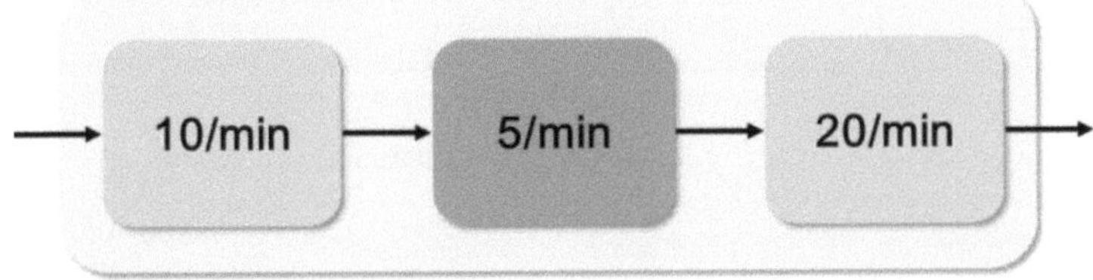

Die erste Maschine kann 10 Stück pro Minute verarbeiten, die zweite 5 pro Minute und die dritte 20 pro Minute. Der Engpass hier ist die Maschine in der Mitte und ist deshalb eingefärbt. In diesem Beispiel ist es kinderleicht, den Engpass zu finden. In der Realität ist das bei Produktionsprozessen natürlich nicht so einfach. Denn diese bilden ja – wie wir bereits wissen – ein Netzwerk und keine einfache Kette.

Der Engpass ist der *limitierende Faktor*, der das ganze System einschränkt. Hier gibt es zwei Möglichkeiten: Entweder man verbessert den Durchsatz der mittleren Maschine auf 20/min. Dann wird die erste Maschine der limitierende Faktor. Oder man akzeptiert die 5/min und passt die erste und die letzte Maschine an und tauscht sie gehen preiswertere Maschinen mit einer Geschwindigkeit von 5/min aus. Damit würde man die Kosten senken.

Die Verbesserung eines solchen Ablaufs nennt man auch *Prozessoptimierung*. Wichtig hier ist die Erkenntnis, dass man sich bei einer solchen Prozessoptimierung nur um den Engpass kümmern muss. Eine Verbesserung der anderen Teile wäre reine Zeitverschwendung. Es gibt also die drei wichtigen Fragen [Pea15]:

- Wie sieht das System aus?
- Was ist der limitierende Faktor?
- Was ist der beste Weg, dieses Limit zu verbessern?

Dieses klingt jetzt sehr einfach wie aus einem Kinderbuch, aber in der Praxis ist es das wohl nicht, ansonsten hätte Eliyahu M. Goldratt nicht mehr als 6 Millionen Exemplare seines Buches *„The Goal"* verkauft.

Die Entwicklung der Engpässe

Der Unternehmensberater Ron Davison hat mit Hilfe der *„Theory of Constraints"* die Geschichte der Menschheit untersucht. In seinem Buch *„The Fourth Economy"* hat er die Geschichte als Geschichte der Engpässe der Produktionsfaktoren beschrieben [Dav11]. Die folgende Tabelle stellt die Geschichte der Produktionsfaktoren dar:

	Zeitalter	Limit	Wirtschaft	Geistig	Institution	Umwälzung
1.	1300 – 1700	Land	Landwirtschaft	Renaissance	Nationalstaat	Religion
2.	1700 – 1900	Kapital	Industriell	Aufklärung	Bank	Politik
3.	1900 – 2000	Wissen	Information	Pragmatismus	Große Unternehmen	Finanz-Industrie
4.	Seit 2000	Entrepreneurship	„entrepreneurial"	System-Denken	Einzelner Mensch	Business

In jedem Zeitalter gab es das „Limit", den limitierenden Produktionsfaktor und entsprechende Institutionen und Organisationen, die diesen Produktionsfaktor benutzt haben. Weil alle diesen limitierenden Produktionsfaktor benötigten, wurde er oft knapp und es gab Kämpfe und Kriege um ihn. Aufgrund des technologischen und sozialen Fortschritts änderte sich der limitierende Produktionsfaktor. Dann erfolgt eine Art Phasenübergang, bei dem sich auch die dominante Institution änderte.

Heutzutage werden alle Faktoren noch benötigt. Die Wirtschaften in den einzelnen Regionen benutzten aber unterschiedliche Anteile dieser Faktoren. Es gibt Teile der Welt, die noch stark von der Landwirtschaft abhängen. Andere Teile, wie z. B. die Großstädte und Ballungsräume, hängen eher von Kapital und Wissen ab. Das Silicon-Valley hingegen benötigt auch viele Unternehmensgründer, sog. *„Entrepreneure"*.

Die folgende Reise durch die Geschichte wurde anhand verschiedener Quellen erstellt [Dav11, Pea15, BA14, Rid10, Wri01] und Wikipedia.

Land

Machen wir einen kleinen Zeitsprung in das erste Zeitalter, als Land der primäre Produktionsfaktor war. Die Landwirtschaft war noch simpel und die Technik sehr einfach. Die Produktionsfaktoren sind das Land, körperliche Arbeit und bei manchen Bauern auch ein Ochse für den Pflug. Wenn keine Seuchen oder andere Krankheiten auftraten, gab es immer genügend Menschen. Daher war Land der limitierende Produktionsfaktor. Je mehr Land jemand kontrollierte, desto reicher konnte er werden. Deshalb waren die Herrschenden daran interessiert, ihren Grundbesitzt möglichst auszuweiten. Es war das Zeitalter der Entdeckung von Amerika, der Suche nach Land und Bodenschätzen, der Eroberung und Plünderung durch den Kolonialismus.

Die katholische Kirche war die dominierende Macht. Aber diese Macht bröckelte. In England herrschte Henry VIII. Dieser konnte mit seiner ersten Frau keinen männlichen Thronfolger zeugen. Er wollte seine Geliebte Anne Boleyn heiraten, die schwanger war. Als ihm die katholische Kirche die Scheidung verweigerte, startete er die englische Reformation und gründete die Kirche Englands. Er machte sich zu deren Oberhaupt und enteignete die katholische Kirche, ließ alle Klöster plündern und abreißen. Die neue dominante Institution, der Nationalstaat, schaffte die alte dominante Institution, die Kirche, ab. Die Macht wurde weltlich.

Henry VIII. sorgte dann mit neuen wirtschaftlichen Gesetzen den Grundstein für die weitere Entwicklung Englands. Er schaffte Zölle ab, standardisierte Maße und Gewichte für besseren Handel, stellte Rechtssicherheit für Eigentum her, begrenzte Handelsbeschränkungen. Mehr Handel ermöglicht eine bessere Arbeitsteilung und Spezialisierung und erzeugt – wie wir gesehen haben – Wohlstand. Auch erlaubte er im Jahr 1545 Zinsen, die laut katholischer Kirche und der Bibel verboten waren. Das war der Grundstein für den Aufstiegs Englands zur führenden Nation, die es bis zum ersten Weltkrieg 1914 blieb.

Zinsen – hier als kurze Anmerkung – drücken das Verhältnis von Geld zu zwei verschiedenen Zeitpunkten aus. Das Geld ist heute X wert und in einem Jahr X plus Zinsen. Wenn heute jemand Geld im Wert von X hat, dann kann er es selber investieren und z. B. Aktien kaufen und damit in einem Jahr einen Gewinn machen X plus Gewinn. Wenn er das Geld einem anderen leiht, verzichtet er auf diesen Gewinn und möchte stattdessen Zinsen haben. Der Zins drückt den Verzicht auf das Geld in der Gegenwart aus. Heutzutage ist das Finanzsystem allerdings stark reguliert, wie später in Abschnitt 11.3 noch erklärt wird.

Deutschland war – im Vergleich zu England – zersplittert, uneinheitlich und wirtschaftlich gehandicapt durch Kleinstaaterei. Die Reformation, die hauptsächlich von Martin Luther, Huldrych Zwingli und Johannes Calvin ab 1517 angestoßen wurde, führte u. a. zum dreißigjährigen Krieg von 1618 bis 1648. Der westfälische Friede 1648 war ein wichtiger Meilenstein für die Ablösung der religiösen Macht zu den weltlichen Nationalstaaten, denn der Papst wurde teilweise entmachtet. Aufgrund von Martin Luthers *„Zwei-Reiche-Lehre“* – das Geistliches und Weltliches getrennt sein sollten – verlor die Kirche im Laufe der Zeit weiter weltliche Macht an die weiter aufkeimenden Nationalstaaten. Die Wirtschaft dieser Staaten war hauptsächlich auf Landbesitz und Bodenschätzen begründet. Dieses führte zum Zeitalter des Kolonialismus. Sehr vereinfacht und abstrahiert hatte die Gesellschaft den folgenden Aufbau:

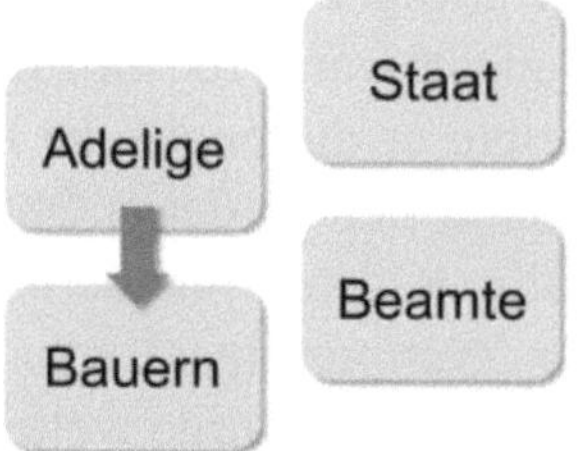

Der Staat wurde von „Beamten“ bewirtschaftet. Das Land war größtenteils in den Händen von Adeligen und wurde von Bauern bewirtschaftet. Der Einfluss der Kirche begann zu sinken. Natürlich gab es damals auch Handwerker, Bäcker, Schmiede, usw., aber das soll ein sehr vereinfachtes Modell sein.

Aufgrund der technologischen Entwicklung wurde die Landwirtschaft allerdings langsam durch das Handwerk und den Handel zurückgedrängt[11].

Kapital

In der Zeit von 1500 bis 1750 herrschte in der Wirtschaft der sog. *Merkantilismus*. Man glaubte damals, dass es Vorteile hat, die Wirtschaft durch sehr viele staatliche Eingriffe „zu lenken". Im Merkantilismus gab es für jeden Beruf eine sog. *Zunft*. Eine Zunft war eine Art Interessenverband und regulierte den jeweiligen Beruf genau. Unter anderem war die Anzahl der zugelassenen Anbieter festgelegt, um das Angebot künstlich knapp und den Preis künstlich hoch zu halten. Den Juden war die Mitgliedschaft in den Zünften oft verboten, so dass sie sich neue Berufe suchen mussten. Sie wurden zur Innovation gezwungen. Aufgrund des Zinsverbots war es katholischen Gläubigen und auch katholischen Fürsten und Königen verboten, Zinsen zu nehmen. Juden hingegen durften es und gründeten daher Banken.

Ab 1700 gab es viele technische Erfindungen. Die industrielle Revolution kündigte sich langsam an. Allerdings war der Merkantilismus schlecht für die Wirtschaft. Die Wirtschaft ist ein komplexes System und unmöglich zu „lenken". Auf der anderen Seite konnten die Nationalstaaten auch damals schon nicht gut mit Geld umgehen. Deshalb brauchten die Nationalstaaten oft Kredite von Banken. Heute gibt es die Zentralbanken, die FED der USA oder die EZB der EU. Mit diesen können sich die Staaten das Geld indirekt über verschlungene Wege „selber drucken". Damals aber waren sie noch auf richtige Banker angewiesen. Das berühmteste Beispiel ist die Familie Rothschild. Nathan Mayer Rothschild (1777 - 1836) hat z. B. die Feldzüge des Herzogs von Wellington während der Napoleonischen Kriege durch Anleihekäufe der Britischen Regierung finanziert. Diese Anleihen wurden

---

[11] Land spielt heute in der Politik in Deutschland nur noch eine geringe Rolle. Wenn von einer *„Reichensteuer"* die Rede ist, dann ist da in der Regel kein Grundbesitz mit gemeint. Bei Sozialisten und Kommunisten war vor 1918 eine Bodenreform ein primäres Ziel. Es sollte eine gerechte Verteilung von Land erreicht werden. Dieses ist in Deutschland nach beiden Kriegen nicht passiert: 1918 nicht und 1949 auch nicht. Das ist ein Anzeichen dafür, dass Land nicht mehr als wichtiger Produktionsfaktor angesehen wurde. Heute wird in Deutschland Großgrundbesitz im Rahmen der alternativen Öko-Energie sogar indirekt subventioniert: mit jeder Windkraftanlage kann man durch künstlich festgesetzte Strompreise viel Geld verdienen. Je mehr Land jemand hat, desto mehr Windkraftanlagen kann man bauen. Der Ökostrom ist aus diesem Blickwinkel also überhaupt nicht „sozial gerecht".

dann innerhalb der weitverbreiteten Familie in Wien, Frankfurt, Paris, usw. verkauft. Damit machten die Kriege der Nationalstaaten die Familie Rothschild reich [Rid10]. Die Familie Rothschild war ein „Entrepreneur".

Auch der preußische König Friedrich Wilhelm III. musste sich während der Kriege gegen Napoleon Geld leihen. Das geschichtlich Besondere daran ist, dass Nathan Rothschild zur Bedingung für einen Kredit machte, dass er nach dem Krieg Reformen machen musste. Also lief das nach dem Motto „Sie bekommen das Geld nur, wenn …". Ein Banker machte einem König Vorschriften, das war etwas völlig Neues. Die Banken waren an der Macht. Kapital wurde der limitierende Produktionsfaktor und die Zeit des *„Kapitalismus"* hatte angefangen.

> **Wichtig**: Die Banker wurden aufgrund der Finanzierung der Nationalstaaten wohlhabend. Weil die Staaten Schulden machten, konnten die Banken daran verdienen.

Technologisch war es die Zeit der Industrialisierung und der großen Änderungen. James Watt (1736 - 1819) hatte die Dampfmaschine 1769 soweit verbessert, dass sie industriell genutzt werden konnte [BA14]. Vorher war man auf die Kraft von Tieren und Menschen angewiesen. Jetzt gab es Fabriken, Massenproduktion und Eisenbahnen. Der Lebensstandard der Menschen stieg ungemein. Dieses wiederum erzeugte einen starken Bevölkerungszuwachs. Das war vorher in der Geschichte der Menschheit immer ein Rezept für Desaster. Thomas R. Malthus (1766 - 1834) hat als erster das Problem der *„Überbevölkerung"* untersucht. Jede Gesellschaft, die über ein starkes Bevölkerungswachstum verfügte, hatte anschließend Probleme, diese Menschen alle satt zu bekommen bzw. genügend Energie für diese Menschen z. B. im Winter zu haben. Aber zum ersten Mal in der Geschichte war genügend Energie vorhanden, um kein Massensterben auszulösen: es gab genügend Kohle, die in Dampfmaschinen zu Energie verarbeitet werden konnte [Rid10]. Auf der anderen Seite gab es hierdurch natürlich auch eine große Umweltverschmutzung, aber „alternative" Energien waren damals noch nicht erfunden. Und die Menschen früher dachten nur an ihr Überleben.

Aufgrund der vielen Erfindungen gab es sehr viele Änderungen. Und nicht alle Teile der Wirtschaft änderten sich gleichmäßig. Manche Teile waren gesetzlich gegen technologische Innovationen und Änderungen geschützt. Es gab Gewinner und Verlierer. Die Verlierer fordern in der Regel, ein Verbot des Neuen oder zumindest eine Reduzierung.

In einer Gesellschaft bestimmen diejenigen, die über die meisten wichtigen Produktionsfaktoren verfügen. Das waren im ersten Zeitalter, als Land der wichtigste Produktionsfaktor war, die Großgrundbesitzer, d.h. die Adeligen, deren Land von Bauern bewirtschaftet wurde. Die Adeligen verloren Einfluss an die Banker und die Unternehmer als das Kapital der limitierende Faktor wurde. Die Unternehmer wiederum beschäftigten Arbeiter in den Fabriken. Die Gesellschaft sieht jetzt vereinfacht so aus:

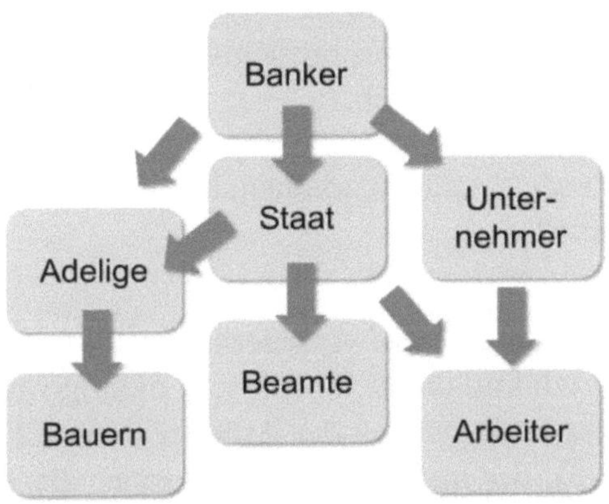

Und wir sehen schon, dass die Gesellschaft „komplexer" geworden ist. Die Banker hatten unterschiedlichen Einfluss auf die anderen Gruppen. Sie waren aber für alle wichtig, weil sie Kapital verleihen konnten. Wichtig hier ist zu sehen, dass sich die Adeligen, die Banker, der Staat und die Unternehmer in einer Konkurrenzsituation befanden. Zwischen diesen *„Interessengruppen"* wurde die Macht verteilt. Und es gab natürlich erbitterte „Kämpfe" zwischen diesen Gruppen.

Der technologische Fortschritt war zwar immens, doch zum Betrieb einer Fabrik benötigte man noch nicht viel Wissen. Man konnte Maschinen kaufen und Produktionsprozesse einfach kopieren. Es war wirklich die Zeit des *„Kapitalismus"*, denn Kapital war der wichtigste Produktionsfaktor. Heute im Rückblick wird die Industrialisierung häufig negativ beschrieben: Kinderarbeit, Umweltverschmutzung und Ausbeutung. Es wird auch verächtlich von „Manchesterkapitalismus" gesprochen (oft bei Deutschen auch mit einem Unterton von Neid, weil Großbritannien damals weit voraus war). Natürlich waren die Verhältnisse schlechter als heute, das erkennt man leicht durch einen Blick auf die wichtigsten Faktoren des *„Index der* *gesellschaftlichen Entwicklung"* von Ian Morris. Aber den Menschen ging es oft besser als vor der Industrialisierung und es gab wesentlich mehr Menschen als vorher [Rid10]. Leider entstand die Fotographie erst mit der Industrialisierung, so dass die Menschheit keine objektive Vergleichsmöglichkeit mit der Zeit vor der Industrialisierung hat.

Die Arbeitsbedingungen und das Gehalt eines Arbeiters werden durch seine „Produktivität" bestimmt. Die Produktivität drückt aus, welcher Wert in einer gewissen Zeit erarbeitet wird. Diese Produktivität hängt aber von der gesamten Gesellschaft ab. Ein Arbeiter kann nur so produktiv sein, wie die Maschinen, die ihn unterstützen. Die Fabrik hängt von den Verkehrsverbindungen und Transportmöglichkeiten, von der Anzahl der qualifizierten Arbeitskräfte usw. ab.

> **Wichtig**: Die Produktivität zu erhöhen, ist ein „ökonomisches Netzwerkproblem".

Und die Arbeitsbedingungen von Arbeitern waren aus heutiger Sicht sehr schlecht, weil die Produktivität auch noch sehr niedrig war. Ein Beispiel für die Verbesserung der Bedingungen der Arbeiter lieferte Frederick Winslow Taylor (1856 - 1915), der als erster damit begann, die Arbeitsabläufe der Arbeiter genau zu studieren und zu verbessern [Dru94]. Heute würde man sagen „die Produktivität der Arbeiter zu erhöhen". Wenn Arbeiter mit Hilfe von Maschinen oder durch bessere Arbeitsabläufe oder -bedingungen mehr erledigen können, können sie auch höher bezahlt werden. Taylor nannte seine Methode „Scientific Management" und sein Ziel war, das die Arbeiter von den Verbesserungen der Produktivität profitieren sollten.

Zu dieser Zeit bildeten sich aber auch verschiedene „Gegenbewegungen", die eine bessere Gesellschaft und Wirtschaft als der „Kapitalismus" zum Ziel hatten. Diese „Gegenbewegungen" hatten hauptsächlich die uneingeschränkte Vision und versuchten das ökonomische Problem mit dem politischen Mittel zu lösen. Karl Marx und Friedrich Engels schrieben 1848 z. B. das „Kommunistische Manifest". Marx und Engels teilten die Gesellschaft in zwei Klassen, die sich gegenseitig gegenüber stehen und unterschiedliche Interessen haben: die „Kapitalisten" und das „Proletariat" aus Arbeitern und Bauern. Leider haben sie hier die Rolle des Staates, der Arbeiter, der Unternehmer, der Adeligen und der Entrepreneure übersehen.

Eine Reduktion auf zwei Klassen ist kein korrektes Modell der damaligen Gesellschaft.

Wissen

Der Fortschritt machte aber weitere Fortschritte. In der zweiten Hälfte des 19. Jahrhunderts kamen die Elektrizität und die Verbrennungsmotoren auf. Und während des 20. Jahrhunderts nahm die „Komplexität" der Unternehmen, der Produkte und der Fertigungsprozesse stetig zu. Aus einfachen Fabriken mit einfachen Maschinen wurden komplizierte Anlagen. Karl Marx befürchtete noch, dass die Arbeiter „verdummen", weil sie immer einfachere Arbeiten machen mussten. Es entstanden aber aufgrund des technischen Fortschritts komplizierte Maschinen, zu deren Betrieb und Reparatur schon recht viel Wissen erforderlich war [BA14, Rid10].

Und schließlich wurde Wissen der limitierende Faktor. Der Unternehmensberater Peter F. Drucker rief 1994 den *„Post-Kapitalismus"* aus [Dru94]. Der Kapitalismus war vorbei. Als Zeitpunkt für den Anfang nennt Drucker die „G.I. Bills of Rights" von 1944 aus den USA, die den aus dem zweiten Weltkrieg zurückkehrenden Soldaten die Möglichkeit zu einem Studium gab. Dreißig Jahre vorher nach dem ersten Weltkrieg wäre dieses noch undenkbar gewesen, weil es gar nicht genügend Arbeitsplätze für Menschen mit Studium gab. Ein weiterer Meilenstein passierte 1975 als die International Business Machines Corporation (IBM) für eine große Transaktion einfach die Bank wechselte. Das war damals eine Sensation. Heute vergleichen Firmen die Angebote der Banken und wählen pro Transaktion die preiswerteste. Unternehmen haben inzwischen eine höhere Stellung als die Banken. Beim Konkurrenzkampf der Interessengruppen hatten die Unternehmen also gegenüber den Banken aufgeholt. Wissen hatte Kapital als limitierenden Faktor abgelöst.

Wir leben nicht nur in „Wissens- und Informationsgesellschaft", sondern auch in einer „Wissens- und Informationswirtschaft". Natürlich gibt es noch „kapitalintensive" Industrien, bei denen Kapital wichtiger ist als Wissen. Es wird ja auch noch Land für die Landwirtschaft benötigt. Wissen wurde aber der limitierende Faktor. Die Digitalisierung und das Internet haben die Wichtigkeit von Wissen noch verstärkt. Facebook z. B. ist jetzt mehrere Milliarden Dollar wert, hat aber nur mit 500.000 US Dollar externem Fremdkapital angefangen. Das ist weniger als der Preis einer Eigentumswohnung in guter Wohnlage in einer deutschen Großstadt. Man kann also mit wenig Kapital und dem richtigen Wissen sehr viel Geld verdienen.

Entrepreneurship

Wie man aus Wissen Geld macht bzw. Wissen in konkrete Produkte umsetzt, ist die Aufgabe des Unternehmens bzw. des Entrepreneurs. Die ersten Anzeichen für die Wichtigkeit von Unternehmensgründungen lieferte auch Peter F. Drucker 1985 mit seinem Buch *„Innovation and Entrepreneurship"* [Dru85]. Das Wort „Entrepreneur" wird oft unterschiedlich verwendet. Für Peter F. Drucker ist ein Unternehmer ein „Entrepreneur", wenn er etwas wertvolles und neues macht. Ein Entrepreneur muss seiner Meinung nach kein kleines Unternehmen sein, denn als Beispiel nennt er auch die Imbisskette McDonalds. Ein Entrepreneur muss nach Drucker auch keine kommerziellen Absichten haben, denn er zählt auch Wilhelm von Humboldt (1767 - 1835) dazu, der 1809 die moderne Universität „erfand". Auch ein bestehendes Unternehmen kann als „Entrepreneur" agieren, wenn es etwas „erfindet" und auf den Markt bringt. Ein „Entrepreneur" ist also ein „erfinderischer" Unternehmer oder ein „erfinderisches" Unternehmen. Das Wort *„Entrepreneur"* klingt im Deutschen jedoch leicht snobistisch. Allerdings hat auch das Wort „Unternehmer" in Deutschland einen negativen Unterton. Es werden damit reiche Männern assoziiert, die in einer Chefetage in großen Bürosesseln sitzen, gekleidet in Anzug und Krawatte. Das klingt zu wenig nach Innovation, Erfindungsgeist, Experiment und Garagenfirma. War Steve Jobs ein Unternehmer oder ein Entrepreneur? Der erste Apple-Computer wurde in einer Garage gebaut. Dieser „Unternehmergeist" klingt im deutschen Wort „Unternehmer" nicht mit. Da es kein besseres Wort im Deutschen gibt, wird in diesem Buch daher auch „Entrepreneur" verwendet.

Laut Ron Davison ist heute in den USA „Entrepreneurship" der Engpass unter den Produktionsfaktoren [Dav11]. Wissen ist nach wie vor knapp, aber nicht so knapp wie das „unternehmerische Wissen". Das ist logisch allerdings nicht 100% sauber, denn „Entrepreneurship" ist das Wissen über Unternehmen und daher eine Teilmenge des „Wissens". Aber es liegt auch schon ein gewisser Wahrheitsgehalt darin. In Südeuropa z. B., in Spanien und Griechenland, gibt es heute eine hohe Jugendarbeitslosigkeit. Hier fehlen Arbeitsplätze. Die bestehenden Unternehmen müssen neue Arbeitsplätze schaffen oder es müssen neue Unternehmen entstehen. Hier gibt es nur zwei Möglichkeiten: Entweder ist es in diesen Ländern aufgrund gesetzlicher Auflagen zu schwierig, ein Unternehmen zu gründen oder aber es fehlen Menschen mit Wissen in „Entrepreneurship".

In Deutschland gibt es einige sehr starke internationale Firmen, die sehr viel zur Wirtschaftsleistung beitragen. Laut dem Journalisten Olaf Gersemann steuerten 2013 alleine die drei Firmen BMW, Daimler und Volkswagen gut ein Viertel zu den Gewinnen der 30 Dax-Konzerne bei, rund ein Drittel zu den Umsätzen und annähernd die Hälfte zu den Ausgaben für Forschung und Entwicklung [Ger14]. In Deutschland funktioniert die Wirtschaft daher in großen Teilen noch ohne „Entrepreneurship". Die großen Firmen ziehen eine Menge Menschen mit. In anderen Ländern, wo erfolgreiche große Firmen fehlen, ist das allerdings nicht so.

Das „unternehmerische Wissen" kann nicht rein theoretisch an Universitäten oder Schulen gelehrt werden. Es sind Praxiserfahrungen notwendig. Auch ist es wichtig, dass die Gesellschaft ein Scheitern erlaubt. In den USA sind viele Unternehmensgründer erst mit der dritten oder vierten Gründung erfolgreich. Sie probieren mehrere Geschäftsideen aus, bis es funktioniert. In vielen Ländern, wie auch in Deutschland, hat man die Wichtigkeit des „Entrepreneurship" erkannt. Man konzentriert sich hier aber auf die Unterstützung mit Kapital (sog. Venture-Kapital) oder bei der Unterstützung bei rechtlichen Fragen. Der limitierende Produktionsfaktor ist aber das „Wissen über Entrepreneurship". In der Schule in Deutschland lernt man nicht, wie man ein eigenes Unternehmen gründet, sondern nur, wie man ein guter Angestellter oder Arbeiter wird [12].

---

[12] In Deutschland wurde 2015 diskutiert, ob ein Fach „Wirtschaft" in der Schule eingeführt werden sollte. Sofort gab es einen Aufschrei in den Medien. Die Gewerkschaften sagten „Sozialwissenschaft" wäre wichtiger. Wenn aber Wirtschaft nicht an der Schule unterrichtet wird, dann wird wirtschaftliches Wissen „vererbt", d.h. von den Eltern an die Kinder weitergegeben. Kinder aus „wirtschaftsunwissenden" Familien lernen es in der Schule nicht und auch nicht in der Familie. Daraus folgt eine größere Benachteiligung.

5. Wirtschaft als komplexes System

5.1 Was ist Ökonomie?

Die Ökonomie ist die Wissenschaft über die Wirtschaft. Sie ist eine der Wissenschaften mit dem größten Einfluss auf das Leben der Menschen. Denn die Ideen der Ökonomen beeinflussen die Politik und über die Medien auch die öffentliche Meinung. Zu allen wirtschaftlichen Ereignissen werden Ökonomen befragt: über die aktuelle wirtschaftliche Lage, das Investitionsklima oder die Stimmung an der Börse. Schlechte ökonomische Ideen haben schon vielen Menschen das Leben gekostet, wie z. B. die Verstaatlichung aller Produktionsmittel im sowjetischen Sozialismus.

Was ist die Ökonomie bzw. die Wirtschaftswissenschaft?

Um die Ökonomie zu definieren, muss zuerst der Begriff des Wirtschaftsguts geklärt werden. Mit Gütern werden Waren und Dienstleistungen beschrieben. Auch die Arbeitszeit eines Menschen ist ein Gut. Manchmal wird ein Gut auch Ressource genannt. Diese Güter sind in der Regel nicht in beliebiger und ausreichender Menge verfügbar. Man sagt in der Ökonomie dann, sie wären *„knapp"*. Knapp wird allerdings im Alltag anders verwendet. In der Umgangssprache ist etwas knapp, wenn nur noch wenig davon da ist. „Knapp" in der Ökonomie heißt, dass es nicht beliebig viel davon gibt. Zum Beispiel ist sauerstoffreiche Luft an der Nordseeküste nicht knapp, während die Grundstücke in Strandnähe knapp sind, also nur in begrenzter Stückzahl verfügbar. Die meisten Güter sind knapp. Ein Gut kann unterschiedlich eingesetzt werden: aus einem Stück Holz kann man eine Gitarre, ein Möbelstück oder einen Bleistift machen. Man könnte das Stück Holz auch verbrennen und in Wärme umwandeln. Der Geigenbauer benötigt anderes Holz als der Möbelhersteller. Wer entscheidet, welche Bäume angepflanzt werden sollen, wenn Land knapp ist? Holz für die Geigen oder für die Möbel? Wer entscheidet, wie ein bestimmtes Gut eingesetzt wird?

Jetzt sind wir bereit für die Definition:

> *Ökonomie ist die Wissenschaft von der effizienten Verteilung von knappen Gütern mit unterschiedlichen Einsatzmöglichkeiten.*

Da die menschliche Gesellschaft ein komplexes System ist, und die Wirtschaft dazu dient, die menschlichen Bedürfnisse zu befriedigen, ist die Wirtschaft ebenfalls ein komplexes System. Die Ökonomie ist daher auch eine Wissenschaft eines komplexen Systems.

Die Ökonomie hat einen recht zweifelhaften Ruf. Das liegt zu einem großen Teil daran, dass die Erkenntnisse immer aus dem Kontext herausgerissen werden und für politische Zwecke missbraucht werden. Als Beispiel sei die *„unsichtbare Hand"* von Adam Smith (1723 - 1790) genannt. Mit dieser Metapher hat Adam Smith das emergente Verhalten bezeichnet, weil man früher kein besseres Wort dafür hatte. Die Menschen agieren lokal und nur für sich und ihre Familie und Freunde, aber global gesehen steuert sich vieles damit „bottom-up". Aber sobald irgendeine Wirtschaftskrise auftaucht, wird Adam Smith und mit ihm die ganze Marktwirtschaft kritisiert:

> *Der Adam Smith habe doch gesagt, die „unsichtbare Hand" würde alles jederzeit regeln. Und da die Finanzkrise da sei, könne es die „unsichtbare Hand" nicht geben und daher taugt die Marktwirtschaft nichts und Karl Marx hatte doch Recht.*

Aber diese „unsichtbare Hand" erwähnt Adam Smith in seinen beiden Hauptwerken *„The Wealth of Nations"* und *„The Theory of Moral Sentiments"* nur jeweils einmal. Die „unsichtbare Hand" war also nie zentraler Punkt seiner Werke. Und er sagte auch nicht, dass sie alles regeln würde, denn Adam Smith gehörte zur „eingeschränkten Vision" in der der Mensch und damit auch die Gesellschaft viele Fehler hat, wie in Abschnitt 3.4 angesprochen.

Die Aussagen von Ökonomen werden in politischen Diskussion stark verfälscht. Ähnliches passierte auch bei John Maynard Keynes [CK14], der mit dem heutigen Keynesianismus wahrscheinlich genauso unzufrieden wäre wie Karl Marx mit dem Marxismus [Des04].

> **Wichtig**: Ökonomen werden oft falsch wiedergegeben und fehlinterpretiert.

5.2 Kritik an der traditionellen Ökonomie

Da die Ökonomie so wichtig für die Politik ist, setzen sich politisch gewollte, aber wissenschaftlich nicht haltbare Theorien durch. Das erschwert die Weiterentwicklung. Von keiner anderen Wissenschaft werden so häufig so alte Wissenschaftler zitiert: Adam Smith lebte von 1723 bis 1790, Karl Marx von 1818 bis 1883 und John Maynard Keynes von 1883 bis 1946. Die Wirtschaftswissenschaftler selber machen das natürlich nicht, aber die Allgemeinheit ist wohl bei ihrem wirtschaftswissenschaftlichen Grundwissen „stehengeblieben".

Wie konnte es dazu kommen?

Die historische Entwicklung

Das von Adam Smith 1776 veröffentlichte Buch *„An Inquiry into the Nature and Causes of the Wealth of Nations"* gilt als erste moderne Auseinandersetzung mit der Ökonomie [Bei07]. Es werden z. B. die folgenden Fragen in dem Buch behandelt:

- Wie entsteht Wohlstand?
- Wie verteilt sich der Wohlstand auf die Bevölkerung?
- Welche Folgen hat die Arbeitsteilung?
- Was ist Produktivität?
- Soll der Staat in die Wirtschaft eingreifen?

Adam Smith sah sich selbst noch als Philosophen und daher ist das Buch nicht mathematisch. Damals steckte nämlich auch die Mathematik noch in den Kinderschuhen. Zur Lebenszeit von Adam Smith hatte die Physik große Fortschritte durch Isaac Newton (1642 - 1726) gemacht. Newton sah die Welt durch seine „mechanische Brille" und die Welt war für ihn eine große physikalische Maschine. Diese Sichtweise beeinflusste auch die Philosophie und andere Wissenschaften [Gil13].

In der *„klassischen Periode"* von 1680 bis 1830 wurde das Verhältnis von Angebot, Nachfrage und Preis entdeckt (siehe Abschnitt 5.3) [Bei07]. Es blieb aber die Frage offen, wie man den „richtigen" Preis benennen oder vorhersagen könnte. Man glaubte damals noch, der Preis sei objektiv und nicht subjektiv. In der Physik (in der Newtonschen Mechanik) kann man mit der richtigen Formel Vorhersagen über die Zukunft machen. Es lässt sich berechnen, wie sich die Planeten um die Sonne drehen oder an welcher Position sich ein Pendel in 2 Sekunden befinden wird. Und damals dachten die Ökonomen, dass man diese Vorhersagbarkeit erhält, wenn man eine „Mathematisierung" von Smith's Werk durchführen würde. Das war zu der Zeit mit dem damaligen Stand der Mathematik allerdings nicht sofort möglich. Erst nachdem die Differentialrechnung von Gottfried Wilhelm Leibniz (1646 - 1716), Leonard Euler (1707 - 1783), William Rowan Hamilton (1805 - 1865) und Joseph-Louis Lagrange (1736 - 1813) weiterentwickelt und erfolgreich für physikalische und astronomische Probleme genutzt worden war, konnte die Ökonomie in der *Periode der Grenznutzenschule* („marginalists") von ca. 1830 bis 1930 „mathematischer" werden. Dazu war die Arbeit von drei Ökonomen notwendig: Léon Walras, William Stanley Jevons und Vilfredo Pareto [Bei07].

Allerdings unterscheiden sich die Mechanik und die Ökonomie stark voneinander. Damit die Mathematik auf die wirtschaftlichen Probleme übertragen werden konnte, mussten einige vereinfachende Annahmen gemacht werden. Léon Walras z. B. hat das Konzept des *„ Gleichgewichts"* aus der Physik entnommen. Seit diesem Zeitpunkt beschäftigen sich viele Wirtschaftswissenschaftler mit diesen Gleichgewichten. Die traditionelle Ökonomie sieht die Wirtschaft mit den Augen der Physik. In einer sehr großen Schüssel befindet sich ein Gummi-Ball, der sich in der Schüssel bewegt. Irgendwann kommt er zum Stehen. Ein Gleichgewicht tritt ein. Jetzt muss jemand externes die Schüssel anstoßen, damit sich der Ball wieder bewegt. Die Wirtschaft bewegt sich so von Gleichgewicht zu Gleichgewicht. Zustände außerhalb des Gleichgewichts werden nicht analysiert. Walras machte hier einen Trade-off zwischen Vorhersagemöglichkeit und Realitätsverlust. Sein Modell lässt sich nicht mehr auf die richtige Wirtschaft übertragen. Es ist eine Vereinfachung. Für die damalige Zeit war das natürlich dennoch ein großer Schritt. Walras wandte die Mathematik auf ein anderes Gebiet an. Aber seine Bereitschaft, vereinfachende Annahmen zu machen, damit das Problem mathematisch behandelbar bleibt, wurde bis heute in der Ökonomie beibehalten [Bei07].

William Stanley Jevons (1835 - 1882) wollte das menschliche Verhalten so vorhersagbar wie die Schwerkraft machen. Er kannte die Werke von Michael Faraday und James Clerk Maxwell über die Schwerkraft, Magnetismus und Elektrizität als „Kraftfelder" („fields of force"). Er nahm an, dass der Preis in der Ökonomie der Energie in der Mechanik entspricht.

Vilfredo Pareto (1848 - 1923) hat als erster die Grundlagen der Spieltheorie erforscht (siehe Abschnitt 3.3). Pareto hatte erkannt, dass die meisten Menschen freiwillig nur Win-Win-Handlungen durchführen. Und wenn alle gewinnen, steigt auch der allgemeine Wohlstand. Damit legte er den Grundstein für die Annahme, dass Menschen immer „optimal" handeln.

Im 20. Jahrhundert folgte dann die *neo-klassische Schule*, in der die Gleichgewichts-Ökonomie ausgebaut wurde und neue Varianten von vereinfachenden Annahmen ausprobiert wurden. In den 80er Jahren wurde insbesondere von Paul Romer die *Wachstumstheorie* weiterentwickelt, die aber auch alle auf „physikalischer Mathematik" und Differentialgleichungen beruhen.

Die traditionelle Ökonomie basiert auf der Physik

Die klassische Physik ist deterministisch: Atome verhalten sich immer anhand von Naturgesetzen. Kennt man den Zustand eines deterministischen physikalischen Systems, kann man Vorhersagen über die Zukunft machen. Ein Atom hat keinen freien Willen, kann nicht aus der Vergangenheit lernen und kann sein Verhalten nicht ändern. Damit die für die Physik entwickelte Mathematik auch auf wirtschaftliche Probleme angewendet werden konnte, haben die Ökonomen im Laufe der Zeit sehr viele vereinfachende Annahmen gemacht, wie z. B. die folgenden [Rid10, Gil13, Kah12, Bei07, Tha15]:

- Vollständige Information: Der Mensch kennt alle Produkte, alle Händler und alle Preise
- Vollkommene Rationalität („perfect rationality"): Der Mensch macht automatisch das Optimale, d.h. macht beim Schach immer den besten Schachzug. Das Modell wurde *„homo oeconomicus"* genannt.
- Perfekter Wettbewerb: keine Monopole, vollkommene Transparenz
- Perfekte Märkte mit allwissenden Teilnehmern
- Keine Transaktionskosten, wie z. B. Steuern und Gebühren
- Annahme, dass Produkte nur anhand ihres Preises verkauft werden und nicht anhand ihres Aussehens oder dem Markennamen.
- Annahme, dass ein Produkt überall das gleiche kostet. In der Realität kostet das gleiche Produkt in unterschiedlichen Supermärkten aber oft unterschiedlich viel.
- Alle Firmen arbeiten so effizient wie möglich und haben keine „Reibungsverluste".
- Die Zeit springt von Gleichgewicht zu Gleichgewicht.

Diese Annahmen trennen die ökonomischen Modelle aber von der Realität. Denn wir wissen aus der Verhaltensökonomie, dass Menschen nicht über diese Möglichkeiten verfügen (siehe Abschnitt 3.2). Die Ökonomie hat mechanische Modelle eines komplexen und dynamischen von Menschen angetriebenen Systems erstellt.

> **Wichtig**: Die Ökonomen haben ein komplexes System auf ein kompliziertes System reduziert.

Damit sollen die Leistungen der Wirtschaftswissenschaften aber auf keinen Fall geschmälert werden. Die Ökonomen haben wichtige Arbeiten geleistet, die einen großen Stellenwert in der Geschichte der Menschheit haben. Aber aus der heutigen Perspektive der komplexen Systeme stimmt die traditionelle *Ökonomie der Gleichgewichte* nicht.

5.3 Komplexe Ökonomie

Wirtschaft als Netzwerk

Eine schöne Vorstellung von der Komplexität der Welt liefert die Geschichte *„Ich, der Bleistift"* von Leonard E. Read [Rea58]. In dieser Geschichte beschreibt ein Bleistift seinen „Stammbaum", d.h. seine Herkunft, aus welchen Stoffen er gemacht wurde und wer diese Stoffe hergestellt. Außerdem beschreibt er was wiederrum notwendig war, diese Stoffe herzustellen. Die erstaunliche Aussage dieses Buches ist:

> *Kein Mensch kann alleine einen Bleistift herstellen.*

Denn er benötigt die Produkte oder Dienste anderer Menschen dazu. Der Bleistift selbst ist aus Holz, Lack, Graphit und hat am oberen Ende noch einen Radiergummi, das von Metall eingeschlossen ist. Das Holz selber ist eine bestimmte Baumart, die weder zu hart, noch zu weich sein darf. Ein Bleistift muss sich einfach spitzen lassen, wenn das Holz zu hart ist, geht das nicht. Das Holz stammt aus einem Baum, der mit einer Axt oder einer Motorsäge von einem Holzfäller gefällt wurde. Eventuell wurde das Holz mit einem Lastwagen oder der Eisenbahn transportiert. Das folgende Diagramm enthält einen sehr kleinen Ausschnitt aus dem „Stammbaum" des Bleistifts.

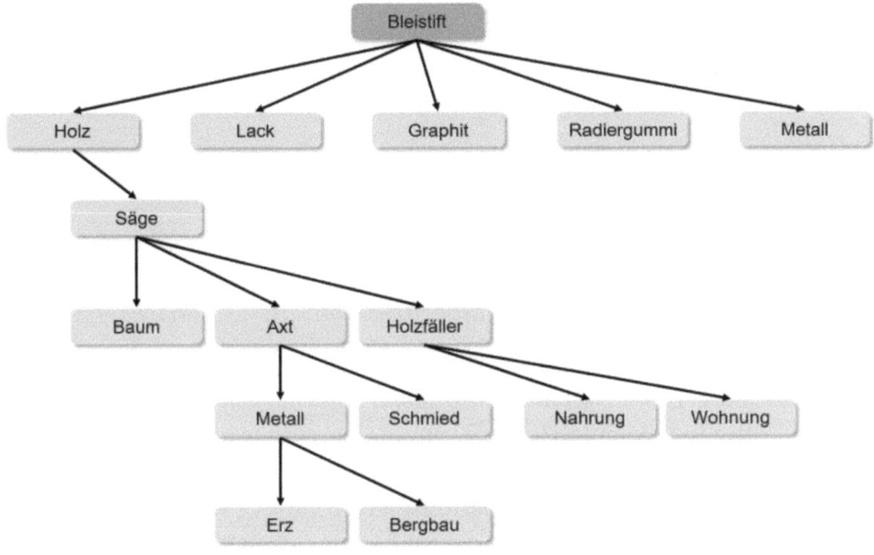

Es ist der Anfang eines wirklich komplexen Netzwerks und eines komplexen Systems. Wenn man da weiter drüber nachdenkt, grenzt das schon an ein Wunder, das das klappt. Viele verschiedene einzelne Teile und Subsysteme kooperieren asynchron miteinander, um am Ende einen Bleistift herzustellen. Und das ohne zentrale Kontrolle, ohne einen gesamten Plan. Das ist das, was Adam Smith die *„unsichtbare Hand"* genannt hat (aber nur einmal pro Buch!). Heutzutage könnte man es *„kollektive Intelligenz"* oder *„kollektives Gehirn"* nennen. Das Wissen, einen Bleistift herzustellen, ist weit über die Gesellschaft verteilt. Einer der ersten Ökonomen, der dieses genauer untersucht hatte, war Friedrich August von Hayek (1899 - 1992) [Hay48]. Hayek war ein Ökonom, der der *Österreichischen Schule* der Ökonomie angehörte. Diese Österreichische Schule unterscheidet sich von der traditionellen Ökonomie, weil sie die Ökonomie als das Handeln von Individuen versteht. Die Wirtschaft ist das Resultat von Handlungen von Menschen. Die Wirtschaft wird „bottom-up" und nicht „top-down" betrachtet. Daher wurden auch die mathematischen Modelle abgelehnt. Daher hat Hayek die Wirtschaft nicht durch die Linse der (physikalischen) Mathematik und Gleichgewichte betrachtet. Sein Blick war nicht durch mathematische Modelle „verzerrt". Nach Hayek ist die Wirtschaft ein *dezentrales System* ähnlich wie in der agentenbasierten Modellierung. In seinem Aufsatz *„The Use of Knowledge in Society"* von 1948 findet sich ein aus heutiger Sicht bemerkenswertes Zitat [Hay48]:

> *„We must look at the price system as such a mechanism for communicating information if we want to understand its real function— a function which, of course, it fulfils less perfectly as prices grow more rigid."*

Übersetzt heißt das:

> *„Wir müssen das Preissystem als einen **Mechanismus zur Kommunikation von Informationen** sehen, wenn wir seine wahre Funktion verstehen wollen – eine Funktion, die es [das Preissystem] umso schlechter ausführt, als dass die Preise unveränderlicher werden"*

Das war im Jahre 1948: *Kommunikation und Information*! Das waren zu der Zeit noch völlig unbekannte Begriffe. Im gleichen Jahr hat Claude Shannon seinen Artikel *„Mathematical Theory of Communication"* veröffentlicht, der heute als Grundstein der Informationstheorie gilt. Friedrich Hayek ist allerdings auch kein Unbekannter geblieben, denn er hat 1974 den „Nobelpreis" für Wirtschaftswissenschaften erhalten.

Angebot, Nachfrage und der Preis

Preise kommunizieren also Informationen. Welche Informationen enthalten sie? Wie machen sie das? Und, wenn man Preise manipuliert, wie z. B. durch Gesetze, Mindestpreise, Höchstpreise, usw., verlieren sie dann diese Information?

Güter werden auf Märkten gehandelt: Menschen können Güter anbieten, andere können sie kaufen. Man unterscheidet hier zwischen dem *Angebot* (das, was Leute verkaufen wollen) und der *Nachfrage* (das, was die Leute kaufen wollen). Zwischen dem Angebot, der Nachfrage und den Preisen gibt es einen Zusammenhang, eine Abhängigkeit. Sie sind keine unabhängigen Variablen, sondern beeinflussen sich gegenseitig. Dieses Verhältnis von Angebot, Nachfrage und Preis wurde früher in der *„klassischen Periode"* der Ökonomie von 1680 - 1830 entdeckt [Bei07]. Es wird auch in Mainstream-Lehrbüchern behandelt, wie z. B. in Paul Krugman und Robin Wells [KW05]. Im folgenden Diagramm werden diese gegenseitigen Wechselwirkungen skizziert:

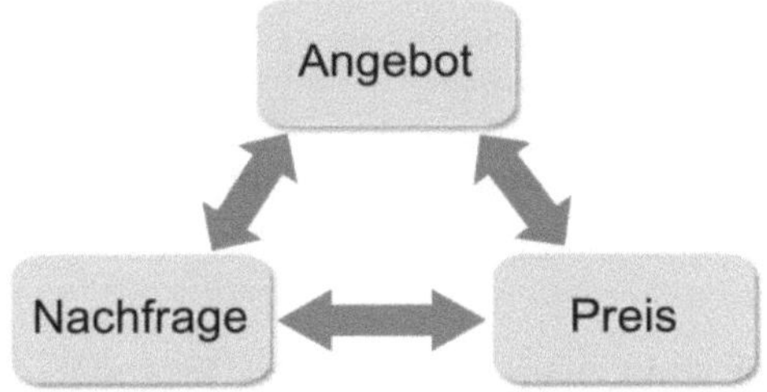

Nehmen wir einmal an, eine Testperson sieht beim Einkauf im Supermarkt einen Artikel, den sie schon seit Jahren benutzt und auch weiter benutzen will, weil er so gut ist. Der Artikel ist im Angebot und nur halb so teuer. Wie viele kauft die Testperson davon? Natürlich mehr als üblich, denn sie legt sich einen Vorrat davon an, sofern es sich nicht um verderbliche Ware handelt. Der geringere Preis führt dazu, dass mehr davon gekauft wird. Umgekehrt werden Einkäufe reduziert, wenn Artikel teurer werden als bisher. Die Testperson wird versuchen den Artikel anderswo preiswerter zu besorgen oder steigt auf ein anderes Produkt um. Der höhere Preis führt dazu, dass weniger davon gekauft wird.

> **Wichtig**: Angebot, Nachfrage und Preise beeinflussen sich gegenseitig und können nicht isoliert betrachtet werden.

Ökonomen erklären dieses Verhältnis normalerweise in einem *Angebots-und-Nachfrage-Diagramm*:

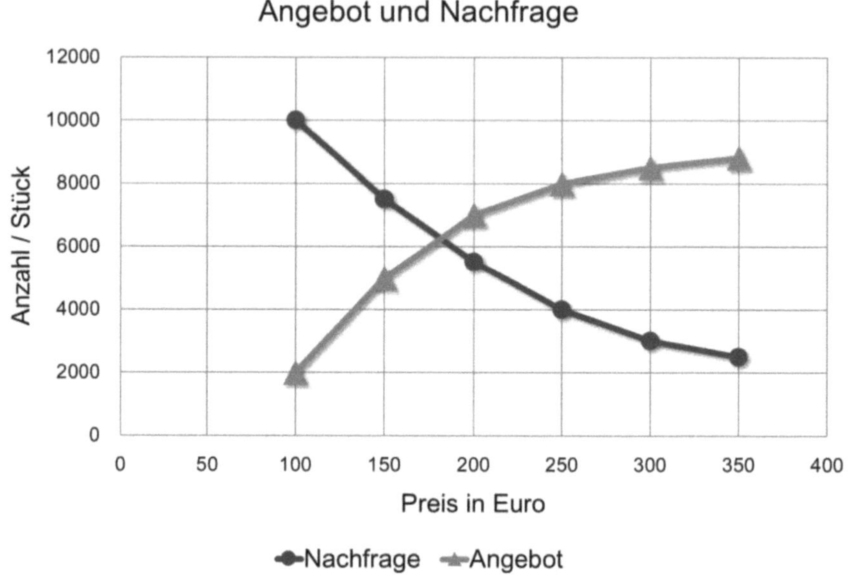

Hier sind zwei Kurven eingezeichnet: das Angebot und die Nachfrage. Auf der horizontalen x-Achse ist der Preis in Euro, auf der vertikalen y-Achse die Anzahl.

Die Nachfragekurve sinkt, weil je teurer das Produkt wird, desto weniger wollen den teuren Preis bezahlen. Die Angebotskurve steigt, weil die Verkäufer möglichst teuer verkaufen wollen. Hier gibt es einen Dualismus, zwei gegensätzliche Kräfte, die sich in der Mitte einigen müssen: Verkäufer wollen in der Regel etwas so teuer wie möglich verkaufen, während Käufer etwas so billig wie möglich kaufen wollen. Beide müssten sich auf einen Preis einigen. Es ist ein *„Optimierungsverfahren"*, ein *„Preisfindungsverfahren"*, eine Art Auktion.

Bei jedem Kauf läuft bei einem Menschen ein Entscheidungsprozess „Kauf ich das oder kaufe ich das nicht" statt. In jeder Sekunde Millionen Mal auf der Erde. Das sind intelligente Entscheidungen, die verteilt und dezentral stattfinden.

Bisher haben wir das Verhältnis nur als Käufer betrachtet. Versetzen wir uns in die Lage eines Blumen-Verkäufers. Wir haben 1000 Rosen und müssen diese bald verkaufen, da sie verwelken. Wir wollen 8 Stunden arbeiten. Wir haben den Preis auf 1 Euro pro Rose festgesetzt und nach vier Stunden stellen wir fest, dass wir schon 900 Rosen verkauft haben. Wir haben zu billig verkauft! Erfahrene Verkäufer wissen das und passen die Preise automatisch an. Große Online-Händler messen z. B. für jedes Produkt die Verkaufsgeschwindigkeit in Stück pro Stunde. Damit können sie berechnen, wann sie ihre Lager auffüllen müssen. Wenn sich etwas zu gut verkauft, wird der Preis erhöht, wenn es sich schlecht verkauft, wird er gesenkt.

Die zeitliche Änderung eines Preises hat daher eine *Signalwirkung* und zeigt an, ob Angebot oder Nachfrage gestiegen oder gesunken ist. Wenn eine Ware gestern noch 90 Euro gekostet hat und heute 100 Euro kann das an gestiegener Nachfrage oder an einem knapperen Angebot liegen. Die Preisänderung sendet aber die Information aus, dass sich da etwas geändert hat.

Jetzt versetzen wir uns in die Lage, eines Unternehmers. Unterstellen wir dem Unternehmer mal, dass er so viel wie möglich verdienen möchte. Er weiß aber noch nicht, welches Produkt er deshalb herstellen sollte. Ist es besser Putzmittel oder Staubsauger herzustellen? Wir ignorieren hier mal den Produktionsfaktor Wissen. Wir nehmen mal an, ein Unternehmer könnte sehr schnell lernen, wie man diese Sachen herstellt. Er wählt dann die Produkte, wo er den meisten Gewinn machen kann, wo also zwischen Verkaufspreis und Herstellungspreis die größte *„Marge"* ist.

Hierzu benötigt er Informationen über die bisherige Entwicklung der Märkte und eine Ahnung davon, was die Leute in der Zukunft kaufen werden. Ein Unternehmer muss die Zukunft erraten. Er macht ein Experiment, in dem er ein Produkt herstellt. Er übernimmt das *„unternehmerische Risiko"*. Die Angestellten übernehmen nur einen kleinen Teil dieses Risikos, sie bekommen monatlich ein Gehalt. Ein Unternehmen muss aber evtl. über Jahre hinweg ein Produkt entwickeln lassen und die Investitionen „vorschießen". Jetzt vergleicht der Unternehmer die Preise und sieht, dass die Preise für Putzmittel sehr stark gestiegen sind. Das signalisiert ihm, dass man mit Putzmittel Geld verdienen kann. Er fängt an Putzmittel herzustellen. Dadurch gibt es im nächsten Jahr wieder mehr Putzmittel und die Preise

werden wieder sinken. Entgegen der weitverbreiteten Ansicht, kann man
Preise nicht einfach so „machen" oder festlegen. Preise ergeben sich als
emergente Eigenschaft eines komplexen Systems.

Was passiert mit diesen Informationen, wenn die Preise durch politische
Eingriffe in die Märkte manipuliert werden?

- Höchstpreise
- Mindestpreise
- Garantierte Abnahmepreise für Ökostrom
- Mietobergrenzen
- Mindestlöhne
- Buchpreisbindung

Solche Eingriffe haben nach Paul Krugman und Robin Wells „unerfreuliche
Nebenwirkungen" [KW05]. Sie nennen das Kapitel sogar *„Der Markt schlägt
zurück"*. Zugrunde liegt hier die Einsicht, das in komplexen Systemen eine
Aktion immer auch unbeabsichtigte Nebeneffekte hat. Ein Eingriff in das
Preissystem erzeugt so nicht nur den gewünschten Effekt, sondern auch
Nebenwirkungen, die teilweise nur schwer abzusehen sind, sich aber oft auch
ganz logisch ergeben. Wenn z. B. ein Staat einen einheitlichen Arbeitslohn
festsetzen würde (ein Höchst- und Mindestpreis), so dass alle Menschen das
gleiche verdienen, dann lohnt es sich nicht, sehr viel Aufwand in die Bildung
zu stecken. Ob man nun Mathematik kann oder nicht, man würde später das
gleiche verdienen.

Es ist aber daher ein wenig verwunderlich, dass die Politik in Deutschland die
Preismanipulationen wieder verstärkt einführt, wie z. B. beim Mindestlohn
oder bei der Mietpreisbremse. Es war ein wesentliches Merkmal des
Wirtschaftswunders, das Ludwig Erhardt die von den Alliierten eingeführten
Preiskontrollen wieder abschaffte [Erh57].

> **Wichtig**: Mit Hilfe der Signale, die Preisänderungen aussenden,
> lassen Märkte eine gewisse Selbst-Regulierung zu. Dazu müssen
> allerdings die Informationen noch in den Preisen enthalten sein.

Wirtschaft als Informationssystem

Informationstheorie

Preise kommunizieren Informationen, aber was genau sind eigentlich
Informationen? Der Begriff „Information" wurde erst 1948 von Claude

Shannon in seinem Artikel *„The Mathematical Theory of Communication"* präzise definiert [Gle11]. Damals ging es aber hauptsächlich um die Übertragung von Nachrichten über Funk.

Ein Techniker, der eine Nachricht übertragen oder speichern will, benötigt die Länge der Nachricht bzw. wieviel Platz sie auf einem Datenträger mindestens benötigt. Nach der technischen Definition ist die Information einer Nachricht daher die maximal komprimierte Nachricht selber. Die Länge der Nachricht wird in Bit angegeben. Ein Bit ist die kleinste unterscheidbare Information, die üblicherweise in 0 und 1 angegeben wird. Ein fairer Münzwurf, bei dem jede Seite Kopf oder Zahl gleich wahrscheinlich ist, hat auch die Information 1 Bit.

Man kann Information interpretieren als die Reduzierung der Unsicherheit bezüglich des Zustands der Welt. Vor dem Münzwurf ist man unsicher über das Ergebnis. Man hat keine Information darüber, wie der Münzwurf ausgehen könnte. Beide Möglichkeiten sind gleich wahrscheinlich. Der Münzwurf selber reduziert diese Unsicherheit. Ähnlich ist es mit einem Wetterbericht, wenn man eine Reise plant. Vor der Reise ist man unsicher bezüglich des Wetters am Zielort. Wird es regnen oder schneien? Die Information, die in dem Wetterbericht enthalten ist, reduziert die Unsicherheit. Hier muss man zwischen *absoluter* und *relativer* Information unterscheiden. Wenn man den Wetterbericht zweimal liest, bringt das zweite Lesen keine neuen Informationen. Relativ gesehen, enthält der Bericht keine neuen Informationen mehr. Absolut gesehen, ist der gleiche Speicherplatz notwendig, um den Bericht zu speichern, enthält also die gleiche absolute Information.

Die Unsicherheit bezüglich des Zustands eines Systems wird in der Physik und in der Informationstheorie als *Entropie* bezeichnet. Das System muss sich in genau einem der vielen möglichen Zustände befinden. Man weiß aber nicht genau in welchem, sondern kann hier nur Wahrscheinlichkeiten angeben. Stellen wir uns das „physikalische" System mit den drei Kreisen aus dem Abschnitt 2.3 noch einmal vor. Wir wissen anhand des Quellcodes, wo sich die Kreise befinden. Wir haben absolutes Wissen. Die Entropie ist minimal. Nehmen wir an, ein Computerfehler hätte alle Daten zufällig geändert. Wir wüssten nicht, wo sich die Kreise befinden, welche Größe, Farbe, Position und „velocity" sie haben. Wir haben dann die größte Unsicherheit über das System. Die Kreise könnten irgendwo sein und wir wüssten nichts über den Zustand des Systems. Die Entropie ist dann maximal.

Um die Entropie in einem physikalischen System zu reduzieren, muss man Arbeit bzw. Energie hineinstecken. Um die Entropie in einem Informationssystem zu reduzieren, muss man Informationen hinzufügen.

Information in der Wirtschaft

Die Entropie eines Entrepreneurs ... oh ein Zungenbrecher ... zweiter Versuch ... also die Unsicherheit eines Unternehmers über den weiteren Verlauf der Wirtschaft gilt es zu reduzieren. Der Unternehmer möchte Produkte herstellen und verkaufen. Aber welche? Und wie sollen sie aussehen? Seine Entropie bzw. Unsicherheit ist hoch. Er benötigt Informationen, um seine Entropie zu senken, sein Unwissen zu senken. So wie der Physiker Messungen anstellt, so macht der Unternehmer Marktanalysen oder versucht aus den bisherigen Daten mit Hilfe von Data Science neue Informationen zu generieren. Alles dient der Reduzierung des Unwissens. Ähnlich ist es bei einem Aktienhändler. Ein Aktienhändler weiß nicht, wie sich die Kurse entwickeln werden, welche Aktien man kaufen und welche man verkaufen soll. Er ist unsicher bei der Einschätzung der Zukunft. Er weiß nicht, wie sich eine bestimmte Firma entwickeln wird oder wie sich die Wirtschaft im Allgemeinen entwickelt. Er braucht Informationen.

George Gilder hat in den 70er-Jahren als Aktien-Händler gearbeitet und damals war es wichtig, möglichst viele Informationen über Unternehmen zu sammeln und zu erfahren, welche Unternehmen gut dastehen und voraussichtlich eine gute Zukunft haben [Gil13]. Er schreibt, dass er als Händler ständig auf der Suche nach Überraschungen sein musste, nach neuen Informationen. Damit konnte er seine Unsicherheit reduzieren, er hatte mehr Wissen. Der Handel mit Aktien war stark wissensgetrieben.

Und er schreibt auch, dass das heute nicht mehr funktioniert, weil die Informationen nicht mehr da sind. In den 70er Jahren wurden z. B. Indizes zur Risikostreuung entwickelt. Ein Index ist eine sog. *gewichtete Summe* aus mehreren Werten. Ein Beispiel für einen Index ist der Durchschnitt. Der Durchschnitt ist die Summe geteilt durch die Anzahl. Nehmen wir als Beispiel die Menge der drei Zahlen {1,3,8}. Der *Durchschnitt* ist $(1 + 3 + 8)/3 = 4$. Der Durchschnitt ist eine sog. *gewichtete Summe*, bei der das Gewicht immer gleich ist, hier in diesem Beispiel $\frac{1}{3}: \frac{1}{3} + \frac{3}{3} + \frac{8}{3} = 4$. Man könnte jetzt dem mittleren Element mehr $\frac{1}{2}$ und den beiden anderen Elementen weniger Gewicht geben $\frac{1}{4}: \frac{1}{4} + \frac{3}{2} + \frac{8}{4} = \frac{15}{4} = 3{,}75$. Eine solche gewichtete Summe von Einzelpreisen zerstört aber die Information, die in den Einzelpreisen steckt. Sie „verwischt" diese.

Indizes führen laut Gilder zu Informationsmüllhalden und verstecken die wichtigen Informationen [Gil13]. Wenn man an der Börse Geld verdienen will, muss man besser sein, als die Indizes. Dazu benötigt man Wissen, Information, Überraschung, die Abweichung von der Norm. Beim Aktienhandel sind alle bekannten Informationen schon eingepreist. Nur die Neuigkeiten zählen und lösen Änderungen aus. Die Neuigkeiten müssen vom Händler bewertet werden und er muss entsprechend handeln, also kaufen, halten oder verkaufen. Ursprünglich wurden die Indizes als Mittel zur Reduzierung des Risikos entwickelt. Die einzelnen Indizes sind robust im Sinne von Nassim Taleb (siehe Abschnitt 2.7). Aber das Gesamtsystem ist dann nicht notwendigerweise mehr robust, sondern wird evtl. fragil. Die einzelnen Indizes können nicht abstürzen, aber das Gesamtsystem wird zerbrechlicher [Tal12].

Aus dem ehemaligen wissensgetriebenen Handel mit Aktien wurde ein Glücksspiel, ein Kasino-Kapitalismus. Laut Gilder gab es in den letzten Jahren sehr viele weitere Regulierungen des amerikanischen Finanzsystems, die darauf abzielen, Risiken und Crashs zu vermeiden, in der Realität aber Informationen sehr schwer zu finden machen [Gil13].

> **Wichtig**: Die heutigen Aktienmärkte leiden an Informationsverlust.

Das heutige Finanzsystem wird später in Abschnitt 11.3 noch behandelt.

5.4 Märkte

Angebot und Nachfrage

Die Aufgabe einer Wirtschaft ist, die Menschen mit Waren und Dienstleistungen zu versorgen. Die folgende Abbildung zeigt einen vereinfachten Überblick.

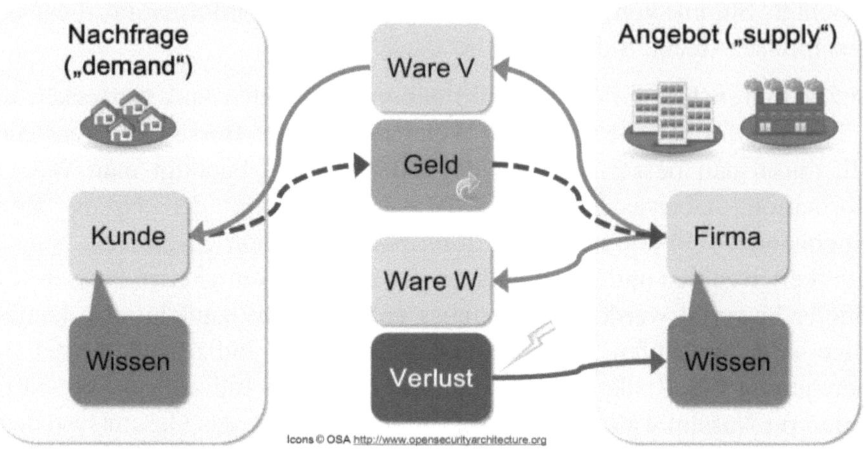

Die Wirtschaft wird in zwei Seiten geteilt: in die *Nachfrage* und das *Angebot*. Mit der Nachfrage sind alle Kunden und Käufer von Waren und Dienstleistungen gemeint. Unter Angebot sind alle Unternehmen zu finden. Eine Firma bietet in der Abbildung zwei verschiedene Waren V und W an. Die Ware V wird von einem Kunden gekauft, der bezahlt diese mit Geld. Der Kunde und die Firma tauschen also Geld gegen Ware V. Die Firma gewinnt die Information, dass die Ware V nützlich ist. Sie weiß jetzt auch, dass die Ware W nicht benötigt wird. Das Wissen der Firma ist gestiegen. Man kann das Wissen einer Firma in einer Art Lernkurve verdeutlichen. Für die Firma war das Herausbringen der beiden Waren ein Experiment, ein Test. Das obere Produkt hat den Test bestanden, das untere nicht. Die Firma erhält damit sowohl eine finanzielle Belohnung als auch wertvolle Informationen. Für George Gilder ist es ein wesentliches Element der Marktwirtschaft, dass diese beiden Arten von Informationen, die finanzielle Belohnung und das Wissen zur Herstellung des Produkts, zusammen in einer Organisation verbleiben. Derjenige, der das Geld verdient, soll auch derjenige sein, der es wieder investiert. Damit ist ein Wiederholungserfolg wahrscheinlicher [Gil13].

Es ist bei allen wirtschaftlichen Diskussionen wichtig, immer beide Seiten zu berücksichtigen: Angebot und Nachfrage. Wie wirkt sich eine Regulierung oder ein Gesetz auf die Nachfrage aus und welche Auswirkungen hat es auf der Angebots-Seite. Angebot und Nachfrage haben eine duale Stellung zueinander. Man kann sie sich gut als das Yin und Yang-Symbol der chinesischen Philosophie vorstellen.

Hier gibt es ein Henne-und-Ei-Problem, was war zuerst da, die Henne oder das Ei? Erzeugt das Angebot die Nachfrage oder die Nachfrage das Angebot? Auf was sollten sich Regulierungen und Interventionen in der Wirtschaftspolitik konzentrieren? Hier gibt es auch unterschiedliche Schulen in den Wirtschaftswissenschaften:

- Die *Angebotspolitik ("supply side")* sieht das Angebot als die wichtigere Seite. Politische Interventionen sollen Unternehmen unterstützen und das Angebot erweitern oder preiswerter machen.
- Die *Nachfragepolitik ("demand side")* wiederum, deren berühmtester Vertreter John Maynard Keynes war, sieht die Nachfrage als Schlüsselelement. Interventionen sollen hier die Nachfrage erhöhen.

Auf welcher Seite ist mehr Wissen vorhanden? Beim Angebot oder bei der Nachfrage?

Mit den neuen technischen Möglichkeiten kamen Sozialisten auf die Idee, dass man jetzt mit dem Internet und den semi-automatisierten Fabriken eine (halb-) sozialistische Planwirtschaft durchführen könnte. Man bräuchte doch die Kunden mit einer „App" nur zu fragen, welche Waren sie gerne hätten und dann könnte man das entsprechend „sozialistisch" produzieren. Man hat die Nachfrage festgestellt und stellt einen großen Plan auf, nach der die Angebotsseite zu organisieren ist. Die Angebotsseite hat in der Planwirtschaft keinen „freien Willen", sondern muss den Befehlen des Plans gehorchen.

Die Informationen über die Kundenwünsche wären wirklich relativ einfach ermittelbar, zum Beispiel mit einer WWW-Seite und „Apps" für Mobiltelefone. Wir vernachlässigen hier mal den Einwand, dass man dazu den „gläsernen Bürger" ohne Privatsphäre bräuchte, bei der der Staat das ganze Konsumverhalten des Menschen kennen würde. Also die Probleme der Nachfrageseite sind gelöst. Aber was ist auf der Angebotsseite? Macht die einfach so weiter wie bisher? Wie entstehen dann neue Produkte? Die Angebotsseite ist in Wirklichkeit nämlich sehr viel komplizierter als die Nachfrage-Seite. Es ist ein sehr komplexes Netzwerk, wie wir von der

Geschichte „Ich, der Bleistift" wissen. In der folgenden Abbildung sind jetzt auch zwei „Zulieferfirmen" eingezeichnet:

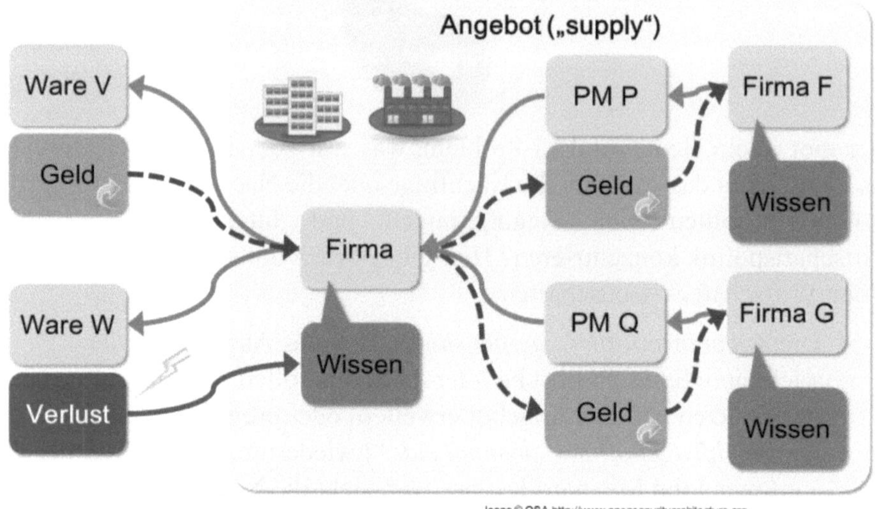

Die Firma benutzt die Produktionsmittel (PM) P und Q zur Erstellung der Waren V und W. Als ein Produktionsmittel versteht man eine Ware, die für die Herstellung anderer Waren benutzt wird. Ein Roboter in einer Fabrik ist ein Produktionsmittel. Ein Ofen bei einem Bäcker auch. Die Einteilung von Produktionsmittel hängt auch von der Verwendung ab: Ein Laptop bei einem Journalisten, der damit Texte schreibt, die er verkauft, ist ein Produktionsmittel. Der Laptop ist keines mehr, wenn der Journalist damit Computerspiele spielt. Eine offene Frage der sozialistischen Gesellschaften war, wer entscheidet, wann was Produktionsmittel ist und verstaatlicht gehört oder Privatbesitz ist.

Jetzt hat die Firma F das Produktionsmittel P eingesetzt, um V zu produzieren. Wer entscheidet, wie lange P eingesetzt wird und wann es gegen ein neueres Produktionsmittel eingetauscht wird? Wenn man es zum richtigen Zeitpunkt verkauft, kann man evtl. noch Geld damit machen. Wenn es kaputt geht, wird es repariert oder ersetzt. Diese Entscheidungen werden in einer Wirtschaft in der die Produktionsmittel in privatem Besitz sind dezentral entschieden, jede Firma entscheidet selbst. Dass die Firma überhaupt herstellen kann, entscheiden die Kunden, die das Produkt kaufen.

Die Komplexität der Angebotsseite der Wirtschaft ist vielen Befürwortern einer „geplanten" Wirtschaft verborgen. Auch wenn man im Zeitalter des

Internets die Nachfrage der Endverbraucher einfach ermitteln kann, wer bestimmt, welche Produktionsmittel P und Q hergestellt werden? Welche Mittel sollen dazu wiederum aufgewendet werden?

In vielen Varianten des Sozialismus sollen diese Produktionsmittel verstaatlicht werden und eine zentrale Planwirtschaft eingeführt werden. Um diesen Plan erstellen zu können, muss man aber über das Wissen der Angebotsseite verfügen. Das in der Marktwirtschaft verteilte Wissen in den einzelnen Firmen, muss deshalb zentralisiert werden. Die „Übertragung" von Wissen an ein Planungsministerium ist aber alles andere als einfach. Wissen lässt sich von Menschen nur „erlernen" und nicht einfach „übertragen". Dieses „Wissensproblem" der zentralen Planwirtschaft stammt aus dem bereits erwähnten Werk von Hayek [Hay48]. Eine Zentralisierung der Wirtschaft würde sehr viel wirtschaftliche Macht in die Hände von wenigen Planungsbeamten legen. Es ist der Vorteil einer Marktwirtschaft, dass sowohl das Wissen, als auch die Macht dezentralisiert sind, je verteilter, desto besser [Gil13].

Eine weitere Frage ist, wer den Preis der Produktionsmittel bestimmt, wenn sie alle im Besitz des Staates sind? Der Staat wäre dann ja Verkäufer und Käufer in einer Person. Es gäbe dann keinen Markt für Produktionsmittel und keine Preise. Damit kann es keine Wirtschaftsrechnung geben. Wann sollte ein Produktionsmittel durch ein neues ersetzt werden? Das kann man ohne Preise nicht effizient beantworten. Dieses Argument wurde 1922 vom österreichischen Ökonom Ludwig von Mises in seinem Buch *„Die Gemeinwirtschaft"* veröffentlicht [Mis49]. Das Problem betrifft allerdings jedes Monopol, auch große monopolistische Unternehmen.

Der Markt

Angebot und Nachfrage werden auf einem Markt zusammengeführt. In der physikalischen Welt ist ein Markt meistens ein Platz in der Innenstadt, auf denen früher Händler ihre Waren angeboten haben. In vielen Städten gibt es diese Marktplätze noch, aber die meisten Konsumgüter werden in Supermärkten und Warenhäusern gehandelt.

Ein Markt im theoretischen Sinn ist eine Menge von Verkäufern, von Käufern, von Waren und von Preisen. Hier gibt es verschiedene Varianten:

- Ein *freier Markt* ist nicht reguliert, d.h. es gibt keine Einschränkung durch den Staat oder anderen. Hiervon gibt es nicht mehr so viele in der reellen Welt. Aber viele Open-Source-Software ist noch frei, wie z. B. Programmiersprachen und Datenbanken.

- In einem *regulierten Markt* gibt es staatliche Vorgaben, wie z. B.
  - o Nur bestimmte Verkäufer werden zugelassen, z. B. durch Lizenzvergabe, wie bei Taxis oder Banken
  - o Nur bestimmte Käufer werden zugelassen, wie z. B. beim Großhandel
  - o Es gibt Preisvorgaben, wie Höchstpreise oder Mindestpreise
  - o Es gibt Ökologische Richtlinien
  - o Arbeitsrechtlich: Ein Betrieb einer bestimmten Größe muss einen Betriebsrat haben
- Auf einem *Schwarzmarkt* werden vom Staat verbotene Waren verkauft, wie z. B. Waffen und Drogen. Auch werden Angebote, bei denen die notwendigen Steuern und Abgaben nicht gezahlt wurden, zum Schwarzmarkt gezählt, wie z. B. nicht verzollte Waren oder Schwarzarbeit.

Wenn man ein agentenbasiertes Modell für eine Simulation schreiben will, reicht eine umgangssprachliche Beschreibung eines Markts natürlich nicht aus. In ihrem Buch *„Networks, Crowds, and Markets: Reasoning About a Highly Connected World"* führen David Easley und Jon Kleinberg in die mathematische und algorithmische Theorie der Märkte ein [EK10].

Matching market

Ein „Matching market" ist ein möglichst einfaches Beispiel für einen Markt. Wir nehmen als Beispiel an, Anton, Berta und Charlie haben ein Startup gegründet und müssen sich einen Laptop, einen PC und eine Workstation teilen. Aber nicht jeder will an jedem Gerät arbeiten. Jeder hat seine Vorlieben, seine *Präferenzen*. Anton, z. B. würde am Laptop und an der Workstation arbeiten, Berta nur am Laptop und Charlie am PC oder der Workstation. In der folgenden Abbildung sind die drei Personen und die drei Geräte schematisch dargestellt.

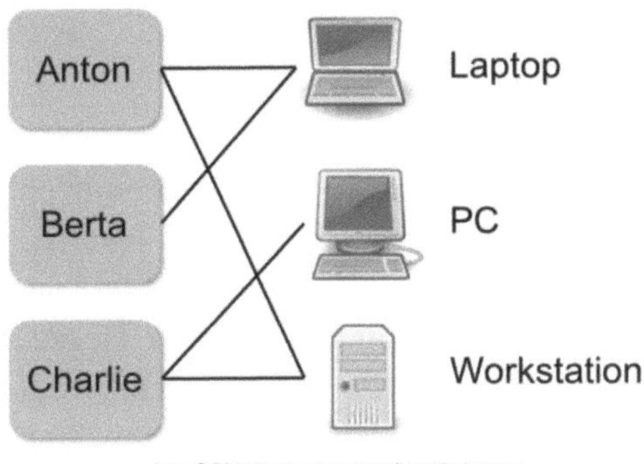

Die Präferenzen werden als (ungerichtete) Kanten zwischen den beiden Knoten dargestellt. Ein solcher Graph wird *bipartiter Graph* genannt, weil er zwei verschiedene Sorten von Knoten hat (Menschen und Geräte) und eine Kante immer beide Sorten verbindet.

Ein *„Matching"* ist eine Lösung, die für jede Person eine Kante zu einem unterschiedlichen Device ermittelt, also für jede Person ein Device findet. Hier wurden in der Informatik viele verschiedene Algorithmen entwickelt [CLRS09]. In folgender Abbildung ist ein solches „Matching" durch dickere Kanten symbolisiert.

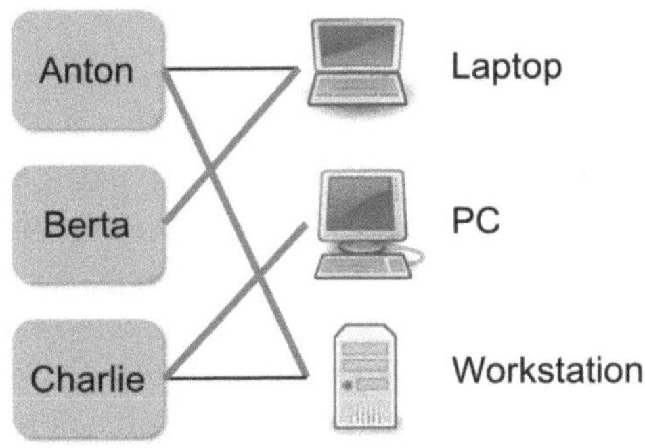

Anton nimmt die Workstation, Berta den Laptop und Charlie den PC.

„Matching Markets" sind die denkbar einfachsten Märkte. Einen Algorithmus für ein einfaches Problem kann man oft erweitern. Eine solche Erweiterung wäre z. B., dass man die Präferenzen noch ordnen könnte. Anton könnte dann z. B. sagen, dass er lieber am Laptop als an der Workstation arbeiten würde. Hierdurch wird ein Matching zu einem Optimierungsproblem. Man möchte nicht nur irgendein Matching finden, sondern das „optimalste", so dass möglichst jeder an seinem Lieblingsgerät

arbeiten kann. Auch für dieses Problem wurden Algorithmen entwickelt
[EK10].

Ein Markt mit Preisen

Eine andere Erweiterung sind Preise. Hierzu benutzen wir ein anderes
Beispiel (frei nach [EK10]): Anton, Berta und Charlie waren mit ihrem
Startup sehr erfolgreich und jetzt will jeder eine Villa kaufen. Es stehen drei
Villen zur Auswahl Blau, Türkis und Lila. Jeder Besitzer einer Villa gibt
einen Verkaufspreis an: Villa Blau für 3, Villa Türkis für 4 und Villa Lila für
2.

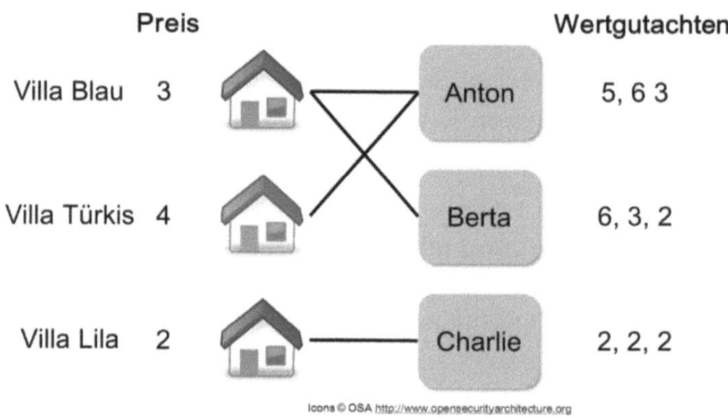

Für jedes Haus geben Anton, Berta und Charlie ein Wertgutachten ab. Anton
z. B. schätzt den Wert der Villa Blau auf 5, den Wert der Villa Türkis auf 6
und den Wert der Vila Lila auf 3. Jetzt wird für jedes Wertgutachten die
Differenz zu den geforderten Preisen berechnet. Anton schätzt den Wert der
Villa Blau auf 5, während der Preis nur bei 3 liegt. Er macht also einen
„Gewinn" von 5 - 3 = 2. Bei Villa Türkis sind es auch 6 - 4 = 2, während es
bei Villa Lila nur 3 - 2 = 1 sind. Also möchte Anton die Villa Blau oder die
Villa Türkis kaufen, weil die Differenz dort am höchsten ist. Deshalb sind in
obigem Graph Kanten zwischen Anton und diesen beiden Villen gezogen
worden. Analog dazu wird mit Berta und Charlie verfahren.

Damit wird das neue Problem auf das bekannte bipartite Matching-Problem
zurückgeführt aus dem vorherigen Beispiel. Es ist eine übliche Technik in der
Informatik, neue Probleme auf bekannte Probleme zurückzuführen, für die es
schon ein Lösungsverfahren gibt Eine optimale Lösung für ein „Matching"
wird hier *Marktgleichgewicht* genannt („market clearing price"). In diesem
Fall kauft Anton die Villa Türkis, Berta die Villa Blau und Charlie die Villa
Lila.

In der wirtschaftswissenschaftlichen Literatur gibt es unzählige Erkenntnisse über Märkte, dem interessierten Leser sei das Buch von Easley und Kleinberg empfohlen [EK10].

Kritik an der Marktwirtschaft

Märkte lassen sich also formalisieren und sind ein Algorithmus. Manche Kritiker sprechen von „Marktradikalen" oder „Markradikalismus". Das ist genauso unsinnig, wie von „Mathematikradikalen" oder „Chemieradikalen" zu sprechen.

In politischen Diskussionen wird bei Wirtschaftskrisen von „Marktversagen" gesprochen und meistens werden damit Forderungen nach einer „besseren" Regulierung durch den Staat verbunden. Hier wird von den Kritikern dem Markt meistens eine Fähigkeit unterstellt, die er nicht hat. Ein Markt kann z. B. nur dann die Umwelt schützen, wenn die Umwelt auch „teuer" ist. Wenn eine Firma einen Regenwald einfach abholzen darf für einen geringen Preis, dann ist das ein Problem des Waldeigentümers und nicht des Markts. Warum gibt der Waldeigentümer das Holz so billig ab? Wahrscheinlich ist der Eigentümer ein Staat, denn ein Unternehmen würde aufgrund der Gewinnorientierung den Wald so teuer wie möglich verkaufen. Das ist ein Beispiel für die *„Tragik der Allmende"*. Ein Markt kann auch unmoralisch sein, wie z. B. die Vermittlung von Auftragsmördern oder von gefährlichen Giften. Das ist aber kein Problem des Markts an sich, sondern der jeweiligen Menschen, die solche Sachen anbieten oder kaufen. Ein Markt ist das Resultat von den Handlungen von Menschen und spiegelt damit auch die gesellschaftlichen Probleme dar. Das ist kein Grund, die Funktionalität von Märkten als solche in Frage zu stellen.

Man sollte hier auch betonen, dass es „Märkte" gibt, bei denen die Bezahlung nicht durch Geld erfolgt, sondern durch andere soziale Vorteile, wie gesellschaftliches Ansehen oder Sex. Die Tanzfläche einer Diskothek ist auch ein Marktplatz.

5.5 Gewinnorientierung, Bürokratie und soziale Unternehmen

Organisationen

Menschen organisieren sich, sie bilden Gruppen und Organisationen. Das haben sie schon zur Zeit der Jäger und Sammler gemacht, um ihre

Überlebenschancen zu vergrößern. Später kamen dann Siedlungen hinzu, dann Städte, Reiche und Nationen. Heute gibt es auch virtuelle ökonomische und soziale Netzwerke.

In der Wirtschaft ist die meistgenutzte Organisationsform das Unternehmen. Unternehmen haben gegenüber einer losen Organisation von Individuen viele Vorteile [Mor07]:

- Komplexe Güter können nur in der Zusammenarbeit hergestellt werden.
- Die Massenproduktion bietet Kostenvorteile, die Produkte können billiger hergestellt werden.
- Menschen können innerhalb einer Firma besser zusammenarbeiten, weil die Kommunikation direkter ist und weil die Verantwortlichkeiten und Aufgabenbereiche klar definiert wurden.
- Ein Unternehmen reduziert die sog. *Transaktionskosten*. Theoretisch könnte ein Unternehmen von einer einzelnen Person betrieben werden, die alle benötigten Leistungen von anderen Firmen einkauft. Das wäre aufgrund der vielen Verträge und Kaufabschlüsse umständlich und würde auch den Preis der Produkte erhöhen.
- Innovationen sind evtl. viele Millionen Euros wert und daher Geschäftsgeheimnisse. Diese lassen sich innerhalb einer kleinen verschworenen Gemeinschaft, wie z. B. einem Startup, besser geheim halten [TM14].

Als Technik zur Verwaltung solcher Organisationen hat sich das *„Management"* etabliert. Die Organisation wird meistens in bestimmte Teile gegliedert, das Personal wird oft hierarchisch organisiert und Unternehmensziele werden vorgegeben. Hier gibt es sehr viele unterschiedliche Möglichkeiten im Detail. Gareth Morgan liefert in seinem Buch *„Bilder der Organisation"* viele Blickwinkel, aus denen man Organisationen betrachten kann [Mor07]. Früher wurden Organisationen als Maschinen angesehen und bestanden aus einzelnen Abteilungen, die über eine zentralisierte Bürokratie verbunden waren. Sie waren stark hierarchisch, bürokratisch und mechanistisch. Heute sieht man Unternehmen eher als Organismen, die über eine Art Nervensystem miteinander verbunden sind.

Gewinnorientiert vs. Bürokratie

In der Vergangenheit gab es – vereinfacht und etwas provozierend formuliert – für das oberste Organisationsprinzip einer Organisation nur folgende zwei Möglichkeiten [Mis44]:

- Gewinnorientiert
- Bürokratisch

Ein gewinnorientiertes Unternehmen versucht, mehr Einnahmen als Ausgaben zu haben. Das Unternehmen kann sich selbst finanziell tragen, benötigt keine Subventionen oder Steuergelder. Eine „Gewinnorientierung" erlaubt eine einfachere Struktur der Organisation und „flache Hierarchien" [Mis44]. Die einzelnen Abteilungen eines Unternehmens können unabhängig voneinander arbeiten, so lange die einzelnen Abteilungen „profitabel" sind. Dadurch wird es den Firmenbesitzern möglich, dem Abteilungsleiter zu sagen „du kannst machen, was du willst, nur die Zahlen müssen stimmen". Der Abteilungsleiter ist damit relativ „frei" in seinen Möglichkeiten.

Ein Beispiel hierfür ist das „Franchising". Beim „Franchising" werden Lizenzen für die Benutzung von Geschäftskonzepten vergeben [GFC13]. Der Franchise-Geber besitzt den Markennamen, das Design, Trademarks und die Produkte und lizensiert diese an den Franchise-Nehmer. Der Franchise-Nehmer ist in der Regel ein Unternehmer, der finanziell unabhängig ist und die volle finanzielle Verantwortung übernimmt. Das Geschäftsmodell „Franchising" hat auch den Vorteil, dass es ausnutzt, dass das Wissen über die Kunden vor Ort dezentral bei den einzelnen Unternehmern vorhanden ist. Somit ist voraussichtlich der Service besser und die Mitarbeiter kennen sich besser aus.

Die Bürokratie und bürokratische Methoden sind schon sehr alt und sind im Verwaltungsapparat von allen Staaten vorhanden, dessen Herrschaft sich über ein größeres Gebiet erstreckt. *„Bereits die Pharaonen des alten Ägypten und die Kaiser Chinas errichteten riesige bürokratische Maschinerien"* schrieb von Mises [Mis44]. Die Bürokratie ist die Organisationsform des „politischen Mittels". Was konnte ein König früher tun, wenn er in einer weit entfernten Provinz einen Stellvertreter ernennen wollte? Es bestand die Gefahr, dass der Stellvertreter nicht loyal war und „seine Macht missbraucht". Der König kann ihm daher nicht sagen, „mache, was Du willst", sondern muss ihm Vorschriften und Regeln machen. Staatliche Bürokratie besteht laut von Mises aus der „Ernennung" eines Beamten und der Verpflichtung auf bestimmte Gesetze und Vorschriften, die er unbedingt einzuhalten hat. In Bürokratien wird die Arbeitsteilung über Hierarchien und Vorschriften organisiert. Dieses führt u. a. dazu, dass sich Bürokratien nicht von selber ändern und an neue Bedingungen anpassen können. Eine Bürokratie ist „konservativ", denn jeder Beamter ist darauf geeicht, die

Vorschriften zu achten und sie nicht in Frage zu stellen. Eine Bürokratie ist ein kompliziertes System, aber kein komplexes, denn dazu fehlen die „bottom-up"-Prozesse.

Die Bürokratie ist das Mittel der Politik. In einer Welt mit ständig schneller werdenden technischen Fortschritt, wird die starre Bürokratie notwendigerweise immer hinterherhinken und unnötig kompliziert sein. In Deutschland gibt es regelmäßig Diskussionen über die „Komplexität" einer Steuererklärung, diese müsse „auf einen Bierdeckel passen". Das wird nie geschehen, weil das weder „top-down" noch „bottom-up" geändert werden kann. Viele Steuerberater verdienen aufgrund dieser künstlichen bürokratischen „Kompliziertheit" ihr Geld.

Jetzt gibt es aber in heutigen Unternehmen auch Bürokratie. Als Faustregel gilt, je größer das Unternehmen, desto größer auch die Bürokratie. Die Bürokratie entsteht in den Firmen auch aufgrund der Erfüllung gesetzlicher Auflagen. Diese gesetzlichen Auflagen verursachen Kosten, die den Kunden über höhere Preise oder den Angestellten über niedrigere Löhne in Rechnung gestellt werden.

Soziale Unternehmen

Gewinnorientierung bedeutet nicht, dass der Gewinn „maximiert" werden muss, dass die Umwelt geschädigt wird oder Mitarbeiter ausgebeutet werden, wie das oft in den Medien dargestellt wird. Ein gewinnorientiertes Unternehmen muss eigentlich nur „genügend" verdienen. Als Beispiel sei der „Fair Trade" genannt. Hier sind in den letzten Jahrzehnten Unternehmen entstanden, die auf der einen Seite zwar gewinnorientiert sind, auf der anderen Seite, bestimmte soziale Ziele verfolgen, wie z. B. die „faire Bezahlung von ArbeiterInnen in der sog. dritten Welt".

Das in den heutigen Unternehmen die „Profitorientierung" teilweise so unmenschliche Züge annimmt, liegt auch am „Kapitalismus ohne Eigentümer" [Gil13] . Die meisten heutigen großen Unternehmen sind Aktiengesellschaften, die niemandem gehören und wo am Ende auch niemand wirklich verantwortlich ist. Die Angestellten der AG können nur wohlhabend werden, wenn sie möglichst viele Werte aus dem Unternehmen „extrahieren", wie es z. B. die Manager mit ihren hohen Managergehältern machen.

Gewinnorientierung bedeutet auch nicht, dass der Gewinn der Gewinn von Geld sein muss. Eine Umweltorganisation kann ihren Gewinn als „Schutz der

94

bedrohten Tierarten" sehen. Ein soziales Unternehmen kann seinen Gewinn als „Anzahl der Menschen mit Lese- und Schreibkenntnissen" sehen oder als „wie viel Prozent der Menschen können sich ein Medikament" leisten. Hier ist in den letzten Jahren eine neue Art von Unternehmen entstanden, das *„for-benefit"*-Unternehmen [CK14] und der sog. „vierte Sektor". Auf dem folgenden Diagramm sind die verschiedenen Arten von Organisationen eingezeichnet:

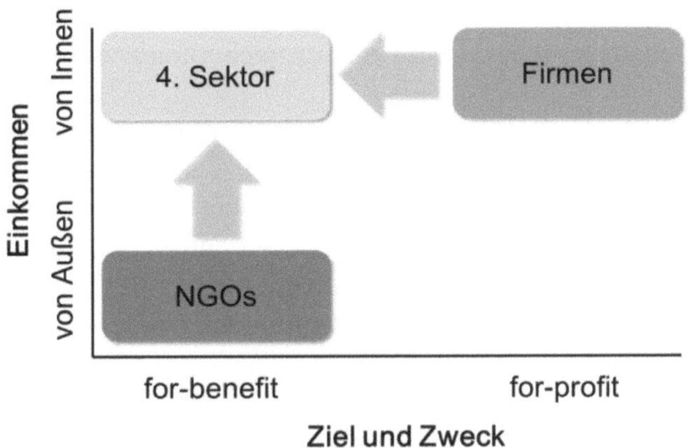

Viele Organisationen beziehen ihr Einkommen z. B. durch Spenden oder Steuern von außen, wie z. B. die sog. Nicht-Regierungs-Organisationen („non-governmental organization", NGO). Diese Organisationen haben oft soziale Ziele und betreiben daher keine Gewinnmaximierung. Daher haben sie dann allerdings höchstwahrscheinlich den Nachteil, dass sie sehr bürokratisch sind und das Geld nicht da ankommt, wo es eigentlich hin soll. Traditionelle Firmen hingegen sind „for-profit" und beziehen ihr Einkommen von „Innen", d.h. generieren es selber, haben aber keine sozialen Ziele.

Der sog. *„vierte Sektor"* (der erste Sektor ist der Staat und nicht im Diagramm eingezeichnet) sind *„for-benefit"* Unternehmen, die ihr Einkommen selber generieren, also gewinnorientiert aber nicht profitmaximierend sind[13]. Sie sind eine Mischung aus NGO und Firma, die die Vorteile von beiden miteinander vereinbaren möchte. Ein solches „for-benefit"-Unternehmen muss sich rechtlich explizit auf die zu erreichenden Ziele festlegen. Beispiele für solche Ziele sind z. B. „Herstellung eines

---

[13] Siehe auch http://www.fourthsector.net/.

Medikaments, das sich 95% der Bevölkerung leisten kann" oder „Anschluss an das Internet für 99% der Menschen".

Allerdings fehlt hier in vielen Ländern noch der notwendige Rechtsrahmen, der sicherstellt, dass aus diesen Firmen nicht einfach Kapital extrahiert werden kann und sie daher zu „for-profit"-Unternehmen umfunktioniert werden. In den USA sammelt man seit 2010 mit dieser Unternehmensform Erfahrungen [CK14] Eine Aufgabe für die Politik wäre also, sich um die gesetzlichen Grundlagen für „for-benefit"-Unternehmen zu kümmern anstatt „politische Debatten" über die Informationstechnologie zu führen.

5.6 Evolution und Dynamik

Die Welt ändert sich stetig. Unternehmen entwickeln neue Produkte, Forscher machen neue Erfindungen, Musiker schreiben neue Lieder, Dichter schreiben neue Gedichte, Menschen ändern ihren Geschmack und ihre Gewohnheiten. Die Welt ist dynamisch. Heraklit von Ephesos (520 - 460 v. Chr.) drückte es vor Jahrtausenden schon folgendermaßen aus: *„alles fließt"* („panta rhei"). Wie wir im Rest des Buches aber noch lernen werden, fließt heute alles schneller als früher und in der Zukunft wird es noch schneller fließen.

Menschen machen neue technische Erfindungen, die wiederum neue soziale Erfindungen auslösen können. Das Telefon z. B. hat das soziale Verhalten der Menschen geändert. Eine Fabrik ist der Ausdruck des aktuellen Wissenstands einer Gesellschaft über Technik, Management, Psychologie und Prozess-Organisation. Die Technik beeinflusst das soziale und wirtschaftliche Leben und umgekehrt.

Erfindungen unterscheiden sich bezüglich ihres Einflusses auf das allgemeine Leben. Es gibt Erfindungen, die das Leben sehr stark verändern, wie z. B. das Internet. Und es gibt Erfindungen, die nur einen kleinen Teil der Menschheit betreffen, wie z. B. eine Methode zur schnelleren Herstellung von ostfriesischem Kandiszucker („Kluntje"). Eine Erfindung mit sehr großen Auswirkungen wird *Allzwecktechnik („general purpose technology"*, GPT) genannt. Beispiele hierfür sind die Dampfmaschine, die Elektrizität und die Informationstechnologie (IT). Eine Allzwecktechnik ist oftmals alleine noch nicht sehr sinnvoll, sondern benötigt erst weitere komplementäre Erfindungen, die diese Technik ergänzen. Die Menschen müssen bei solchen neuen Erfindungen erst herausfinden, wie sie diese am besten einsetzen

können [BA14]. Daher verläuft die Einführung einer neuen Erfindung in einer
sog. S-Kurve, wie in der folgenden Abbildung dargestellt:

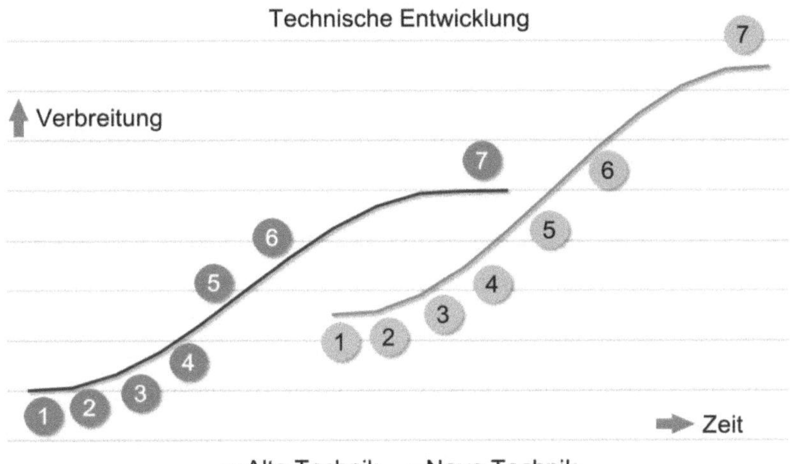

Im Diagramm löst eine neue Technik eine ältere Technik ab. Die Entwicklung
hat die folgenden Phasen [Kur06]:

1. Träumer: die Leute träumen von der neuen Technik „wäre es nicht
   schön, wenn …"
2. Erfindung
3. Entwicklung: aus der Erfindung muss ein Produkt werden, dass in
   der Massenproduktion gefertigt wird.
4. Reifung: die Technik wird schrittweise verbessert
5. Die Technik bedroht die alte Technik, aber etwas fehlt noch
6. Übernahme: die Technik übernimmt den Markt
7. Antiquität: die Technik ist veraltet und nur etwas für Liebhaber, wie
   z. B. heute die Schallplatten (ca. 5 - 10% der Lebensdauer)

Die Geschichte der Technik ist ein evolutionärer Prozess von hintereinander
folgenden S-Kurven. Jede Phase erstellt bessere „Werkzeuge" für die nächste
Phase [Kur06].

Ganz wichtig ist, dass sich die Gesellschaft auch an die neuen Möglichkeiten
anpassen kann. Wenn die Politik z. B. den Einsatz von neuen Robotern
verbietet oder teurer macht, dann wird die Entwicklung verzögert [BA14].
Heutzutage sind viele Unternehmen aus der sog. Sharing-Economy, wie z. B.

Uber oder airbnb sehr umstritten. Viele etablierte Unternehmen fordern politische Schritte gegen die neue Konkurrenz.

Wenn in einer Wissenschaft etwas ganz Neues herausgefunden wurde, wie z. B. die Relativitätstheorie in der Physik, dann spricht man von einem *„Paradigmenwechsel"*, der auch in einer solchen S-Kurve verläuft [Kuh12]. Bei einem Paradigmenwechsel wird ein großer Teil der bisherigen Erkenntnisse abgelöst, da er mit dem neuen Paradigma nicht mehr übereinstimmt. Bei einem Paradigmenwechsel gibt es in den Wissenschaften auch erhitzte Diskussionen zwischen etablierten Wissenschaftlern des alten Paradigmas und den „Innovativen". Da die Wissenschaft hauptsächlich in staatlichen Universitäten und Forschungseinrichtungen stattfindet und bürokratisch und hierarchisch organisiert ist, haben es hier die „Neuen" wesentlich schwerer als in einer Marktwirtschaft. In einer Marktwirtschaft können sie ihr eigenes „Ding" machen und ein Startup gründen, während man im Universitätsbetrieb nur weiterkommt, wenn das durch die hierarchisch Übergeordneten abgesegnet wurde.

5.7 Innovationen durch kollektive Intelligenz

Es gibt verschiedene Theorien darüber, wie Innovationen entstehen. Am plausibelsten ist die Theorie der *kombinatorischen Innovation* [BA14]. Nach dieser entstehen Innovationen durch die neue Kombination von schon bekannten Teilen. Diese „Kombination" ist aber in der Regel nicht trivial und zum Finden kann eine Menge Arbeit erforderlich sein.

Ein „Erfinder" ist heutzutage in der Regel keine einzelne Person mehr, die alleine in einer „stillen" Kammer arbeitet, sondern eine Gruppe von Spezialisten, die ihr Wissen teilen. Bei einer Erfindung müssen bekannte Teile neu miteinander verbunden werden: Eine Datenbank, ein Webserver, eine App für Handys, etc. Zum Austausch von Ideen wird das Internet verwendet. Ist ein Fachbegriff unbekannt, wird er gegoogled. Gibt die Datenbank eine merkwürdige Fehlermeldung aus, wird beim Hersteller im Service-Portal oder bei einem Open-Source-Portal nachgeguckt.

Je mehr dieser „Erfinder" einen Internetzugang haben, desto mehr Erfindungen können gemacht werden. Je mehr Erfindungen gemacht wurden, desto mehr Bausteine gibt es für weitere Erfindungen. Hier beschleunigt sich das Wachstum. Die Menschheit ist ein vernetztes Problemlösungsverfahren. Es ist eine *„kollektive Intelligenz"* entstanden [Hin13, BA14].

5.8 Komplexe Ökonomie

Wenn man die komplexen Systeme und die agentenbasierte Modellierung
erst mal kennt, erscheint einem die Ökonomie nicht mehr auf dem aktuellen
Stand der Technik zu sein. Viele wirtschaftsmathematische Analysen
benutzen die aus der Physik stammenden Gleichgewichte. Wenn man sich
eine typische Einführung in die Volkswirtschaftslehre anguckt, wie z. B. die
von Paul Krugman und Robin Wells [KW05], dann ist man erst mal erstaunt,
dass die Wirtschaft nur aus der Vogelperspektive behandelt wird und eher
eine statistische Wissenschaft als eine kausale Wissenschaft ist.

Aber das ist wahrscheinlich nicht mehr lange so, denn die Ökonomie befindet
sich am Anfang eines *Paradigmenwechsels*: durch die Theorie der
komplexen Systeme und der agentenbasierten-Modellierung soll die
Ökonomie im 21. Jahrhundert zu einer „richtigen" Wissenschaft werden: der
komplexen Ökonomie („complexity economics") [Bei07 , Art14, CK14].

Dieser „Paradigmenwechsel" sollte laut Eric D. Beinhocker möglichst
schnell vor sich gehen, denn er hat große Konsequenzen [Bei07]. Denn viele
der bisherigen Erkenntnisse in Wirtschaft, Politik und der Gesellschaft sind
allerhöchstens annähernd richtig und viele Teile sind falsch. Die Politik
richtet daher eher Schaden an, als nützliche Entscheidungen zu fällen. Neue
ökonomische Theorien haben laut Beinhocker in der Praxis immer große
Änderungen ausgelöst: Adam Smith z. B. führte zum Freihandel und zur
industriellen Revolution. Karl Marx führte einerseits zu Revolutionen und
zum Sozialismus der Sowjetunion (Marxismus-Leninismus) und anderseits
zum Wohlfahrtsstaat und zur Sozialdemokratie. Die deutsche Partei SPD
nannte z. B. 2007 in ihrem „Hamburger Programm" als ihr Ziel den
„demokratischen Sozialismus" und bezeichnet die „marxistische
Gesellschaftsanalyse" als eine Ihrer Wurzeln [SPD07]. Die neoklassischen
Theorien der letzten Hälfte des 20. Jahrhunderts führten zum heutigen
globalisierten „Kasino-Kapitalismus" [Bei07].

Die folgende Tabelle fasst die Unterschiede zwischen der komplexen und der
traditionellen Ökonomie zusammen:

	Komplexe Ökonomie	Traditionelle Ökonomie
Dynamik	Offen, Dynamisch, Nicht-linear	Geschlossen, Linear, Gleichgewicht
Agenten	Individuen, Unvollständige Information, machen Fehler, Adaptiv, Lernen	Kollektiv, perfekte Rationalität, vollständige Information
Netzwerke	Explizit definiert	Implizit, z. B. Auktionen
Emergenz	Ja	Mikro- und Makroökonomie sind unterschiedliche Fächer, Emergenz ist fachübergreifend
Evolution	Möglich über Differenzierung, Selektion und Verstärkung	Keine Änderungen

Die Ökonomie steht also auch vor großen Änderungen. Aufgrund des bereits erwähnten „Twin Peaks"-Problem werden diese Änderungen aber voraussichtlich eher langsam stattfinden. Aber sie werden stattfinden. Denn die Theorie der komplexen Systeme und die „bottom-up"-Perspektive der agentenbasierten Modellierung erlaubt eine bessere Sicht auf die Realität als die bisher verwendeten Differentialgleichungen.

6. Der Rohstoff: Daten

6.1 Daten, Informationen und Wissen

Eine Unterscheidung

Das Privatleben der Menschen hat sich durch die neuen Technologien, dem Internet, den Mobiltelefonen, den Tablets und den Apps stark geändert. Man kann Wissen einfach im Internet nachschlagen und braucht keine Stadtpläne, Lexika oder Wörterbücher mehr mühsam aufschlagen und durchsuchen. Was früher ganze Bibliotheken gefüllt hat, passt heute auf einen USB-Stick. Auch Unternehmen haben viele Möglichkeiten gefunden, die neuen Technologien zu nutzen. Viele Unternehmen sind inzwischen informationsverarbeitende „Organismen". Die meisten Angestellten einer Firma sind nicht mehr die traditionellen physikalischen Arbeiter, sondern Wissensarbeiter. Das meiste Geld in Banken ist heute nur noch im Computer in einer Datenbank „vorhanden". Bei vielen Produkten, wie z. B. bei Autos, gab es früher nur sehr wenige Ausstattungsmerkmale bei einem Modell. Heute kann man sich sein persönliches fast einzigartiges Auto zusammenstellen und konfigurieren.

Die Ursache dieser Änderungen ist die Möglichkeit, Informationen mit „Computern" zu verarbeiten und mit Netzen zu übertragen. Mit dem Internet ist das Informations- und Wissenszeitalter den Kinderschuhen entwachsen.

Aber was sind eigentlich Daten? Informationen? Und wo ist der Unterschied zu Wissen?

- Daten
- Information
- Wissen
- Glauben

Diese Begriffe werden im Alltag oft verwendet, ohne dass man sich über die Bedeutung genau im Klaren ist. Es ist hier für das Buch wichtig, die Begriffe ein wenig genauer zu unterscheiden und zu definieren.

Mit *Daten* bezeichnet man im allgemeinen Fakten, Werte oder Formeln, die z. B. durch Messung oder Eingabe gewonnen wurden. In der Datenverarbeitung bestehen Daten aus Zeichen oder Symbolen. Daten werden auf Computern in *Dateien* gespeichert.

Der Inhalt der Daten wird *Information* genannt. Wie in Abschnitt 5.3 bereits erklärt, gibt es eine präzise *Informationstheorie*. Es gibt die *absolute Information*, die angibt wieviel Speicherplatz für die Information benötigt wird. Und es gibt die *relative* Information, die die Reduzierung der Unsicherheit (Entropie) angibt.

Wissen sind die Informationen, die im Allgemeinen von Menschen als wahr oder gültig angenommen werden. Bei Wissen ist man sich ziemlich sicher, dass es wahr ist. Wissen kann bewiesen werden, entweder durch einen Beweis oder durch ein Experiment. Falls der Beweis noch aussteht, handelt es sich um eine *Vermutung* oder eine *Hypothese*. Beim *Glauben* hingegen wird eine Vermutung ausgedrückt, die noch nicht bewiesen wurde oder gar nicht bewiesen werden kann. Christen berufen sich z. B. darauf, dass sie an einen Gott *glauben*, gerade weil kein Beweis der Existenz des Gottes existiert.

> **Wichtig**: Daten sind der Container, Information der Inhalt und Wissen die Gesamtheit der „wahren" Informationen.

Daten können Informationen und nützliches Wissen enthalten. Diese Informationen sind aber aus den Daten herauszulesen bzw. zu interpretieren. Für die vollständige Interpretation einer Information ist oft ein *Kontext* erforderlich. Eine Nachricht mit dem Inhalt „um 10:30 Uhr" enthält alleine zu wenig Inhalt. Um sie zu verstehen, muss man die vorherigen Nachrichten kennen, ob es z. B. um ein Treffen an einem bestimmten Ort oder um einen Anruf geht.

Aus diesem Grunde wird mit Hilfe der *Datenanalyse* versucht, das in Daten enthaltene Wissen zu finden. Die etablierte Technik hierfür war die *Statistik*, die allerdings nur mit kleineren Datenmengen umgehen konnte. Mit Hilfe von Computern wurden neue Verfahren im *Data Mining* und dem *Machine Learning* entwickelt, mit denen auch große Datenmengen verarbeitet werden können. Heute werden diese Techniken unter dem Begriff *Data Science* zusammengefasst.

Verschiedene Formate

Es gibt verschiedene Arten von Daten. Diese Daten können von Menschen oder von Computern erzeugt und verarbeitet werden. Meistens erkennt man die Art an der Endung der Datei: Urlaub1.jpg ist wohl ein Bild aus dem Urlaub im JPEG-Format und Party3.mp3 ist wohl Party-Musik im MP3-Format. Hier noch ein paar weitere Beispiele für Daten:

- Textdaten in natürlicher Sprache, wie z. B. Englisch oder Japanisch: *.txt
- Programmcode in der Programmiersprache Java: *.java

- Daten von Anwendungen und Apps: Textverarbeitung *.doc, Tabellen-Kalkulationen *.xls
- Audio: *.mp3, *.flac
- Fotos, Bilder, Zeichnungen, eingescannte Dokumente: *.png, *.jpg
- Video / Filme: *.mov, *.mkv
- Komprimierte Daten: *.zip, *.7z

Es gibt noch unzählige mehr. Jede dieser Dateien besteht technisch aus einer Reihe von Bytes, d.h. Zahlen von 0 bis 255 mit 8-Bit Speicherplatz. Wie diese Reihe von Bytes interpretiert wird, ist von App zu App unterschiedlich und muss von den Programmierern der App implementiert werden. Die gleiche Folge von Bytes hat für eine Textverarbeitung eine andere Bedeutung als für den MP3-Player. Das kann man leicht sehen, wenn man mal eine MP3-Datei mit der Textverarbeitung öffnet, aber vorher sicherheitshalber eine Kopie der Datei machen.

Verschiedene Verwendungszwecke

Man kann Daten anhand ihres Verwendungszwecks in die folgenden Gruppen einteilen:

- Anwendungs-Daten
- Operative-Daten
- Gesetzlich notwendige Daten

Anwendungs-Daten werden von den Anwendern selbst angelegt. Beispiele hierfür sind Dokumente für Textverarbeitungen, MP3-Dateien, Videos, usw.

Operative-Daten werden von der Anwendung oder dem Computersystem erzeugt und zur Fehleranalyse und Systemüberwachung (Monitoring) von System-Betreuern oder von Entwicklern zu Rate gezogen.

- Logging-Daten
- Transaktionen einer Datenbank
- Freier Platz im Speicher zu einem bestimmten Zeitpunkt
- Auslastung der CPU zu einem bestimmten Zeitpunkt

Die Systemüberwachung (Monitoring) bezieht sich auf das System, nicht auf die Benutzer. Es gibt Software-Systeme, die kritisch für das Funktionieren eines Unternehmens sind. Bei einem Online-Händler z. B. darf die Datenbank mit den Produkten und den Bestellungen nicht ausfallen. Beim Monitoring werden viele Parameter des Systems daraufhin überprüft, ob alles in Ordnung ist. Wie ist die Betriebstemperatur der CPUs? Wieviel Platz ist noch auf den Festplatten? Sind die Systeme überlastet?

Gesetzlich notwendige Daten müssen aufgrund gesetzlicher Anforderungen gespeichert werden. Die berühmtesten Auflagen und Regulierungen sind die folgenden [Cor11]:

- Sarbanes-Oxley Act für alle Unternehmen, die in an einer Börse in den USA gehandelt werden.
- Basel II und Basel III für Banken in der EU
- Umweltschutzauflagen der EU und der World Trade Organization

Basel III und Sarbanes-Oxley schreiben den Banken und Firmen explizit vor, welche Daten sie in welchen Reports wie oft abzuliefern haben. Diese Maßnahmen sollen den Finanzsektor sicherer vor Krisen machen. Wenn eine Regulierung neu eingeführt oder geändert wird, müssen die Unternehmen diese umsetzen und ihre bestehenden Systeme und Arbeitsabläufe ändern. Für Unternehmen und Organisationen bestimmen *Datenschutzauflagen* genau, welche Daten sie wie lange speichern müssen, dürfen, nicht dürfen, usw. Hier gibt es in unterschiedlichen Ländern unterschiedliche Vorgaben.

Verschiedene Arten

Man kann Daten auch anhand ihres Formats kategorisieren: *Textdaten* enthalten Texte in Sprachen. Das können natürliche Sprachen sein, wie Englisch oder Japanisch, oder formale Sprachen, wie z. B. Programmiersprachen. Unter *Binärdaten* versteht man Daten, die erst dekodiert werden müssen. Beispiele hierfür sind Audio-Dateien, Fotos, Bilder, Zeichnungen, eingescannte Dokumente, Videos und Filme.

Textdaten kann man wiederum danach unterscheiden, ob ein sog. „Datenmodell" dahinterliegt:

- *Strukturiert*: die Daten sind anhand eines Datenmodells formatiert
- *Semi-strukturiert*: es gibt kein explizites Datenmodell, aber dennoch erkennbare Struktur
- *Unstrukturiert*: es ist keine einfache Struktur erkennbar, wie z. B. ein Text in natürlicher Sprache

Strukturierte Daten

Strukturierte Daten hängen von einem Datenmodell ab. Das Standard-Beispiel für strukturierte Daten ist die Tabelle. Die Daten der drei „Planeten" aus Abschnitt 2.3 könnten in einer Tabelle folgendermaßen aussehen.

Id	Color	Mass	Positition	Velocity
1	blau	3	(2, 1)	(2, 0)
2	grau	4	(5, 3)	(0, 0)
3	rot	2	(9, 4)	(-1, -1)

Das Format der Daten wird durch das *Datenmodell*, den sog. *Metadaten* definiert. Ein Datenmodell gibt vor, wie die Daten auszusehen haben, welche Daten vorhanden sein müssen, welche optional sind, welches Format die Daten haben müssen (Zeichenkette oder Zahl). Ein Datenmodell bestimmt daher die zulässigen Datensätze. Das Datenmodell für die obige Tabelle ist:

- Color: String
- Mass: Integer (ein Integer ist ein positive oder negative ganze Zahl 0, 1, 2, …, -1, -2, …)
- Position: 2D-Vektor mit Integern im Format (Integer, Integer)
- Velocity: 2D-Vektor mit Integern im Format (Integer, Integer)

Metadaten sind eigentlich Daten über Daten. Wenn jetzt jemand Fremdes die obige Tabelle erhält, wüsste er ohne die Metadaten nicht genau, in welchem Format die Daten sind, welche Werte korrekt und welche falsch sind. Die Metadaten legen das Format der Daten fest (*Syntax*) und nicht die Bedeutung (*Semantik*). Was die Daten bedeuten, kann nur ein Mensch mit entsprechendem Fachwissen entscheiden.

CSV, JSON und XML

Für die Speicherung von Tabellen haben sich die folgenden drei Dateiformate etabliert: CSV, JSON und XML.

CSV steht für *Comma-seperated-values*, also für „durch Komma getrennte Werte". Das Komma wird leider sehr oft in Daten verwendet, wie z. B. bei den Vektoren in der obigen Tabelle. Daher wird oft das Semikolon als Trennzeichen verwendet: also „durch Semikolon getrennte Werte", wie z. B. in folgendem Beispiel:

```
blau;3;(4,1);(2,0)
```

Die einzelnen Werte „blau", „3", „(4,1)" und „(2,0)" werden durch ein Semikolon voneinander getrennt. Der Vorteil dieser Darstellung ist die knappe Ausdrucksweise und damit der geringe Speicherplatz. Allerdings werden die Metadaten hier nicht automatisch mitgeliefert, so dass CSV nur semi-strukturiert ist.

Die Programmiersprache *JavaScript* wird häufig in Web-Browsern eingesetzt, um die Webseiten dynamisch zu machen, den Seiten also „Leben einzuhauchen". Hier wird zum Speichern das *JSON*-Format verwendet („JavaScript Object Notation"), in der das Beispiel folgendermaßen aussieht:

```
{
  "color": "blau",
  "mass": 3,
  "position": "(4,1)",
  "velocity": "(2,0)"
}
```

Hier werden in jeder Zeile der Name des Attributs, ein Doppelpunkt und der Wert des Attributs aufgeschrieben. Bei JSON gibt es keinen automatischen Mechanismus, der sicherstellt, dass die Datensätze auch über alle vier Attribute „color", „mass", „position" und „velocity" verfügen und dass diese Attribute die richtigen Werte haben. Also nicht das als „mass" einfach „sehr groß" angegeben wird, denn es soll ja eine Zahl sein. Daher ist auch JSON semi-strukturiert.

Im Datenformat XML könnten die Daten folgendermaßen aussehen:

```
<circle>
  <color>blau</color>
  <mass>3</mass>
  <position>(2, 1)</position>
  <velocity>(2, 0)</velocity>
</circle>
```

Hier werden die Werte zwischen sog. *Tags* angegeben. Ein Tag hat einen Start-Tag <beispiel> und einen End-Tag </beispiel>. Bei XML gibt es eine Möglichkeit, die Metadaten explizit zu definieren (XML-Schema). Damit kann XML auch zu den strukturierten Datentypen gehören.

Unstrukturierte Daten

Bei *unstrukturierten Daten* liegt kein Datenmodell vor mit dem die Daten einfach erkannt werden können. Unstrukturierte Daten kann man weiter in zwei Gruppen aufteilen: sich wiederholende Daten und nicht wiederholend [IL14]. Ein Beispiel für sich wiederholende unstrukturierte Daten sind Log-

Meldungen eines Programms. Hier ist ein Auszug aus einem Start von Gephi aus Abschnitt 2.3:

```
[INFO] Heap memory usage: initial 64,0MB maximum
455,5MB
[INFO] Non heap memory usage: initial 2,4MB maximum
-1b
[INFO] Garbage collector: PS Scavenge
(Collections=8 Total time spent=0s)
[INFO] Garbage collector: PS MarkSweep
(Collections=2 Total time spent=0s)
[INFO] Classes: loaded=5729 total loaded=5729
unloaded 0
[INFO] INFO
[org.netbeans.core.ui.warmup.DiagnosticTask]: Total
memory 17.076.875.264
```

Dieses ist eine Mischung aus Struktur, wie bei dem Label INFO und dem Doppelpunkt, der in jeder Zeile vorhanden ist, und natürlicher Sprache.

Die Verarbeitung von Texten in natürlicher Sprache hat sich in den letzten Jahren stark verbessert. Die Sprachverarbeitung ist ein Teilbereich der Künstlichen Intelligenz und wird in Kapitel 8 behandelt.

6.2 Daten in der Praxis

Anwendungsdaten in der Telekommunikation

Mobilfunkunternehmen bieten oft unterschiedliche Tarif-Optionen an:

- Flat-Rate: alles inklusiv
- Eingeschränkte Anzahl: z. B. 50 SMS umsonst
- Eingeschränkte Zeitdauer: z. B. 2 Stunden pro Monat frei
- Ziele eingeschränkt: Anrufe ins eigene Netz frei, andere aber kostenpflichtig

Um am Ende des Monats die Rechnung erstellen zu können, muss sich das Mobilfunkunternehmen merken, wie sich der Kunde verhalten hat. Telekommunikationsunternehmen führen dazu eine Datenbank, in der jedes kostenpflichtige Ereignis eines Benutzers aufgezeichnet wird. Typischerweise werden in einem solchen Datensatz, dem sog. Call Detail Record (CDR), mindestens die folgenden Daten gespeichert:

1. Quelle (A-Teilnehmer)
2. Ziel (B-Teilnehmer)
3. Uhrzeit des Verbindungsbeginns in Sekunden
4. Dauer der Verbindung in Sekunden
5. Funkzelle (Cell-ID)
6. Zone des Ziels (bei Ferngesprächen)
7. International Mobile Equipment Identity (IMEI) des Quell-Geräts

Wenn Teilnehmer A den Teilnehmer B anruft, werden diese Daten aufgezeichnet und in einer Datenbank gespeichert. Diese Datenbanken unterliegen aufgrund von Datenschutzauflagen natürlich der Geheimhaltungspflicht und sind vom Internet aus durch Hacker nicht erreichbar.

Die Datensätze sehen dann in einer CSV-Datei auf dem Computer z. B. folgendermaßen aus ...

```
01790012345;040123456;121034;105;...
01790012345;0179123456;121402;30;...
01790012345;0300123456;165542;310;...
```

In diesen Daten sind drei Telefonate enthalten. Diese Daten heißen *Verbindungsdaten*[14]. Anhand dieser Datensätze wird dann am Monatsende ermittelt wie viele Anrufe ein Benutzer gemacht hat und wie lange diese insgesamt waren, d.h. die Gesamtdauer. Eine solche Rechnung heißt *Aggregation*. Man sagt auch, die Daten werden „hoch aggregiert". Man kann hier auf verschiedenen Niveaus aggregieren: pro Stunde, pro Tag, pro Woche, pro Monat, pro Jahr, usw. Dieses heißt das *Aggregationsniveau*. Diese aggregierten Daten werden dann zur Rechnungserstellung benutzt. Hierzu muss es allerdings auch eine Datenbank mit der Rechnungsanschrift und den Kontoinformationen geben.

Bei der Strafverfolgung von Kriminellen sind diese Verbindungsdaten nützlich, weil man alle Anrufe eines Verdächtigen ermitteln kann. Daher wurden Telekommunikationsunternehmen dazu angewiesen, diese Daten auf „Vorrat" zu speichern, falls die Polizei oder ein Geheimdienst diese Daten mal benötigen könnte. Diese *Vorratsdatenspeicherung* wird mit der Terrorismusbekämpfung begründet und ist sehr umstritten. Befürworter

---

[14] In den Medien wurden die Verbindungsdaten im Rahmen der NSA-Affäre um Edward Snowden öfters mal „Metadaten" genannt, was aber eigentlich nicht korrekt ist.

sagen, das die Vorratsdatenspeicherung bei der Aufklärung der Anschläge in Madrid 2004 einen wichtigen Beitrag geleistet hätte, Kritiker sehen das als *„Massenüberwachung"* [Shn15].

Problematisch sind an diesen Daten aber nur die Teile mit deren Hilfe man auf die beteiligten Personen zurückschließen kann, also die A- und die B-Nummer oder die IMEI des Mobiltelefons. Daher werden diese oft verschlüsselt.

Die restlichen Daten haben für das Telekommunikationsunternehmen einen immensen Wert. Denn es kann damit z. B. die Auslastung des Netzes berechnen und das Netzwerk optimieren. Welche Mobilfunkzellen werden wann und wie stark benutzt? Welche Zellen müssen verbessert und ausgebaut werden? Welche sind überflüssig? Auch für die Erforschung von Kundenwünschen sind diese Daten nützlich. Wie oft telefonieren sie? Welche Services werden genutzt? Gibt es Angebote, die sie nicht nutzen?

Fehlersuche mit Logging-Daten

Computersysteme laufen unbeaufsichtigt. Man kann nicht für jeden Computer einen Aufpasser haben. Auch sind Menschen nicht schnell genug, um mit einem Computer mitzukommen. Ein Webserver beantwortet tausende von Abfragen pro Sekunde.

Was passiert, wenn das System in einem Unternehmen sich nicht so verhält, wie es soll? Wenn ein Fehler auftritt, wenn es einen Bug hat? Stellen Sie sich vor, ein Kunde ruft an und sagt, ihr System hat sich vor einer halben Stunde nicht so verhalten, wie es sollte. Sie erhalten also einen „Bug-Report". Üblicherweise gibt es von diesen Bugs so viele, dass man ein eigenes Computersystem zu deren Verwaltung und Bearbeitung hat. Der Kundendienst gibt in dieses System dann den beschriebenen Fehler ein und versieht das „Ticket" mit einer Priorität. Manche Bugs sind so wichtig, dass die Entwickler alles stehen und liegen lassen und sich direkt um den Bug kümmern sollten. Andere sind allerdings nicht so wichtig, so dass ein Ticket ein paar Tage alt sein kann, wenn ein Entwickler es dann bearbeitet.

Jetzt sieht der Entwickler eine Fehlerbeschreibung wie „Am Mittwoch, den 13.10.2015 um 12:45 wollte der Kunde X seine Daten ändern und da passierte der folgende Fehler …".

Was tun? Das ist doch schon so lange her. Der Entwickler benötigt eine sog. *Historie*, in der er nachgucken kann, was zum angegebenen Zeitpunkt gerade los war. Aus diesem Grund hat jedes Computersystem ein Logging-System, mit dem die wichtigen Ereignisse aufgezeichnet werden [CSP12]. Diese Logging-Meldungen werden meistens in Dateien gespeichert. Hier ist ein Beispiel für eine solche Datei:

```
12:32:08.400 [DEBUG]
[org.gradle.process.internal.DefaultExecHandle]
Changing state to: STARTING
12:32:08.405 [DEBUG]
[org.gradle.process.internal.DefaultExecHandle]
Waiting until process started: command 'C:\Program
Files\Java\jdk1.8.0_65\bin\java.exe'.
12:32:08.411 [DEBUG]
[org.gradle.process.internal.DefaultExecHandle]
Changing state to: STARTED
12:32:08.418 [INFO]
[org.gradle.process.internal.DefaultExecHandle]
Successfully started process 'command 'C:\Program
Files\Java\jdk1.8.0_65\bin\java.exe''
12:32:08.418 [DEBUG]
[org.gradle.process.internal.ExecHandleRunner]
waiting until streams are handled...
```

Hier notiert sich das Programm den genauen Zeitpunkt in Millisekunden und was es da gemacht hat.

Der Entwickler, der die Ursache des Fehlers herausfinden will, muss die Log-Dateien durchgehen, den Zustand des Systems zum Zeitpunkt vor dem Fehler rekonstruieren und die Aktionen des Systems nachverfolgen, die zu dem Fehler geführt haben. Das ist nicht immer einfach. Manchmal sind hier tagelange Analysen und Recherchen notwendig, insbesondere bei komplizierten und umfangreichen Systemen.

In den Logging-Daten werden in der Regel keine Anwendungsdaten gespeichert. Wenn jemand in der Datenbank seine Adresse ändert, dann steht im Log „Habe den Datensatz mit der ID 123 geändert". Die Daten selber sind da nicht enthalten. Andernfalls wäre das eine große Sicherheitslücke.

Das Logging wird auch zur Überprüfung der Sicherheit eingesetzt. Betriebssysteme und Netzwerke protokollieren z. B. die Anmeldungen der Benutzer. Sog. *Intrusion Detection Systeme* analysieren diese Log-Dateien ständig und versuchen evtl. Einbrüche von Hackern zu verhindern oder diese jedenfalls so früh wie möglich zu entdecken und Alarm auszulösen.

Die Logging-Daten geben auch Auskunft darüber, welche Feature in einem Programm wie häufig genutzt werden. Software-Hersteller benutzen diese Daten, um ihre Programme zu verbessern.

Daten bei einer Internet-Plattform

Bei einer Internet-Anwendung ist es nicht immer einfach zu bestimmen, wo die Daten jetzt genau liegen. In der Regel liegen sie aber bei der Anwendungs-Firma auf dem Web- oder auf dem Datenbankserver. In der folgenden Abbildung ist eine Verbindung zu einer Web-Seite dargestellt. Der Benutzer A möchte die Seite `index.html` sehen. Der Browser verbindet sich über das Internet (dargestellt als Wolke) zum Webserver der Firma (Web-Server mit Weltkugel), dargestellt durch die grauen Pfeile. Der Web-Server sucht evtl. noch weitere Daten aus der Datenbank (Server mit „Tonne", denn Datenbanken werden oft als Tonne dargestellt) und schickt dann die fertige Webseite zurück an den Browser, dargestellt durch die gestrichelten Pfeile. Der Browser des Benutzers stellt die Seite dann dar.

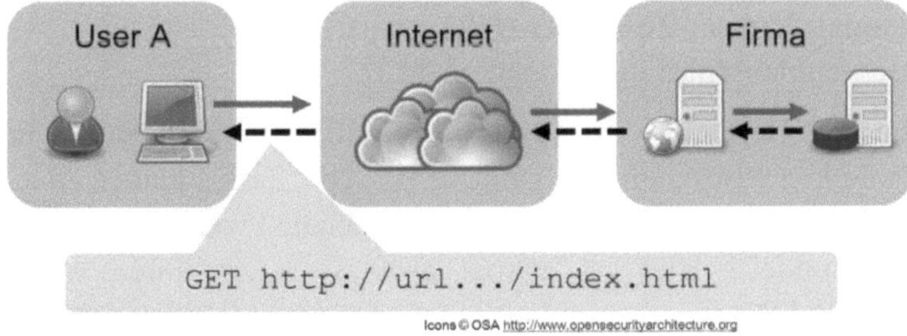

Icons © OSA http://www.opensecurityarchitecture.org

Die Daten befinden sich auf den Servern der Firma und werden durch das Internet geschickt. Während die Daten im Internet unterwegs sind, sind sie von allen „Mithörern" lesbar, wenn sie nicht verschlüsselt sind. Aus diesem Grund ist es wichtig, möglichst oft eine verschlüsselte Internetverbindung mit https zu verwenden.

Aber die eigentlichen Daten befinden sich auf den Rechnern der Firma. Es hängt dann von den Sicherheitsvorkehrungen der Firma ab, ob die Daten in der Datenbank und auf dem Webserver sicher sind. Diese Situation ist bei Diskussion um Facebook und Google zu berücksichtigen. Kritiker äußerten mal empört „was machen die mit meinen Daten?" Aber der Kritiker hatte „seine" Daten auf Rechnern des sozialen Netzwerks gespeichert. Waren es noch „seine"? Er hat die Infrastruktur des Dienstes benutzt. Daten, die man nicht teilen will, sollte man auch nicht in soziale Netze hochladen. Bei Cloud-

Speicher ist das hingegen anders: hier hat der Anbieter des Cloud-Speichers dafür zu sorgen, dass die Daten geheim bleiben.

Daten in Unternehmen

Arbeit wird heutzutage anhand von Daten und Prozessen organisiert. In modernen Fabriken wird jeder Fertigungsschritt in einer Datenbank festgehalten. Die Informationstechnik ist ein wichtiger Grundbaustein von Unternehmen. Unternehmen sind informationsverarbeitende Organismen. Typischerweise gibt es in Unternehmen die folgenden Bereiche [Dav14, Cor11]:

- Marketing: Vermarktung
- Vertrieb, Sales
- Manufacturing, Produktion
- Produktentwicklung, Product Development
- Einkauf, Purchasing
- Finanzierung, Finance
- Personal, Human Resources (HR)
- Unternehmensführung, Management

Jeder dieser Bereiche benötigt unterschiedliche Daten in evtl. unterschiedlichen Formaten. Es kann z. B. sein, dass Finance eine andere Definition für bestimmte Begriffe verwendet als die Produktion. Was ist z. B. ein „guter Kunde"? Hier ist es bei großen Unternehmen wichtig, die Definitionen und Daten zu vereinheitlichen, ein sog. *Metadaten-Management* und *Stammdaten-Management* einzuführen. Diese Daten enthalten einheitliche Definitionen, die für das gesamte Unternehmen gelten.

Die verschiedenen Bereiche eines Unternehmens sind Teilsysteme eines komplexen Systems, denn sie interagieren miteinander und bilden mehrere Netzwerke [Por85]. Um diese komplexen Beziehungen zu beschreiben haben sich die Begriffe *Lieferkette* („supply chain") und *Wertschöpfungskette* („value chain") etabliert. Leider ist der Begriff *„Kette"* nicht gut gewählt, denn eine Kette stellt man sich linear vor. Eine bessere Bezeichnung wäre Liefernetz oder Liefernetzwerk.

Die Lieferkette bzw. die Supply-Chain beschreibt die Prozesse und die Daten, die für die Herstellung und Auslieferung von Produkten erforderlich sind. Sie führt von den Rohstoffen und den Zulieferfirmen bis zu den Endkunden durch das gesamte Unternehmen. Die „Supply-Chain" ist eine wissenschaftliche

Version des Netzwerks, das in der Geschichte *„Ich, der Bleistift"* in Abschnitt 5.3 beschrieben wurde.

Viele Unternehmen modellieren nicht nur ihre Produktketten, sondern auch die Dienstleistungs-, Finanz- und Informationsketten [Por85, Cor11]. Bei der Wertschöpfungskette werden auch die Kosten berücksichtigt. Mit Hilfe von Wertschöpfungsketten können Unternehmen analysiert und ihre finanzielle Situation bewertet werden. Für die Optimierung von Prozessen sind solche Wertschöpfungsketten eine große Hilfe.

Für die Datenverarbeitung in Unternehmen haben sich traditionellerweise unterschiedliche Computersysteme entwickelt:

- Supply Chain Management (SCM)
- Customer-Relationship Management (CRM)
- Enterprise Resource Planing (ERP) für Produktentwicklung, Produktion und Inventar

Das Supply Chain Management dient zur computerunterstützen Verwaltung der Lieferketten. Customer-Relationship Management ist die moderne Kundenverwaltung und -pflege. Mit dem Enterprise Resource Planing (ERP) werden die Ressourcen des Unternehmens „gemanaged", also eine Art modernes Inventar.

Supply-Chain

Der Einsatz von neuer Technologie muss sich für ein gewinnorientiertes Unternehmen finanziell lohnen, d.h. mehr einbringen als die Anschaffung kostet. Daher werden neue Technologien in der Regel zuerst in kostenintensiven Industrien eingesetzt, wie z. B. dem Automobilbau.

Der Mensch hat immer versucht, die Herstellung von Waren zu verbessern. Die heutige Massenherstellung von Waren wurde 1904 von Henry Ford begonnen. Seit dieser Zeit hat man nach Techniken gesucht, die Produktion zu optimieren, d.h. bessere Waren mit weniger Einsatz von Ressourcen und Arbeit herzustellen. Die Forschung zur Verbesserung der „Produktivität" eines Unternehmens war aber eher „ad hoc", also nicht systematisch und methodisch. Das änderte in den 80er-Jahren als die „Supply Chain" eingeführt wurde. Daraufhin begann ein regelrechter Supply-Chain-Boom. Man hatte endlich ein konzeptuelles Werkzeug, mit dem man die Prozesse in den Organisationen ausdrücken konnte [Por85, Cor11]. Das „Denken in Netzwerken" wurde auf Unternehmen angewendet. Das Management der

Supply-Chain ist ein Mittel, um ein Unternehmen zu optimieren, effizienter zu werden und Kosten zu reduzieren.

Heutzutage werden die Supply-Chains auch zwischen den Unternehmen ausgetauscht bzw. gegenseitig ergänzt. Ein Automobilproduzent hat meistens sehr viele Zulieferfirmen. Durch die Kombination der eigenen Supply-Chain mit denen der Zulieferfirmen ist es vielen Automobilproduzenten gelungen, die Lagerzeiten möglichst kurz zu halten und „on-demand" neue Lieferungen zu erhalten. Mit den sog. „demand-driven supply networks" ist es heutzutage sogar möglich, Produkte zu „customizen" und in sehr vielen Varianten anzubieten. Heutzutage kann man sich sein persönliches Auto zusammenstellen, weil die Hersteller durch die Verbesserung der Supply-Chain flexibler geworden sind.

Marketing als Wissenschaft
Die Marketing-Abteilung hat u. a. die folgenden Fragen zu beantworten [Cor11].

- *Kunden*: Wer sind die Kunden? Was interessiert sie? Welche Produkte würden sie kaufen? Was würden sie dafür ausgeben? Was stört sie an ihren gekauften Produkten?
- *Konkurrenten*: Was macht die Konkurrenz? Welche Produkte bietet sie für welchen Preis? Was für Produkte sind geplant?
- *Märkte und deren Regulierung*: Wie sieht die allgemeine wirtschaftliche Lage aus? Werden die Produkte als umweltschädigend gesehen? Welche Maßnahmen sind für Umweltschutz und Recycling notwendig?

Die Unsicherheit (Entropie) der Abteilung ist hoch und daher benötigt sie Informationen, um die Unsicherheit zu reduzieren. Hierzu ist sie auf Daten in hoher Qualität angewiesen. Marketing ist zu einer statistischen Wissenschaft geworden. Die Kundendaten können aus dem CRM übernommen werden. Informationen über Konkurrenten, Märkte oder Haushalte werden oft hinzugekauft. Die vorhandenen Daten werden vom Marketing genauestens untersucht, um Wissen über die Marktsituation des Unternehmens zu gewinnen. Je mehr Informationen ein Unternehmen in diesem Bereich hat, desto kleiner ist die Unsicherheit und desto größer die Wahrscheinlichkeit, dass man die richtigen Entscheidungen trifft und den Kunden die richtigen Produkte anbietet.

Verkauf

Die Verkaufs-Abteilung muss u. a. die folgenden Aufgaben erfüllen [Cor11].

- *Reporting*: Erstellung von Berichten über die Verkäufe für das Management
- *Sales Tracking*: Anzahl der Verkäufe, wie gut Produkte im Markt aufgenommen werden
- *Trade Promotion*: die eigenen Produkte bewerben, z. B. in Supermärkten durch Aufbau eines speziellen Stands oder Werbeaktionen
- *Markenwert*: den Ruf der Produkte und des Unternehmens untersuchen
- Ausgaben für die Werbung und das Marketing bestimmen

Hier sind die Daten zur Analyse oft noch schwieriger zu beschaffen als beim Marketing, weil sie z. B. vor Ort in den Supermärkten anfallen, nicht in einer Datenbank vorhanden sind und nicht zugekauft werden können. Die Daten sind auch sehr unterschiedlich, fallen in hohen Mengen an und benötigen das Internet. Oft werden die Daten auch möglichst zeitnah benötigt, also muss die Verarbeitung möglichst schnell erfolgen. Das ist ein typischer Anwendungsfall für „Big Data", das in Abschnitt 6.6 beschrieben wird. Mit der Industrie 4.0 und dem Internet der Dinge wird sich hier noch viel ändern. Das Internet der Dinge wird später in Kapitel 10 behandelt.

Prozesse als Daten: BPM

Ein Prozess ist ein Ablauf in der Zeit. Man kann Prozesse dokumentieren, in dem man für jeden Zeitschritt aufschreibt, was man gerade tut. Das bekannteste Beispiel ist wohl das Tagebuch bzw. der Blog. Menschen schreiben täglich auf, was ihnen durch den Kopf geht. Damit kann man auch Jahre später nachlesen, wie es einem ging, an was man dachte, welche Musik man hörte usw. Man hat sein Leben in Daten festgehalten. Man hat ein „Gedächtnis". In vielen industriellen Prozessen ist es auch wichtig, ein „Gedächtnis" zu haben. Denn viele Produktionsprozesse in der Industrie werden nicht von Menschen überwacht und auch die Prozesse auf Computern laufen automatisch.

Wie kann man aber diese Prozesse selber beschreiben? Oder speichern? Wie kann man die Abläufe in einer Fabrik dokumentieren und evtl. verbessern?

Hier haben sich Prozess-Modellierungs-Werkzeuge und Prozess-Modellierungs-Sprachen etabliert. Ein Beispiel ist *„Business Process Model* *and Notation"* (*BPMN*). Mit dieser „Sprache" können wirtschaftliche Prozesse dargestellt und sogar automatisch ausgeführt werden, sofern eine Ablaufsteuerung vorhanden ist. Man bekommt hierdurch „programmierbare" Fabriken. In der folgenden Abbildung ist ein einfaches Beispiel für ein BPMN-Diagramm dargestellt[15]:

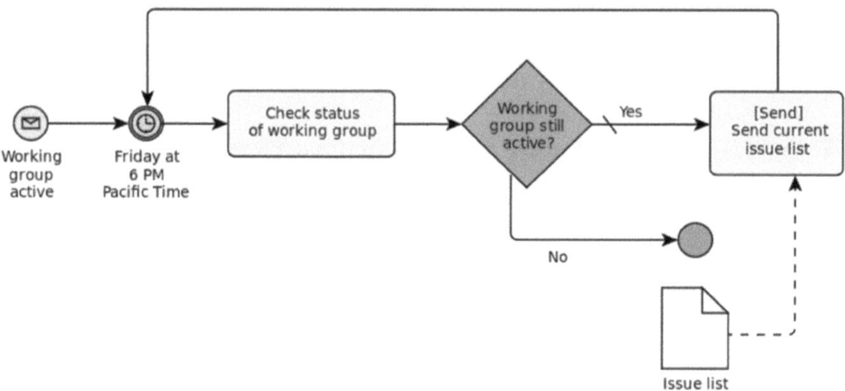

Ein BPMN-Diagramm ist ein Netzwerk, also ein Graph. Die Knoten können unterschiedliche Typen haben:

- Ereignisse („events"): runde Kreise
- Aktivitäten („activity"): gelbe Rechtecke
- Gateway: Rauten

Die Kanten haben ebenfalls unterschiedliche Typen:

- Sequenz: durchgezogene Linie
- Nachricht: gestrichelte Linie
- Assoziation (nicht in der Abbildung vorhanden)

Im obigen Diagramm wird jeden Freitagabend um 18 Uhr eine Email versendet, solange die Arbeitsgruppe aktiv ist. Diese Diagramme können in einem Unternehmen natürlich sehr umfangreich und komplex werden.

Unter *„Prozessorientierung"* versteht man, dass ein Unternehmen in solchen „Prozessen" denkt. Viele Unternehmen sind in den letzten 15 Jahren auf eine „prozessorientierte" Sicht auf ihr Unternehmen umgestiegen. Die Verwaltung

---

[15] Siehe https://en.wikipedia.org/wiki/File:BPMN-AProcesswithNormalFlow.svg

dieser Prozesse wird *„Business Process Management"* (BPM) genannt [Dav14].

6.3 Datenbanken

Verschiedene Arten von Datenbanken

Wenn Daten dauerhaft aufbewahrt werden sollen, dann müssen sie in einer Datenbank oder als Datei gespeichert werden. Im Laufe der Zeit wurden verschiedene Arten von Datenbanken entwickelt [SF12]:

- Relational (RDBMS)
- Key-Value
- Dokumentenorientiert
- Graph-basiert

Jede Art hat verschiedene Vor- und Nachteile. Welche man benutzt hängt einerseits von der Art der Daten aber auch vom Verwendungszweck und den Anforderungen des Systems ab. Zum Beispiel gehen in einem Online-Store viele Leute gleichzeitig einkaufen. Die Verkaufsabwicklung sollte möglichst schnell sein. Somit muss die Bestellung schnell in der Datenbank gespeichert werden. Wenn das Marketing dieses Online-Stores aber für eine Analyse z. B. die Anzahl der verkauften Turnschuhe im letzten Monat pro PLZ-Gebiet berechnen möchte, weil eine neue Verkaufsstrategie geplant wird, dann kann das evtl. schon ein paar Sekunden dauern und es wird ein großer Teil der Datenbank „durchwühlt". Das könnte die Datenbank wiederum langsam machen und dann würden die obigen Verkäufe länger dauern und die Kunden würden nicht mehr einkaufen können.

Welchen Typ einer Datenbank man einsetzt, muss daher von Fall zu Fall entschieden werden.

Relational

Die *relationalen Datenbanken* werden seit den 80ern Jahren entwickelt. Sie waren lange Jahre der Standard. Mit ihnen werden die Daten in Tabellenform gespeichert. Zur genauen Definition der Abfragen und Operationen wird die mathematischen Theorie der Relationen benutzt, daher der Name. Eine Tabelle besteht aus Zeilen und Spalten. Eine Zeile wird auch als Datensatz bezeichnet. Hier z. B. ist die Tabelle aus Abschnitt 2.3 mit den drei „Planeten"[16].

Id	Color	Mass	Positition	Velocity
1	blau	3	(2, 1)	(2, 0)
2	grau	4	(5, 3)	(0, 0)
3	rot	2	(9, 4)	(-1, -1)

Zur Interaktion mit dem RDBMS wurde die „Structured Query Language" (SQL) entwickelt [Dat13]. Hier gibt es Abfragen, mit der man Daten aus einer Tabelle auslesen kann. Die folgende Abfrage ermittelt die Position und die Velocity des grauen Kreises.

```
SELECT position, velocity FROM kreise WHERE color =
'grau';
```

Es gibt auch einen Befehl zum Ändern von Daten.

```
UPDATE kreise SET position = position + velocity;
```

Und zum Einfügen von neuen Zeilen.

```
INSERT INTO kreise VALUES (4, 'orange', 3, (0,0),
(1, 1));
```

Wie ist das bei gleichzeitigen Änderungen von mehreren Benutzern? Was passiert, wenn zwei Benutzer den gleichen Datensatz ändern wollen? Hierzu wurde das sogenannte *ACID-Prinzip* erfunden. Die Basis dieses Prinzips ist die sog. *Transaktion*. Damit ist garantiert, dass Änderungen nacheinander durchgeführt werden und die Datenbank in einem „ordentlichem" Zustand bleibt.

Jetzt können nicht alle Daten in einer Tabelle oder in einer Datei sein. Die folgende Tabelle hat die gleiche Struktur wie die vorherige, aber unterschiedliche Datensätze. Diese beiden Tabellen können einfach aneinandergehängt werden („append", „konkateniert").

---

[16] Diese Darstellung ist ein wenig vereinfacht, weil es die Vektoren (2,1), (2, 0) in SQL so direkt nicht gibt.

Id	Color	Mass	Positition	Velocity
1	orange	2	(0,3)	(1,0)
2	purple	3	(-2, 0)	(-1, 1)

Um Daten mit unterschiedlicher Struktur zu verbinden, benötigt man mindestens eine Spalte, mit der man die Datensätze verbinden kann. Die folgende Tabelle heiße „rgbs".

Id	Color	RGB
1	blau	#0000FF
2	grau	#888888
3	rot	#FF0000

Dann kann man die erste Tabelle mit dieser anhand der Spalte „Color" verbinden. Diese Verbindung wird als *„Join"* bezeichnet.

```
SELECT kreise.color, kreise.mass, b.rgb FROM
kreise, rgbs WHERE kreise.color = rgbs.color;
```

Das Ergebnis ist die folgende Tabelle:

Color	Mass	RGB
blau	3	#0000FF
grau	4	#888888
rot	2	#FF0000

Mit einem *„Join"* kann man also mehrere Tabellen zusammenfügen.

Um Daten in einer relationalen Datenbank speichern zu können, muss man also alles in Tabellen anordnen, die man evtl. miteinander „joinen" kann. Relationale Datenbanken funktionieren am besten, wenn die Daten in einer sog. *Normalform* sind [SF12, Dat13]. Das ist für den Anwender der Datenbank nicht immer praktisch, weil sich z. B. Graphen und Netzwerke nicht immer gut in Tabellen zwängen lassen. Für den Entwickler der Datenbank war es aber einfach, weil eine relationale Datenbank einfach zu implementieren ist.

Bei den heutigen großen Mengen von Daten kann man Datenbanken nicht mehr auf einem einzigen Rechner betreiben, sondern möchte ein sog. *verteiltes System* benutzen. Ein verteiltes System besteht aus mehreren Computern, die zusammen ein einzelnes System bilden. Diese Verteilung ist aber mit dem ACID-Prinzip nicht vereinbar. Das ACID-Prinzip garantiert, dass gleichzeitige Transaktionen von verschiedenen Benutzern immer ordentlich ablaufen, d.h. „konsistent" sind. Wenn jetzt auch noch mehrere Computer im Spiel sind, geht das nicht mehr. Eine Datenbank kann nicht gleichzeitig konsistent, hochverfügbar und verteilt sein. Diese Erkenntnis wird das *CAP-Theorem* genannt [SF12, CM16].

Diese Einschränkungen haben zu der Entwicklung von anderen Typen von Datenbanken geführt, die oft auch als *NoSQL*-Datenbanken bezeichnet werden.

Key-Value

Für manche Anwendungsgebiete sind Tabellen viel zu kompliziert. Man braucht nur eine Art Notizzettel auf dem man sich schnell mal ein paar Werte notiert. Diese Anforderung erfüllen die *Key-Value-Datenbanken*. Ein Key-Value-Store verfügt im wesentlich nur über eine PUT-Methode, mit der neue Daten geschrieben werden können und eine GET-Methode, mit der Daten gelesen werden können. In der folgenden Beispielsession werden die Daten eines der drei „Planeten" geschrieben.

```
C:\>bin\voldemort-shell.bat test
tcp://localhost:6789
Established connection to test via
tcp://localhost:6789
> put "u:color" "blau"
> put "u:mass" "3"
> put "u:position" "(2, 1)"
> put "u:velocity" "(2,0)"
> get "u:color"
version(0:1) ts:1447771236296: "blau"
> []
```

Zuerst werden die Daten mit „put" geschrieben und mit „get" wird die Farbe ermittelt. Sehr simpel und rudimentär, aber dafür ist die

Verarbeitungsgeschwindigkeit sehr viel höher als bei einer relationalen Datenbank. Im Beispiel wird *Project Voldemort* verwendet[17].

Dokumentenorientiert

Für andere Anwendungen wiederum sind Tabellen zu simpel. Dieses betrifft insbesondere Daten, die „ineinander geschachtelt" sind. Viele Daten befinden sich bereits im JSON- und XML-Format. Da wäre es doch praktisch diese Dokumente direkt zu speichern ohne sie in eine Tabellenform zu überführen. In Abschnitt 6.2 hatten wir schon ein einfaches Beispiel in JSON gesehen. In der Realität sind JSON-Dokumente aber „geschachtelt": ein Attribut kann wiederrum ein komplexes JSON-Dokument als Element haben. Da wäre es kontraproduktiv diese Daten in Tabellen „quetschen" zu wollen.

Wir hatten bei den Daten in JSON ein bisschen gemogelt, den die Position und die Velocity hatten wir als Zeichenketten „(4,1)" und „(2,0)" gespeichert. Der Computer denkt es wäre Text und weiß nicht, dass es sich um einen Vektor handelt.

```
{"color":"blau","mass":3,"position":"(4,1)","veloci
ty":"(2,0)"}
```

Das können wir ändern, in dem wir jetzt mit den geschweiften Klammern ein „Unterdokument" einfügen:

```
{
    "color": "blau",
    "mass": 3,
    "position": { "x": 4, "y": 1 },
    "velocity": { "x": 2, "y": 9 }
}
```

Nach „positition" folgt ein „Unterdokument", das wiederum die Attribute „x" und „y" enthält.

Als Datenbank verwenden wir *Apache CouchDB[18]*. Das Low-Level-API ist HTTP und das Einfügen eines Kreises geschieht folgendermaßen auf der Kommandozeile:

---

[17] http://www.project-voldemort.com
[18] http://couchdb.apache.org/

```
curl -H 'Content-type: application/json' -X POST
http://127.0.0.1:5984/model -d '{ "color": "blau",
"mass": 3, "position": { "x": 2, "y": 1 },
"velocity": { "x": 2, "y": 0 } }'
```

Das sieht komplizierter aus, als es ist: mit $-$H wird der Inhalt des Dokuments angegeben, in diesem Fall ist es „application/json", mit $-$X wird gesagt, dass die Nachricht gespeichert werden soll „POST" und das Dokument selber wird mit $-$d angegeben. Aber es gibt auch eine Web-Oberfläche. Die Abfrage von CouchDB geschieht anhand des *MapReduce*-Frameworks. In folgendem Screenshot wird das Ergebnis einer Beispielsabfrage gezeigt.

Die Abfrage-Funktion ist im oberen Fenster links in JavaScript angegeben. Unten in den gelb unterlegten Fenstern sind die drei Kugeln in der Antwort zu sehen. Man kann also direkt auf die x- und y-Koordinaten der geschachtelten Elemente zugreifen mit „doc.position.x" bzw. „doc.velocity.y".

Graph-basiert

Auch Graphen lassen sich nur schlecht mit relationalen Datenbanken verarbeiten. Man müsste eine Tabelle für die Knoten und eine Tabelle für die Kanten haben. Hier sind sehr viele Joins notwendig. Daher wurden in den letzten Jahren Graph-Datenbanken entwickelt. Dieses stellen höhere Anforderungen an die Rechenkapazität und den Speicher, benötigen also neuere Rechner, sind aber wesentlich einfacher zu programmieren.

Wir verwenden die Graph-Datenbank *Neo4J*[19] von der es eine „Community-Edition" gibt, die jeder verwenden kann. Als Beispiel verwenden wir das Beispiel für ein soziales Netz aus Abschnitt 2.3, das die Personen Anton, Berta, Charlie und Dennis und die Städte Berlin und Köln enthält. Die Sprache von Neo4J heißt *Cypher* und den Graphen kann man mit dem folgenden Statement erstellen.

```
CREATE
    (A:Person {name: 'Anton'}),
    (B:Person {name: 'Berta'}),
    (C:Person {name: 'Charlie'}),
    (D:Person {name: 'Dennis'}),
    (K:Stadt {name: 'Köln'}),
    (Be:Stadt {name: 'Berlin'}),
    (A)-[:KNOWS]->(B),
    (A)-[:KNOWS]->(C),
    (B)-[:KNOWS]->(A),
    (B)-[:KNOWS]->(C),
    (B)-[:KNOWS]->(D),
    (C)-[:KNOWS]->(A),
    (C)-[:KNOWS]->(B),
    (D)-[:KNOWS]->(B),
    (A)-[:LIVES_IN]->(K)-[:LIVES_IN]->(A),
    (C)-[:LIVES_IN]->(K)-[:LIVES_IN]->(C),
    (B)-[:LIVES_IN]->(Be)-[:LIVES_IN]->(B)
```

In den ersten Zeilen werden die Knoten angelegt. Die Knoten haben zwei verschiedene Typen Person und Stadt. Daraufhin werden die Knoten mit Kanten verbunden nach dem Schema (Quelle)-[Kantentyp]->(Ziel).

Auch Neo4J verfügt über eine Web-Oberfläche, die den Graphen automatisch zeichnen kann.

---

[19] http://neo4j.com

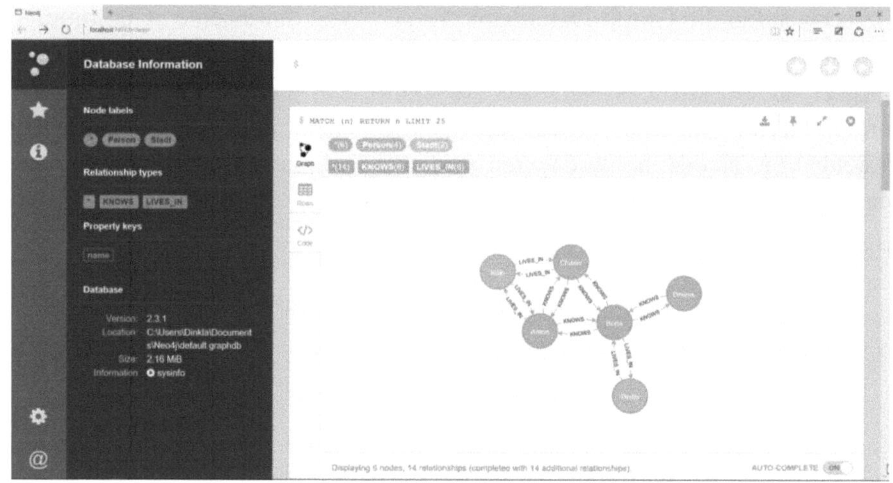

Die Abfrage geschieht ein wenig anders als bei SQL. Hier muss man eine neue Abfragesprache lernen. Die benutzte Abfrage ...

```
MATCH (n) RETURN n LIMIT 25
```

... gibt einfach die ersten 25 Knoten und ihre Kanten zurück. Man kann auch anhand eines Attributs wie dem Namen suchen.

```
MATCH (p:Person) WHERE p.name = 'Berta' RETURN p
```

Diese Abfrage gibt nur den einen Knoten für Berta zurück.

Die folgende Abfrage gibt alle Personen zurück, die Anton kennt, nämlich Berta und Charlie:

```
MATCH (p:Person)-[:KNOWS]->(q) WHERE p.name =
'Anton' RETURN q
```

Man kann auch kompliziertere Abfragen stellen, wie z. B. „Wer kennt jemanden in Köln?"

```
MATCH (k:Stadt { name: "Köln"}), p-[:KNOWS]->(q)-
[:LIVES_IN]->(k) RETURN p,q
```

Wer sich weiter mit Graph-Datenbanken beschäftigen möchte, dem sei das Buch *„Graph Databases"* von Ian Robinson et al. empfohlen [RWE15].

6.4 Das Data-Warehouse

Im Abschnitt 6.2 wurde erklärt, dass es verschiedene Systeme für die unterschiedlichen Abteilungen in den Unternehmen gibt: CRM, SCM, ERP.

Für ein Unternehmen ist es aber wichtig, dass es einen zentralen Punkt gibt, an dem alle wichtigen Daten einheitlich gespeichert werden:

- Daten müssen konsistent sein: gleiche Bezeichnungen, Taxonomien und Definitionen
- Ein Ort der Wahrheit: wenn mehrere Datenbanken vorhanden sind und sich Werte unterscheiden, hat das Unternehmen ein Problem.

Daher ist es in Unternehmen wichtig, eine Datenbank zu haben, in der alle für das Unternehmen wichtige Daten vorhanden sind. Diese Datenbank wird *Data-Warehouse* (DWH) genannt. Das Data-Warehouse ist das Zentralorgan eines Unternehmens. Hier befinden sich Informationen zum Zustand des Unternehmens von allen Unternehmensbereichen. Hierzu müssen die Daten aus den einzelnen Systemen, CRM, ERP, usw. in das DWH importiert werden. In der folgenden Abbildung ist der Befüllungsprozess des Data-Warehouse (DWH) vereinfacht abgebildet:

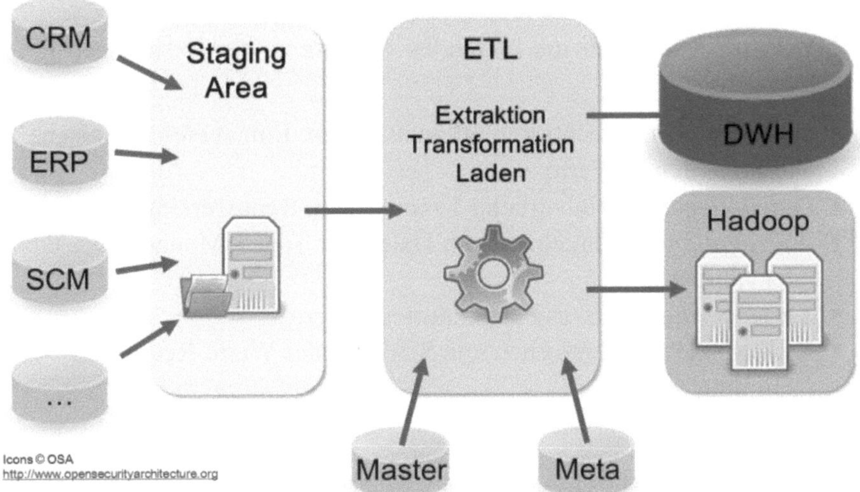

In der Realität gibt es meistens sehr viel mehr als nur die drei im Diagramm dargestellten Systeme: CRM, ERP und SCM. In großen Firmen sind es hunderte bis tausende. Der Grund liegt in den vielen verschiedenen Anwendungen, Web-Services und Micro-Services, die in einem Unternehmen eingesetzt werden. Die meisten von diesen Diensten werden ein eigenes Datenformat haben und unterschiedliche Standards befolgen. Speicherort der Daten ist bei einem Data Warehouse meistens eine relationale Datenbank oder ein verteiltes Dateisystem mit Hadoop. Der Vorteil von

Hadoop ist, dass es auch semi-strukturierte und unstrukturierte Daten speichern kann [Dav14].

Wichtig für die Einheitlichkeit des Reportings sind unternehmensweite Stammdaten („master data"). Hier werden alle im Unternehmen benutze Definitionen und Taxonomien gepflegt. Die Metadaten definierten das Format, den Datentyp und den Inhalt der Daten, d.h. der Tabellen und Dateien. Manchmal werden auch die ETL-Prozesse selber als Metadaten gespeichert. Dass ist zur Analyse der Herkunft („provenance", „lineage") der Daten wichtig. Denn falls im DWH fehlerhafte Daten entdeckt werden, ist es wichtig, den Fehler in die Quellsysteme zurückverfolgen zu können, um den Fehler dort zu beheben. Da Informationen ein wichtiges Gut in einem Unternehmen sind, ist es auch wichtig, sich über die Qualität und über die Vertrauenswürdigkeit der Daten im Klaren zu sein. Ein großer Teil der Arbeit an einem DWH liegt darin, die Daten aneinander anzupassen und die Qualität sicherzustellen. Es gibt hier das Sprichwort „Garbage in, garbage out" [IL14, CM16].

Im ETL-Prozess sind hier die folgenden Schritte zu berücksichtigen [IL14, Ols02]:

- *Datenintegration*: Entferne Inkonsistenzen, Eingabefehler, falsche Werte, fehlende Werte
- *Datenpflege*: Vereinheitliche Taxonomien, Benutzereingaben
- *Aggregation*: Hochrechnen von Daten auf Tages, Monats, Quartals oder Jahresebene
- *Anreicherung*: Z. B. mit zugekauften Daten
- *Komprimierung*: Entfernen von Spalten oder Werte-Reduktion („Binning")
- Aktualisierung der Metadaten

6.5 Business Intelligence

Das DWH ist die Grundlage für alle Informationen im Unternehmen. Die Analyse der Daten ist für Unternehmen sehr wichtig, so dass manche Unternehmen inzwischen einen Chief Analytics Officer (CAO) haben, der für die Datenanalyse zuständig ist [Dav14, IL14]. Hierbei ist zu berücksichtigen, dass jede Unternehmensabteilung eine unterschiedliche Sicht auf die Daten hat, sie anders interpretiert. Die Finanzabteilung eines Telekommunikationsunternehmens wird eine andere Sicht auf die technische Infrastruktur haben, weil sie sich nur für die Kosten interessiert. Die technische Abteilung aber interessiert sich für die Details, welche technische Standards die Geräte implementieren, usw. Aus diesem Grund gibt es sogenannte *„Data Marts"* , die spezifisch für jede Abteilung sind. In der folgenden Abbildung sind als Beispiel zwei Data Marts für Sales und Marketing abgebildet.

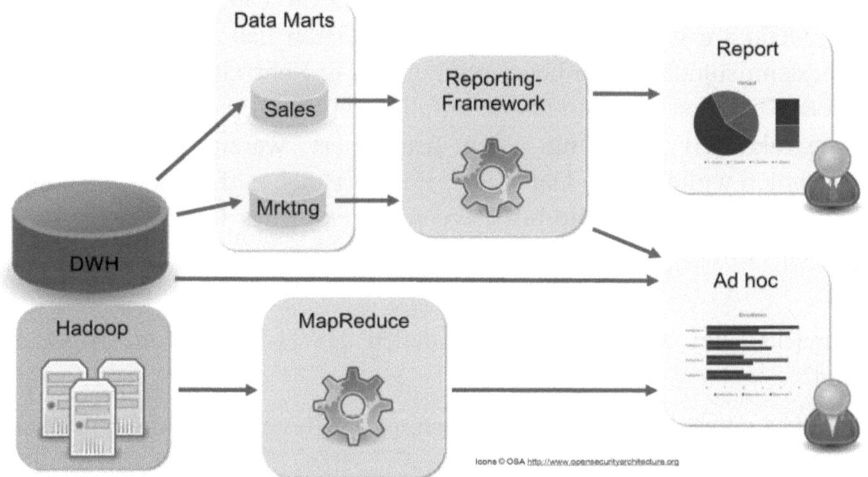

Das DWH, die Data Marts und oft auch Hadoop dienen als Grundlage für die „Konsumenten" des DWHs. Es gibt unterschiedliche Arten von Nutzern: Das Management möchte über den Status des Unternehmens informiert werden. Hier gibt es meistens vorgefertigte Berichte („reports") mit Key-Performance-Indikatoren (KPIs), die nur abgerufen werden müssen oder zu gewissen Zeiten automatisch erstellt und per Email zugesendet werden. Die Produktentwickler und die Data Scientists hingegen, suchen in den Daten nach neuen Erkenntnissen oder nach Möglichkeiten, neue Reports zu erstellen.

Die Aufgaben sind also (stark vereinfacht) zusammengefasst:

- Reporting und Berichtswesen
- Datenanalyse: Ad hoc Abfragen, Dashboards
- Data Science, Data Mining
- Daten-Exploration: Erkundung der Daten, was gibt es denn eigentlich? Was könnte man machen?
- Visualisierung von Daten

Wie man sieht, ist das „Intelligence" in „Business Intelligence" nicht unbedingt mit der deutschen "Intelligenz" also „Klugheit" zu übersetzen, sondern eher mit „Informationssammlung", wie bei der amerikanischen „Central Intelligence Agency" (CIA).

6.6 Big Data

Wie das mit vielen technischen Entwicklungen so ist, steigen mit dem Fortschritt auch die Ansprüche. Während früher die Unternehmen zufrieden waren, wenn sie wöchentlich die aktuellen Daten hatten, musste es dann täglich, dann stündlich und heute am liebsten in Echtzeit sein. Auch wurde ein großer Teil der in der Industrie anfallenden Daten nicht analysiert, weil sie unstrukturiert oder nur semi-strukturiert waren [Dav14]. Viele Unternehmen wollen diese Daten aber im DWH haben. Die Ansprüche sind gestiegen und man muss die bisherige Architektur des Data-Warehouse an die neuen Anforderungen anpassen. Und diese neue Technik heißt „Big Data".

Was macht jetzt aus einem traditionellen DWH-System ein Big-Data-System?

Hier gibt es unterschiedliche Meinungen, in der Regel aber hat man sich auf die 3 V's geeinigt [Dav14, CM16, Kri13]:

- *Volume* (Volumen): Die Menge an Daten muss so groß sein, dass sie nicht mehr auf einem einzelnen Rechner verarbeitet werden kann.
- *Variety* (Abwechslung): Die Daten müssen unterschiedliche Formate haben, also semi-strukturiert bzw. unstrukturiert sein.
- *Velocity* (Geschwindigkeit): Eine sofortige Verarbeitung ist wünschenswert.

Diese neuen „V"-Anforderungen erfordern jedoch meistens Änderungen am Aufbau des DWH, der ETL-Prozesse und am Betrieb.

Die erste Anforderung *„Volume"* führte zur Benutzung von verteilten Systemen. Denn die Daten wurden zu groß, um sie auf nur einem Server zu verarbeiten. Man musste die Daten und die Berechnungen auf mehrere Server verteilen.

Die zweite Anforderung *„Variety"* kann unter Umständen hohen Arbeitsaufwand und damit hohe Kosten bedeuten. Semi-Strukturierte Daten können sehr schlecht zu analysieren sein. Audio-Daten müssen in Textform umgewandelt werden. Die automatisierte Erkennung von Videos ist noch nicht weit genug entwickelt. Texte in natürlicher Sprache erfordern ein NLP-Verarbeitung. Die letzten beiden Techniken sind zum jetzigen Zeitpunkt oft

128

noch Forschungsgegenstand und (noch) nicht immer automatisierbar. Eine ordentliche Integration in ein bestehendes DWH erfordert auch Datensäuberungen, Anpassungen an die Stammdaten usw.

Das dritte „V", die „*Velocity*", soll dazu dienen, dass die Daten möglichst schnell analysiert werden können. Dazu ist allerdings manchmal das bisherige DWH zu erweitern und z. B. ein „*Speed Layer*" in der sog. Lambda-Architektur einzuführen [MW15]. Man braucht jetzt eine kontinuierliche Verarbeitung der Daten.

Big Data ist also eine Technik mit der mehr Daten und unstrukturierte Daten in einer höheren Geschwindigkeit als vorher verarbeitet werden können. Das klingt auf der einen Seite einfach, ist aber auf der technischen Seite schon kompliziert.

Jetzt gibt es aber sehr viele Bücher, die vor den Gefahren von Big Data warnen. Wo ist denn jetzt die Gefahr? Big Data an sich ist genauso ungefährlich wie eine Datenbank an sich. Mögliche Gefahren liegen darin, wer diese Technik zu welchem Zweck einsetzt.

7. Data Science: Daten zu Wissen

7.1 Einführendes Beispiel

Data Science ist eine Sammlung von Methoden, mit denen das in Daten versteckte Wissen entdeckt werden kann. Als Beispiel versetzen wir uns in eine Firma, die ein neues Produkt veröffentlicht hat und noch nicht weiß, wer die Kunden sind. Leider hatte das Marketing verschlafen, die möglichen Kundensegmente vor der Produkteinführung zu ermitteln. Die Firma möchte jetzt wissen, wer die Kunden sind. Dazu hat die Firma in einem Supermarkt die folgenden Daten gesammelt:

Alter	Tageszeit	Einkaufswagen	Wetter	Produkt Gekauft
RENTNER	VORMITTAG	MITTEL	BEWÖLKT	NEIN
MITTEL	VORMITTAG	KEIN	BEWÖLKT	NEIN
JUNG	VORMITTAG	VOLL	REGEN	JA
RENTNER	VORMITTAG	WENIG	REGEN	NEIN
JUNG	NACHMITTAG	KEIN	REGEN	NEIN
MITTEL	NACHMITTAG	VOLL	REGEN	JA
JUNG	NACHMITTAG	MITTEL	SONNE	NEIN
RENTNER	NACHMITTAG	WENIG	SONNE	JA
MITTEL	NACHMITTAG	MITTEL	SONNE	NEIN
MITTEL	NACHMITTAG	VOLL	SONNE	JA
JUNG	ABEND	KEIN	REGEN	NEIN
JUNG	ABEND	MITTEL	REGEN	NEIN
MITTEL	ABEND	WENIG	REGEN	NEIN

In jeder Zeile finden sich die Daten für einen Kunden. In jeder Spalte die beobachteten Daten. Der Einfachheit halber werden hier sehr grobe „Schubladen" für die Einteilung der einzelnen Spalten benutzt.

- Die Kunden wurden anhand ihres Alters in JUNG, MITTEL und RENTNER kategorisiert.
- Als Tageszeiten wurden VORMITTAG, NACHMITTAG und ABEND benutzt.
- Die Befüllung des Einkaufswagens wurde mit KEIN, WENIG, MITTEL und VOLL erfasst.
- Das Wetter wurde vereinfacht zu REGEN, SONNE oder BEWÖLKT.
- Und am Ende ob das neue Produkt gekauft wurde oder nicht JA oder NEIN.

Jetzt sind das nur Daten von 13 Einkäufen und 5 *beobachteten Variablen* (den Spalten). Man muss sich jetzt bei einer Datenanalyse als erstes Fragen, welche *unbeobachteten Variablen* es noch geben könnte. Welche Daten könnten die Datenanalyse verbessern? Spielen hier noch weitere Faktoren in die Kaufentscheidung ein? In der Realität ist das sehr wahrscheinlich. Wie ist es mit der Kleidung des Kunden? Mit der Frisur? Wenn das neue Produkt ein Haarspray ist, ist die Frisur bestimmt ein wichtiges Merkmal. Wie ist das mit dem Wetter? Wenn das Produkt Speiseeis ist, ist das Wetter auch bestimmt wichtig.

Ein Grund für die oftmals in den Medien beklagte „Datensammelei" der Unternehmen liegt ganz einfach darin, dass man vor der Analyse gar nicht weiß, welche Merkmale wichtig sind. Also sammelt man erst mal alles auf Vorrat nach dem Motto „Es könnte ja noch nützlich sein". Das macht aus informationstheoretischer Sicht auch Sinn, denn um die Unsicherheit zu reduzieren, braucht man Informationen.

Die Daten in unserem Beispiel befinden sich schon in einem guten Zustand. Sie sind alle einheitlich. In der Realität müssen Daten, wie im Kapitel 6.4 besprochen, erst bereinigt und standardisiert werden. Ansonsten heißt es bei einer Datenanalyse *„Garbage in, Garbage out"*.

Eine erste Analyse von Daten macht man gewöhnlich mit Statistiken und Visualisierungen. Hier haben sich die Pivot-Tabellen und -Charts von Excel sehr verbreitet. Wenn man mit neuen Daten arbeitet, ist es sinnvoll, sich mit diesen erstmal Daten vertraut zu machen, in dem man sich die üblichen statistischen Kennzahlen anguckt.

7.2 Klassifikation und Regression

Seit den 90er-Jahren wird an der automatischen Extraktion von Wissen aus Daten gearbeitet. Das Gebiet hieß früher *„Knowledge Discovery in Databases"* (KDD), wurde dann oft auch als *„Data Mining"* bezeichnet und wird heute *„Data Science"* genannt.

Im obigen Beispiel ist das Problem, eine Verbindung zwischen den Verkäufen und den anderen Daten zu finden, um die Frage „wer sind unsere Kunden" zu beantworten. Man möchte die Spalte „Produkt Gekauft" anhand der Werte in den anderen Spalten vorhersagen. Hierzu eignen sich sog. *Entscheidungsbäume*. Diese Bäume können anhand der Beispieldaten nach informationstheoretischen Gesichtspunkten durch Software optimal erstellt werden. Der folgende Entscheidungsbaum sagt z. B. die Ergebnisse der

Spalte „Produkt Gekauft" anhand der Spalten „Einkaufswagen" und „Tageszeit" voraus.

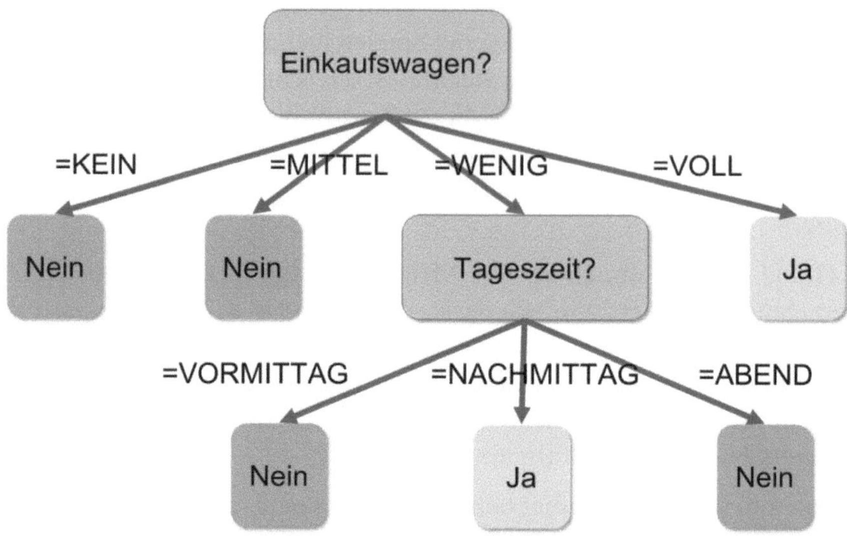

Dieser Baum wird auf jeden Datensatz angewendet. Ein solcher Baum ist von oben nach unten zu lesen. Die länglichen Knoten, die ein Fragezeichen enthalten, sind Entscheidungen, die Knoten ohne Nachfolger sind Ergebnisse. Der obige Baum entspricht der folgenden Logik „Wenn der Wert in der Spalte ‚Einkaufswagen' gleich ‚KEIN' ist, dann ‚Nein', wenn er ‚MITTEL' ist, dann auch ‚NEIN', wenn er ‚WENIG' ist, dann überprüfe die Spalte ‚Tageszeit', usw." Ein Entscheidungsbaum entspricht geschachtelten IF-THEN-ELSE-Regeln. Der obige Baum ist z. B. gleichbedeutend mit

```
IF (Einkaufswagen = WENIG) THEN
   IF (Tageszeit = NACHMITTAG) THEN Ja
   ELSE Nein
ELSE
   IF (Einkaufswagen = VOLL) THEN Ja
   ELSE Nein
```

Ein solcher Entscheidungsbaum enthält das „Wissen" über die Spalte „Produkt Gekauft". Die Firma weiß jetzt, dass das Produkt von Kunden mit vollen Einkaufswagen oder am Nachmittag gekauft wird. Die Firma weiß auch, dass das „Alter" und das „Wetter" nicht benötigt werden. Aus Daten wurde Wissen, das in einer Datenstruktur, in einem Modell gespeichert wurde.

In diesem Beispiel wurde der Wert eine zweiwertigen Variable „Produkt Gekauft" vorhergesagt. Eine solche Einteilung in diskrete Symbole wird *Klassifikation* genannt. Weitere Beispiele für die Klassifikation sind z. B. [CM16]

- Die Erkennung der Vogelart am Gesang eines Vogels
- Die Erkennung von bösartigen Tumoren und Krankheiten

Wenn die Spalte „Produkt Gekauft" nicht JA und NEIN, sondern die Anzahl der gekauften Produkte beinhalten würde, wäre es keine Klassifikation mehr, sondern eine *Regression*. Für Regressionen werden andere Techniken als Entscheidungsbäume benutzt. Da Zahlen vorherzusagen sind, sind die Verfahren meistens mathematischer Natur und haben ihre Wurzeln in der mathematischen Statistik. Die einfachste Regression ist die *lineare Regression*, die sich sehr anschaulich erklären lässt. In der folgenden Abbildung sind eine Menge von Punkte und die sog. „Regressionsgerade" eingezeichnet.

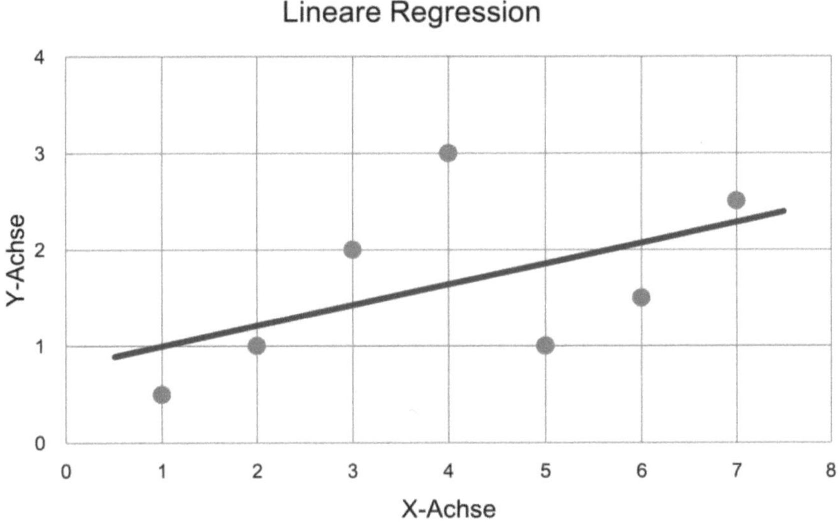

Umgangssprachlich gesprochen ist die Gerade so nah wie möglich an allen Punkten. Um dieses Verfahren genauer zu beschreiben, müsste man allerdings sehr viel mathematischer werden. Das würde den Rahmen des Buchs übersteigen. Es reicht zu wissen, dass Regression ein mathematisches statistisches Verfahren ist, um verschiedene Datenpunkte „auf eine Linie zu bringen". „Pi mal Daumen" gesehen befinden sich die Punkte alle auf der

Geraden. Man könnte jetzt statt den einzelnen Punkten nur noch die Gerade speichern und bei Bedarf die Punkte anhand der Gerade berechnen.

Geraden haben in der Mathematik den Vorteil, das mit ihnen relativ einfach gerechnet werden kann. Sie haben aber den Nachteil, dass sie sehr ungenau approximieren. Wenn man eine Regression mit einem Polynom dritten Grades macht, dann können die Punkte sehr viel näher angeglichen werden, wie in der nächsten Abbildung ersichtlich ist:

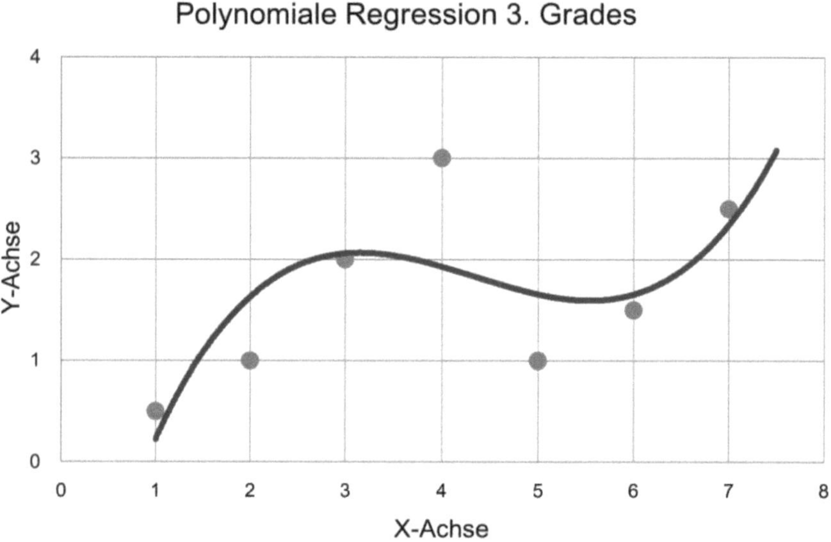

Aber die mathematischen Formeln werden schwieriger. Hier gibt es einen Tradeoff zwischen Genauigkeit und mathematischer Komplexität. Eine Gerade kann mit $ax + b$ beschrieben werden, aber ein Polynom dritten Grades benötigt $ax^3 + bx^2 + cx + d$. Es ist sehr viel einfacher mit linearen Gleichungen zu rechnen. Die polynomiale Regression gehört zu den sog. *nichtlinearen Regressionen*.

Die Regression wurde schon in sehr vielen Bereichen erfolgreich angewendet, wie z. B. [CM16]:

- Finde neue Diamanten-Minen anhand der Daten der Umgebungen bisheriger Minen.
- Welche Teile eines Autos werden wahrscheinlich als nächstes ausfallen?

- Wieviel Geld wird eine bestimmte Person im nächsten Monat ausgeben?

Die in der Bilderkennung und bei selbstfahrenden Autos verwendeten neuronalen Netze sind Datenstrukturen, die nichtlinearen Regressionen anhand von Beispielen lernen können. Wir werden die neuronalen Netze später in Abschnitt 8.5 genauer erklären.

7.3 Data Mining

Der Data-Mining-Prozess

Im obigen Beispiel mit dem Entscheidungsbaum für die Einkäufe im Supermarkt wurde gleich beim ersten Durchlauf ein funktionierendes Modell gefunden. Das ist in der Realität leider oft ganz anders, weil es einerseits sehr viel mehr Daten gibt und andererseits die Daten oft „verrauscht" sind und Fehler enthalten. Oft hat man die richtigen Daten noch gar nicht und muss sie erst besorgen. Die verschiedenen Klassifikationsverfahren haben viele Parameter und Gewichtungen, die man richtig einstellen muss, um gute Ergebnisse zu erhalten. Entscheidungsbäume kann man z. B. stutzen („pruning"), wenn sie zu groß werden.

Die Erstellung von guten Modellen mit Data-Mining ist ein langwieriger und arbeitsintensiver Prozess, der aus den folgenden Schritten besteht [PF13]:

1. *Analyse* der Geschäftssituation und der vorhandenen Daten: Was soll erreicht werden? Was ist das Ziel? Sind die Daten gut genug? („business and data understanding")
2. *Aufbereitung* der Daten („data preparation"): Reinigung, Vereinheitlichung wie im Data-Warehouse und Konvertierung in das „richtige" Format.
3. *Erstellung des Modells*: Das eigentliche „Data Mining"
4. *Überprüfung* und Test(„evaluation"): Ist das Modell gut genug?
5. *Einsatz* des Modells: Analyse oder Vorhersage

Diese Schritte sind aber nicht immer der Reihe nach abzuarbeiten. Oft merkt man erst nach Schritt 3, dass man eigentlich noch weitere Daten benötigt und man muss bei Schritt 1 weitermachen.

Beim Test wird das gefundene Modell an neuen Daten überprüft. Was würde der gefundene Baum mit dem folgenden Datensatz machen?

Alter	Tageszeit	Einkaufswagen	Wetter	Produkt Gekauft
JUNG	ABEND	KEIN	REGEN	JA

Es würde ‚NEIN' sagen, weil Einkaufswagen gleich ‚KEIN' ist. Aber damit würde er eine falsche Antwort liefern. Die Beispieldaten zum Trainieren des Baums haben diesen Fall nicht enthalten. Wichtig ist es daher, dass die Daten, die zum Trainieren benutzt werden, möglichst viele Kombinationen enthalten. Außerdem werden unterschiedliche Daten zum Trainieren und zum Testen benötigt.

Nehmen wir mal an, das Unternehmen kennt die Kunden des Supermarkts und möchte mit dem Entscheidungsbaum vorhersagen, wie viele Produkte es an den Supermarkt liefern muss. Sie nutzen den Baum zur Vorhersage.

Wenn eine Klassifikation ein falsches Ergebnis liefert, gibt es zwei verschiedene Möglichkeiten:

	Kauft	Kauft nicht
„Kauft" vorhergesagt	Korrekt	Fehler Falsch positiv Einnahmen-, Lager-
„Kauft nicht" vorhergesagt	Fehler Falsch negativ Einnahmen+, Lager-	Korrekt

Wenn das Model ‚NEIN' sagt, der Kunde aber kauft, ist die Vorhersage *„falsch negativ"*. Wenn das Model aber ‚JA' sagt, der Kunde aber nicht kauft, ist die Vorhersage *„falsch positiv"*.

In beiden Fällen kommt es für das Unternehmen zu Unannehmlichkeiten, die aber ganz unterschiedliche Folgen haben. Fehler ist hier nicht gleich Fehler. Bei einem falschen Positiven wurde dem Supermarkt ein Produkt zu viel geliefert, die Einnahmen aber werden geringer sein als erwartet. Bei einem falschen Negativen ist im Lager des Supermarkts ein Produkt zu wenig vorhanden. Man könnte insgesamt mehr verkaufen.

In anderen Szenarien sind die Kosten für die beiden Klassifikationsfehler aber noch größer. Stellen wir uns ein Modell vor, das den Betrug von Checkkarten entdecken soll. Das System untersucht jeden Datensatz und kann Alarm schlagen oder nicht.

	Betrug	Kein Betrug
Alarm	Korrekt	Fehlalarm
Kein Alarm	unentdeckt	Korrekt

Die falschen Positive sind jetzt Fehlalarme. Der normale Betrieb wird unterbrochen, die Polizei gerufen usw. Alles das verursacht Kosten. Die falschen Negative sind unentdeckte Betrugsfälle, die auch immensen Schaden anrichten.

Die *Fehlerrate* eines Klassifizierers ist die Anzahl der falsch eingeordneten Datensätze. Im Allgemeinen wird versucht, diese Fehlerrate so niedrig wie möglich zu bekommen. Wenn falsche Klassifikationen höhere Kosten verursachen, müssen die Modelle natürlich lange getestet und verfeinert werden.

Wichtig: Data-Mining ist ein iterativer Prozess, bei der die Fehlerrate schrittweise verbessert wird.

Die Erstellung eines funktionierenden Modells zur Vorhersage ist also alles andere als einfach, sondern eine zeit- und arbeitsintensive Aufgabe, die sehr viel Wissen über den Anwendungsbereich und die Verfahren des Data Mining erfordert. Eine weitere Schwierigkeit ist, dass man am einfachsten Lernen kann, wenn man möglichst oft ein Feedback bekommt. Betrachten wir als Beispiel die Wettervorhersage. Hier kann man täglich eine Vorhersage machen und kann das Modell täglich überprüfen. Die Fehlerrate kann täglich verbessert werden. Die Einnahmen im Einzelhandel zur Weihnachtszeit hingegen lassen sich nur einmal pro Jahr vorhersagen und überprüfen. Hier dauert es wahrscheinlich Jahrzehnte, bis das Modell eine gute Fehlerrate hat [TG15].

Oftmals entsteht in den Medien, der Eindruck, das mit Big Data und Künstlicher Intelligenz die Computer plötzlich alles über die Menschen wissen und sie überwachen können. Dieses Wissen aber muss für jede spezielle Frage durch einen aufwendigen Data-Mining-Prozess aus den Rohdaten gewonnen werden. Es ist nicht so, dass man dem Computer einfach nur die Daten zeigen muss und schon „fallen Einsichten und Weisheiten vom Himmel". Die Data-Mining-Programme sind ein Mittel, um große Datenmengen zu bewältigen. Sie basieren auf statistischen und informationstheoretischen Algorithmen.

> **Wichtig**: Die Intelligenz steckt in den Data Scientists, die die Methoden intelligent auf ausgesuchte Daten anwenden.

Weitere Techniken

Die beiden besprochenen Verfahren Klassifikation und Regression zählen zu den *„überwachten Lernverfahren"* („supervised"). Es wird „überwachtes" Lernen genannt, weil man dem Algorithmus sagt, was er lernen soll. Es ist Lernen anhand eines Beispiels [PF13]. Im obigen Beispiel war es die Spalte „Produkt Gekauft". Es gibt neben den Entscheidungsbäumen noch sehr viele weitere Techniken für die Klassifikation und die Regression, wie z. B. neuronale Netze, Bayessche-Netze oder Stützvektormaschine („support vector machines") [PF13, SB14].

Bei den *„unüberwachten Lernverfahren"* („unsupervised") wird kein zu erlernendes Ziel vorgegeben. Diese Verfahren dienen daher eher zur Analyse [PF13].

Bei der *Cluster-Analyse* wird versucht, die Datensätze in k verschiedene Gruppen einzuteilen. Dabei sollen sich die Datensätze innerhalb einer Gruppe möglichst ähnlich sein. Die Cluster-Analyse wird z. B. bei der Einteilung von Kunden in Kundengruppen eingesetzt.

Beim *Profiling* wird ein Modell des Verhaltens von Nutzern oder Kunden erstellt, um ihr zukünftiges Verhalten vorherzusagen oder um abweichendes Verhalten festzustellen. Ein typischer Anwendungsfall ist ein Intrusion-Detection-System (IDS), das für jeden Benutzer ein Profil anlegt. Falls ein Hacker in den Computer einbricht und er sich anders verhält als der Benutzer, dann bemerkt das IDS ein untypisches Verhalten und kann Alarm schlagen.

Bei der *Warenkorbanalyse* („market basket analysis") wird versucht herauszufinden, welche Produkte zusammen gekauft werden. Diese bildet auch die Basis für *Empfehlungsdienste* („recommender systems") nach dem Motto „Kunden, die dieses Produkt kauften, haben sich auch für ... interessiert".

Theorie des maschinellen Lernens

Hinter diesen ganzen Lernverfahren steht eine ausgefeilte mathematische Theorie, die *„computational learning theory"* bzw. die Theorie des maschinellen Lernens [SB14]. Diese untersucht z. B. welche Konzepte mit welchen Methoden überhaupt erlernbar sind, wie viele Beispiele dafür erforderlich sind und welche Fehlerrate höchstens erreicht werden kann. Es ist eine sehr mathematische Theorie zwischen der Statistik und der Informatik. Ein Ergebnis der Theorie ist, dass man nicht einfach jedes Konzept einfach erlernen kann, um fehlerfreie Prognosen zu machen. Die Situation ist wesentlich komplizierter. Als Faustregel kann man sagen, je einfacher das zu erlernende Konzept und je umfangreicher die Daten, desto besser die Vorhersage.

> **Wichtig**: Lernen hat informationstheoretische Grenzen. Komplexe Systeme sind auch für maschinelle Lernverfahren komplex und nicht vorhersehbar.

Text-Mining

Bei der Verarbeitung von Texten in natürlicher Sprache werden andere Techniken benötigt als bei der traditionellen Datenanalyse, denn Texte gehören zu den „unstrukturierten" Daten. Natürlich haben natürliche Sprachen eine Struktur, wie z. B. eine Syntax und Regeln der Grammatik, aber diese Struktur ist nicht auf der semantischen Ebene, also auf der Ebene der Bedeutung. Ein Computer kann die Bedeutung hinter der Sprache (noch?) nicht verstehen. Aber er kann Sprache anhand der Syntax und von Regeln verarbeiten und es wurden in vielen Bereichen schon Teilerfolge erzielt [CM16, PF13].

Bei der *Text-Klassifizierung* werden z. B. Emails anhand von Schlüsselworten und ihren Auftrittshäufigkeiten in Kategorien eingeteilt. Dieses wird bei der Kundenbetreuung in großen Firmen eingesetzt, um Beschwerden an die richtige Abteilung weiterzuleiten. Bei der *Sentimental-Analyse* wird versucht, die Stimmung bzw. die Haltung des Autors festzustellen. Mit Text-Mining können Fälschungen und Plagiate erkannt werden oder auch standardisierte Berichte von z. B. Aktienkursen verfasst werden.

Die meisten Werkzeuge, im Bereich Text-Mining sind *„ad-hoc"*. Sie bauen nicht auf sprachwissenschaftlichen Theorien auf, sondern „tricksen" ein

Verständnis vor. Text-Mining ist heutzutage eine Mischung aus Linguistik, Informatik, Statistik und dem maschinellen Lernen.

Weiteres zur Verarbeitung von natürlicher Sprache gibt es später in Abschnitt 8.2.

Software

Es gibt sehr gute Software-Pakete zum Ausprobieren von Data Science und Data Mining:

- Weka 3 ist Open Source und in Java geschrieben, siehe http://www.cs.waikato.ac.nz/ml/weka/
- Orange ist Open Source und benutzt Python, http://orange.biolab.si/
- RapidMiner Studio gibt es als Community-Edition, https://rapidminer.com

7.4 Daten-intensive Wissenschaft

Die neuen Möglichkeiten durch Big Data und Data Science haben zur *daten-intensive Wissenschaft* geführt. Die Wissenschaften haben grob vereinfacht die folgenden Schritte durchlaufen (nach [HTT09]):

1. Experimentell
2. Theoretisch
3. Computerisiert („computational")
4. Daten-Intensiv

Vor ca. 1000 Jahren war die Wissenschaft *„experimentell"*. Natürliche Phänomene wurden beobachtet und in Experimenten nachgestellt. Vor ca. 400 Jahren wurde die Wissenschaft *„theoretisch"* und man begann Theorien über die beobachteten Phänomene zu bilden, man erstellte Modelle, Abstraktionen und Verallgemeinerungen. Beispiele hierfür sind die Newtonschen Gesetze und die Maxwell-Gleichungen. Seit den 60er-Jahren wurde die Wissenschaft *„computerisiert"*: die theoretischen Modelle wurden mit Computern berechnet und überprüft. Man begann mit Simulationen, die u. a. zur agentenbasierten Modellierung führten. Seit ca. 2010 gibt es die *„daten-intensive"* Wissenschaft. Daten werden bei Experimenten oder bei Simulationen erfasst und anschließend mit Big Data verarbeitet und mit Data Science analysiert.

Das betrifft alle Organisationen, also sowohl Unternehmen, als auch die Wissenschaft, Umweltschutzorganisationen und staatliche Institutionen.

8. Künstliche Intelligenz

8.1 Was ist Künstliche Intelligenz?

Beispiele

Die Künstliche Intelligenz (KI) hat sich als Ziel gesetzt, „intelligente Systeme" zu erschaffen. Der Name wurde 1956 das erste Mal verwendet und seit dieser Zeit ist die KI von Mythen umwoben und umstritten. Auf der einen Seite sagen manche das Paradies auf Erden voraus, eine utopische Zukunft ohne Sorgen, in der intelligente Roboter die Menschen mit allem versorgen. Auf der anderen Seite gibt es Leute, die die Künstliche Intelligenz als Personifizierung des Bösen sehen und das Ende der Menschheit befürchten. Im Laufe dieses Kapitels wird klar werden, dass sich beide Seiten sehr weit vom technisch Machbaren entfernt haben.

Aber auch wenn die KI noch keine „intelligenten Systeme" erstellen kann, wurden doch schon viele nützliche Zwischenprodukte entwickelt [RN10, BA14]:

- Selbstfahrende Autos, Züge und U-Bahnen
- Man kann Computern Briefe diktieren
- Texte können in mittlerer Qualität in andere Sprachen übersetzt werden
- Staubsaugerroboter reinigen Haushalte
- 2007 hat IBM Watson eine Spielshow in den USA gewonnen
- 1997 hat der Computer Deep Blue einen Schachgroßmeister geschlagen

Rationale Agenten

In der KI wird auch der Begriff „Agent" verwendet. Allerdings ist ein Agent hier nicht Teil einer Simulation oder eines Modells, sondern ein Roboter, ein Computersystem, ein Programm oder eine andere Maschine [RN10]. Ein Agent lebt in einer Umwelt („environment") und nimmt Informationen über seine *Sensoren* war. Mit seinen *Aktuatoren* kann der Agent mit der Umwelt interagieren.

Wenn der Agent ein Computerprogramm ist, könnte die Umgebung z. B. ein einzelner Computer sein, ein Heimnetzwerk oder das Internet. Als Sensoren könnte der Agent beispielsweise die Raumtemperatur mit Thermometern messen und mit seinen Aktuatoren die Heizungen entsprechend regulieren.

Einen solchen Agenten, der nur die Heizungen steuert, würde man natürlich heutzutage nicht mehr intelligent nennen.

Ein Agent könnte auch ein Computerprogramm sein und das Internet nach bestimmten Sachen durchsuchen. Als Sensor hätte er dann eine Art Web-Browser und als Aktuator könnte er z. B. die Links zu den gefundenen Seiten per Email versenden. Der Empfänger dieser Email könnte ein anderer Agent sein. Wenn mehrere Agenten in einem System zusammenarbeiten, wird das System auch *Multi-Agenten-System* genannt.

Ein Agent könnte auch ein Staubsaugerroboter oder ein selbstfahrendes Auto sein. In diesem Fall wäre die Umgebung die physikalische Welt.

Die KI hat sich aber zum Ziel gesetzt, intelligente Agenten zu entwickeln. Was aber ist ein intelligenter Agent? Hier gibt es zwei verschiedene Möglichkeiten:

- Der Agent soll so denken und handeln wie ein Mensch.
- Der Agent sollte rational denken und handeln, also das optimale Ergebnis erreichen.

Hier wird es vom Einsatzbereich des Agenten abhängen, welcher der beiden Möglichkeiten er verfolgt. Ein persönlicher Assistent, wie z. B. ein virtueller Sekretär, sollte sich möglichst wie ein intelligenter Mensch verhalten (aber natürlich nicht dessen Fehler nachahmen, wie Sturheit oder am Montagmorgen schlechte Laune haben). Ein selbstfahrendes Auto hingegen aber sollte nicht so träge reagieren wie ein Mensch und möglichst sofort auf die Bremse „treten", um einen Unfall zu vermeiden.

Um die erste der beiden Möglichkeit zu überprüfen, wurde der sogenannte Turing-Test entwickelt [RN10].

8.2 Der Turing-Test

Per Chat

Der Turing-Test wurde 1950 vom britischen „Informatiker" Alan Turing vorgeschlagen [RN10]. In diesem Test chattet eine Testperson mit einer Chat-App mit einer anderen Person. Die Testperson weiß aber nicht, ob es ein Mensch oder eine KI ist und soll es herausfinden. Es gibt keinen anderen Kontakt als per Chat. Der Turing-Test gilt als bestanden, wenn die Testperson denkt, sie hätte mit einem Menschen geredet, obwohl es eine KI war.

Um diese Aufgabe zu erledigen, muss die KI die folgenden Arbeitsschritte durchführen:

1. Analyse der natürlichen Sprache im Chat (Sprachanalyse)
2. Extraktion und Speicherung der Informationen
   (Wissensrepräsentation)
3. Logische Verarbeitung der Informationen (semantische
   Verarbeitung)
4. Merken der Informationen für spätere Verwendung im Dialog
   (maschinelles Lernen)
5. Logische Antwort ermitteln oder Small-Talk selber beginnen
   (semantische Verarbeitung)
6. Formulierung der Antwort in natürlicher Sprache
   (Sprachgenerierung)

Die Schritte 1, 2 und 6 haben mit der natürlichen Sprache zu tun. In den Schritten 1, 2 wird die Sprache analysiert und in Schritt 6 generiert. In den Schritten 3, 4 und 5 wird mit Wissen gearbeitet.

In Schritt 1 wird eine syntaktische Analyse durchgeführt. Manche haben es vielleicht im Schulunterricht gelernt. Der Satz in natürlicher Sprache wird in einen Baum anhand der syntaktischen Kategorien der einzelnen Wörter umgeformt. Als Beispiel wird im Satz „Ich sehe einen Baum" erkannt, dass dem Subjekt „Ich" das Prädikat „sehe" folgt, diesem wiederum das Adjektiv „einen" und das Objekt „Baum". Die *syntaktische Struktur* wird als Baum im Computer gespeichert.

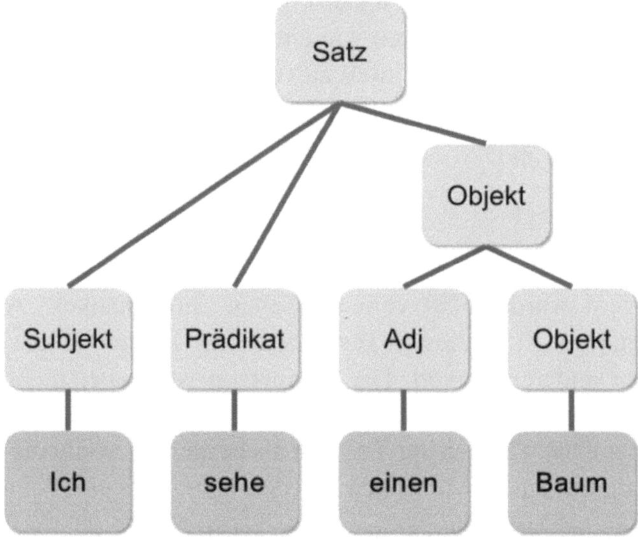

Ein solcher Baum wird auch *Syntaxbaum* genannt. Es ist noch eine relativ leichte Aufgabe, einem Computer die Grammatik von natürlichen Sprachen beizubringen. Hierzu muss der Computer eine Datenbank von den Wörtern und ihren linguistischen Informationen haben. Außerdem muss er die Grammatikregeln, Kongruenzen usw. kennen. Aber hier ist die Anzahl an Information begrenzt und relativ statisch. Die Grammatik einer Sprache ändert sich in der Regel nur langsam.

Schwieriger wird es bei der Bedeutung der Wörter, bei der *Semantik*. Natürliche Sprache bietet viele Möglichkeiten für Missverständnisse. Bei einem Turing-Test kann man nämlich testen, ob die KI die Pronomen richtig auflösen kann, d.h. ob sie versteht, worauf sich „ihn", „ihr", „sein" usw. bezieht. Wenn die Testperson den folgenden Satz sagt:

```
Ich sehe einen Baum und eine Flasche Orangensaft.
```

Dann die Antwort der KI ignoriert und dann schreibt:

```
Ich überlege, ob ich ihn trinken soll.
```

Woher soll die KI dann wissen, auf wen sich das „ihn" bezieht? Ist es der Baum oder der Orangensaft? Menschen wissen, dass man einen Baum nicht trinken kann, also bezieht sich das „ihn" auf den Saft. Die KI müsste Wissen über „Bäume" und über „Trinken" haben. Es müsste etwas über Flüssigkeiten wissen, dass Menschen Flüssigkeiten trinken können, dass ein Orangensaft flüssig ist und dass man Bäume nicht trinken kann. Die KI braucht *semantische Informationen*. Eine solche Datenbank mit Wissen über die Welt wird auch *Ontologie* genannt. Diese in großem Umfang zu erstellen, so dass eine KI genügend Wissen hat, um den Turing-Test zu bestehen, ist noch nicht gelungen [RN10]. Die semantische Verarbeitung und das semantische Internet sind immer noch Forschungsgegenstand. In der Vergangenheit hat man hier nur kleine Fortschritte gemacht. Solche Ontologien gibt es bisher nur für kleine Teilbereiche des menschlichen Lebens. Man kann einem Mobiltelefon beispielsweise sagen „sende eine SMS an meine Mutter".

Aber selbst wenn es hier Fortschritte gibt, wird ein kluger Mensch die KI austricksen können. Er könnte die KI auf ihre Lücken in ihrer semantischen Wissensdatenbank abchecken. Die Testperson könnte z. B. auch sagen:

```
Ich frage mich, was für einer das ist.
```

Also, was genau für ein Baum oder was für ein Orangensaft? Menschen würden folgendermaßen argumentieren: Da die Testperson den Saft schon genauer spezifiziert hat, es ist ja Saft aus „Orangen", den Baum aber nicht, wird sich dieser Satz wohl auf den Baum beziehen. Die Testperson fragt sich bestimmt, ob es eine Birke, eine Eiche oder eine Kastanie ist. Vielleicht kennt sie sich in Biologie nicht aus?

Und dazu müsste der Computer schon eine riesige Wissensdatenbank haben und evtl. auch etwas längere Zeit zum „Nachdenken" benötigen. Auch kleine Kinder haben hier oft noch Schwierigkeiten zu verstehen, was genau die Testperson meint. Um diese Analysefähigkeit aufzubauen, müssen Menschen viele Jahre lernen.

Das Erstellen einer Ontologie als Wissensdatenbank ist leider nicht so einfach. Es ist eine sehr umfangreiche Aufgabe und es können sich wie bei der Programmierung von Computern auch Fehler einschleichen. Dieses Problem wird solange bestehen, bis Computer solche Ontologien selber automatisch erstellen können und wie das möglich sein soll, wurde bisher nicht herausgefunden.

Per gesprochener Sprache

Eine einfache Erweiterung des Turing-Tests wäre gesprochene Sprache zu verwenden statt zu chatten. Die Testperson kann sich also mit dem Menschen oder der KI per Mikrofon und Lautsprecher unterhalten. Es ist nicht mehr schwierig, gesprochene Sprache hinzuzufügen. Die Bedienung von technischen Geräten mit natürlicher Sprache ist bis 2020 voraussichtlich weit verbreitet. Und Programme, denen man diktieren kann gibt es heute schon. Das Problem bleibt die semantische Verarbeitung.

Der visuelle Turing-Test und menschliche Roboter

Eine weitere Erweiterung des Tests wäre die Unterhaltung über einen Video-Chat. Die Testperson sieht im Monitor ein Bild des Menschen bzw. der KI.

Hier gibt es zwei Möglichkeiten:

1. Das Bild wird simuliert, d.h. per Computergrafik erzeugt. Die KI gibt es nur virtuell.
2. Die KI ist ein menschlicher Roboter und wird per Kamera aufgenommen.

Im ersten Fall müsste die KI auch über eine Bildanalyse verfügen („computer vision"), um die Stimmung der Testperson zu interpretieren. Die Testperson könnte ja als Test der KI eine Fratze schneiden oder bestimmte Gesten mit den Armen und Händen machen. Bildanalysen werden heutzutage mit neuronalen Netzen implementiert, die in Abschnitt 8.5 behandelt werden. Die

Interpretation von menschlichen Gesten und Gesichtern ist auch mit neuronalen Netzen möglich.

Außerdem müsste die KI über ein Gesicht verfügen, das glaubhaft zum Gesprochenen passt und als „echt menschlich" von der Testperson eingestuft wird. Das wird irgendwann mal möglich sein, aber nicht in den nächsten 10 Jahren.

Für den zweiten Fall benötigt man aber einen menschlich wirkenden Roboter und das ist momentan noch unmöglich und den Filmen und Büchern der Science-Fiction vorbehalten.

8.3 Rationale Agenten

Wenn ein Agent rational Denken und Handeln und das optimale Ergebnis erreichen soll, so wird eine Theorie der Rationalität benötigt. Ein rationaler Agent ist ein Agent, der eben das „Richtige" tut. Aber was ist in einer bestimmten Situation mit den dem Agenten zur Verfügung stehenden Mitteln das „Richtige"? Wie viel Zeit hat der Agent zum „Nachdenken"? Beim Lösen von komplizierten Problemen, wie z. B. beim Spielen von Schach, ist es besser, man hat so viel Zeit wie möglich, um so viele Spielzüge wie möglich „im Geiste" auszuprobieren. Damit ein Agent intelligent wirkt, muss er auch die Konsequenzen seiner geplanten Handlungen bedenken. Ein Roboter, der gegen eine Wand läuft, wirkt nicht intelligent. Das rationale Verhalten hängt von der Umgebung, der Qualität der Sensoren und der Aktuatoren, von der zur Verfügung stehenden Zeit und von der „Denkfähigkeit" ab. Die „Denkfähigkeit" bei einem technischen Agenten hängt von der Anzahl der CPUs, der Größe des Hauptspeichers und von den verwendeten Algorithmen ab. In Abschnitt 3.2 haben wir die begrenzte Rationalität des Menschen kennengelernt, ein technischer Agent hat auch eine begrenzte Rationalität, allerdings mit anderen Grenzen.

Rationalität ist also unter den gegebenen Umständen, die beste der möglichen Handlungen durchzuführen. Hierzu benötigt man eine Menge Theorien aus verschiedenen Wissenschaften:

- Entscheidungstheorie
- Verhaltensökonomie
- Logik
- Statistik und Wahrscheinlichkeitsrechnung
- Mathematik
- Philosophie

- Wissenserwerb und Wissensverarbeitung
- Komplexitätstheorie
- Ökonomie
- Spieltheorie
- Informatik und formale Systeme

Die Aufgabe, rationale Agenten zu erstellen, ist also eine große interdisziplinäre Herausforderung. Aus diesem Grund ist es bisher auch nur gelungen, Agenten für kleine Einsatzbereiche zu erstellen, also Spezialisten, wie z. B. beim Schachspielen.

Auch in der KI gibt es – wie bei den komplexen Systemen – einen Unterschied zwischen den eher mathematischen Methoden, die Zahlen verarbeiten und den „symbolischen" Methoden, die auch Texte und Symbole verarbeiten: Die *symbolischen Methoden* ermitteln Daten in für Menschen verständlicher Form. Hier werden als Wissensrepräsentationssprache Bäume, Netzwerke, Graphen und Logiken, wie z. B. die Prädikatenlogik verwendet. Ein weiteres Beispiel sind die in Abschnitt 7.2 behandelten Entscheidungsbäume. Die Modelle der *numerischen Methoden* sind von Menschen nicht zu verstehen und müssen von Computerprogrammen genutzt werden. Ein Beispiel hierfür sind die im übernächsten Abschnitt behandelten neuronalen Netze.

8.4 Suche

Viele Probleme der Künstlichen Intelligenz ähneln der Suche nach der Nadel im Heuhaufen. Da Computer immer nur eine Sache nach der nächsten machen können, wird der Heuhaufen Strohhalm für Strohhalm durchsucht, bis die Nadel gefunden wurde. Als Beispiel betrachten wir das *Problem des Handlungsreisenden* („traveling salesman problem", TSP) [CLRS09]. Eine Musikband will in vier verschiedenen Städten auftreten und plant eine Rundreise, in der sie jede Stadt genau einmal für ein Konzert besuchen will. Die Musiker möchten in Hamburg, Berlin, München und Köln auftreten, sammeln Informationen über die Fahrtkosten und erstellen den folgenden Graphen:

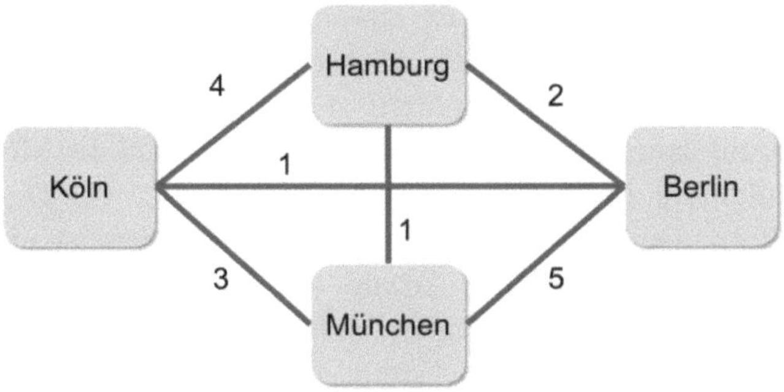

Jede Kante ist mit den Kosten für die Fahrt *„gewichtet"*. Die Band möchte in Hamburg anfangen. Wenn sie einfach mal so drauflosfahren, z. B. erst nach Berlin, dann München, dann Köln und wieder nach Hamburg kostet die Reise 2+5+3+4 = 14.

Aber welches ist die billigste Rundreise?

Die einfachste aber langwierigste Art das Problem zu lösen, ist es alle Möglichkeiten zu berechnen und dann die billigste auszuwählen. Bei den vier Städten oben gibt es von Hamburg aus drei Möglichkeiten, dann noch 2, dann 1, also insgesamt 3*2*1 = 6 Möglichkeiten. Im Folgenden sind die Kosten für diese 6 Möglichkeiten aufgeführt.

H B M K H: 2+5+3+4 = 14

H B K M H: 2+1+3+1 = 7

H M B K H: 1+5+1+4 = 11

H M K B H: 1+3+1+2 = 7

H K M B H: 4+3+5+2 = 14

H K B M H: 4+1+5+1 = 11

Es geht also billiger als 14, denn die optimale Reise kostet 7 und geht von Hamburg nach Berlin, dann nach Köln, dann München und zurück oder in der umgekehrten Reihenfolge. Es machte also Sinn, nach der optimalen Lösung zu suchen.

Das Problem des Handlungsreisenden haben theoretische Informatiker ausgiebig untersucht. Sie haben sich gefragt, ob man wirklich alle Möglichkeiten ausprobieren muss, um die billigste Route zu berechnen? Oder gibt es eine Abkürzung? Manche Probleme lassen sich auch mit Heuristiken gut lösen, wie z. B. immer die billigste lokale Verbindung zu nehmen.

Ein großes Problem in der Praxis ist, dass die die Anzahl der Möglichkeiten sehr stark mit der Anzahl der Städte wächst. Für sehr viele Städte würde die Berechnung selbst auf Supercomputern in Rechenzentren zu lange dauern. Sei n die Anzahl der Städte. Bei n Städten ist die Anzahl der Möglichkeiten die sog. Fakultät von (n-1). Das ist n-1 * n-2 * n-3 * … * 2. Dieses ist eine sehr große Zahl. Das Problem des Handlungsreisenden ist ein sog. *NP-vollständiges Problem*, weil die Anzahl der notwendigen Rechenschritte exponentiell mit n wächst. Der Heuhaufen bei der Suche wird also sehr, sehr groß. Dieses exponentielle Wachstum werden wir in einem anderen Zusammenhang später in Abschnitt 9.1 noch genauer untersuchen.

> **Wichtig**: NP-vollständige Probleme benötigen exponentiell viel Rechenzeit.

Das ist allerdings noch nicht bewiesen, aber sehr wahrscheinlich[20].

In der Künstlichen Intelligenz gibt es noch viele weitere „Suchprobleme" [RN10], die allerdings zum Glück nicht alle NP-vollständig sind:

- Welches sind die optimalen Züge in einem Schachspiel?
- Welches ist der optimale Pfad, um den Boden zu reinigen (Staubsauger-Roboter)?
- Was ist das optimale Layout für die Transistoren auf einem Prozessor?
- Welche Aktien sollte man heute kaufen oder verkaufen?
- Wie kann ein Containerhafen möglichst vollständig ausgenutzt werden?
- Lässt sich eine mathematische Formel beweisen? (automatische Theorembeweiser)

Die Suche lässt sich mit dem System 2 des menschlichen Gehirns aus der Verhaltensökonomie vergleichen. Es ist das automatische Absuchen der Möglichkeiten. Bei NP-vollständigen Problemen kann die Suche nach einer Lösung aber sehr lange dauern.

---

[20] Das ist das berühmte offene Problem der theoretischen Informatik P = NP oder P ≠ NP. P ≠ NP ist sehr wahrscheinlich und es ist auch sehr wahrscheinlich, dass das nicht bewiesen werden kann.

8.5 Neuronale Netze

Wir haben im Laufe des Buchs schon verschiedene Graphen und Netzwerke gesehen. Das menschliche Gehirn ist auch ein Netzwerk, allerdings aus Neuronen. Geistige Aktivität im Gehirn entsteht durch elektrochemische Reaktionen in diesem Netzwerk. Ein Neuron kann sich mit bis zu 10 bis 100.000 anderen Neuronen vernetzen. Diese Verbindungen sind dynamisch und ändern sich, wenn jemand etwas Neues lernt. Biologisch gesehen ist das allerdings weit komplizierter, weil noch viele andere Elemente, wie z. B. Axone und Synapsen involviert sind.

Die folgende Tabelle enthält einen groben Vergleich zwischen einem PC von 2015 und dem menschlichen Gehirn [RN10][21].

	PC 2016	Menschliches Gehirn
Recheneinheiten	12 Kerne, 10^9 Transistoren	10^{11} Neuronen
Speichereinheiten	10^{11} Bits RAM	10^{11} Neuronen
	10^{13} Bits Festplatte	10^{14} Synapsen
Zyklus	10^{-9} Sekunden	10^{-3} Sekunden
Operationen / Sekunde	10^{10}	10^{17}
Speicherupdates / Sekunde	10^{10}	10^{14}

Die Anzahl der Rechen- und Speichereinheiten unterscheidet sich heute nicht mehr wesentlich zwischen Gehirn und PC. Den größten Unterschied gibt es beim Taktzyklus: Gehirne sind sehr viel langsamer als PCs. Ein Neuron schaltet eine Million Mal langsamer als ein Transistor. Insgesamt ist das Gehirn aber sehr, sehr viel vernetzter und paralleler und daher insgesamt schneller. Beim PC aus der Tabelle arbeiten nur 12 Kerne parallel, während in einem Gehirn alle Neuronen gleichzeitig arbeiten können. Die

---

[21] X^Y ist die mathematische Notation von X hoch Y. Es ist $10^1 = 10$, $10^2 = 100$, $10^3 = 1000$, usw. Ist Y negativ, dann gilt $X^{-Y} = \frac{1}{X^Y}$. Also $10^{-1} = \frac{1}{10}$, $10^{-2} = \frac{1}{100}$, usw.

„*Architektur*" ist eine ganz andere. Daher wird der PC auch nicht automatisch so intelligent wie ein Gehirn, wenn sich die Daten der Tabelle in der Zukunft noch weiter angleichen werden. Ein Neuron funktioniert ganz anders als ein Transistor. Ein Neuron ist biochemisch und analog, während ein Transistor elektronisch und digital ist.

Wenn das Gehirn aber ein so guter „Computer" ist, dann liegt es doch nahe, es jedenfalls nachzuahmen. Und genau das ist die Idee hinter den *neuronalen Netzen*. Bereits 1943 haben Warren McCulloch und Walter Pitts ein einfaches Modell eines Neurons erstellt. In der folgenden Abbildung ist ein vereinfachtes Neuron dargestellt.

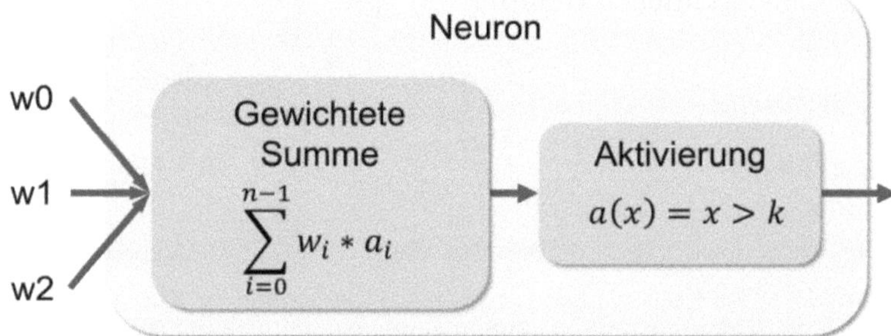

Ein Neuron hat beliebig viele Eingaben, hier in diesem Beispiel sind es drei: w0, w1 und w2. Die Kanten der Eingaben stammen entweder von anderen Neuronen oder von der Eingabe des gesamten Netzes. Jede Kante hat zwei Daten: einen Aktivierungslevel a und ein Gewicht w. Man spricht hier auch von „*gewichteten Kanten*". Aus den Eingaben wird in der ersten Komponente des Neurons eine *gewichtete Summe* berechnet. In der zweiten Komponente wird der ausgehende Aktivierungslevel des Neurons berechnet. In einem Rechenschritt berechnet das Neuron also anhand der Eingaben die gewichtete Summe der Aktivierungssignale und aktiviert sein Ausgangssignal, wenn die Summe größer als ein Schwellwert k ist.

Mehrere solcher Neuronen werden zu einem neuronalen Netz zusammengefasst. In der folgenden Abbildung ist ein Netz mit einer Schicht („layer") von Neuronen zwischen Eingabe und Ausgabe.

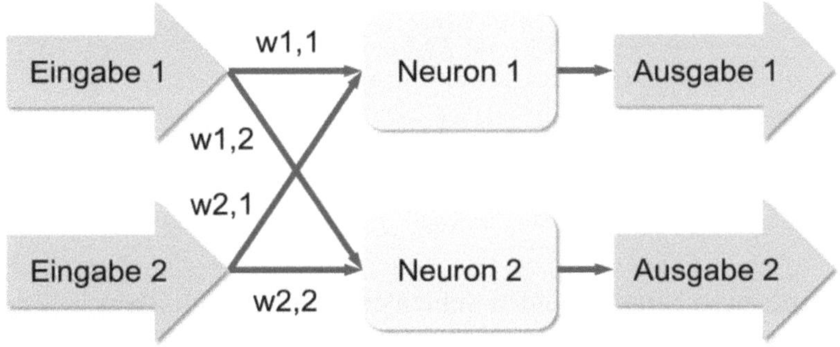

Mit einem solchen Netz kann man verschiedene Funktionen darstellen. Man gibt zwei Eingaben hinein, die Neuronen berechnen anhand der Eingaben und der Gewichte ihre Ausgabe und man kann diese am Ende auslesen. Ein solches Netz ist schon einigermaßen flexibel. Wenn man die Gewichte ändert, ändert sich das Ergebnis des Netzes. Nehmen wir mal an die Gewichte haben die folgenden Werte w1,1=0.4, w1,2=0.2, w2,1=0.6 und w2,2=0.8 und das die Eingabe 1 (e1) gleich 0 ist und die Eingabe 2 (e2) gleich 1. Dann berechnet das Neuron 1 den Wert w1,1*e1 + w2,1*e2 = 0.4*e1+0.6*e2 = 0.6 und das Neuron 2 den Wert w1,2*e1 + w2,2*e2 = 0.2*e1 + 0.8*e2 = 0.8.

Man kann ein solches Netzwerk *trainieren*. Man gibt sowohl eine Eingabe, als auch eine Ausgabe vor und berechnet, wie die Gewichte der Kanten aussehen müssten. Dieses entspricht dem *überwachten Lernen*. Ein Netz mit nur einer Schicht, ein Single-Layer-Network, kann aber nicht viel nützliche Funktionen repräsentieren, wie Marvin Minsky und Seymour Papert 1969 in ihrem Artikel *„Perceptrons"* bewiesen. Daraufhin wurden in den USA viele Forschungsmittel gekürzt und die Forschung an der KI eingestellt. Es kam zum ersten „KI-Winter" und die neuronalen Netze gerieten in Vergessenheit.

Das änderte sich Mitte der 80er-Jahre als die neuronalen Netze wiederentdeckt wurden. Mit dem *„Backpropagation"*-Algorithmus war es möglich geworden, auch mehrschichtige Netze zu trainieren. Und mehrschichtige neuronale Netze können sehr viel mehr Funktionen lernen, sogar die nichtlineare Regressionen aus Abschnitt 7.2 [RN10]. Neuronale Netze können gut mit numerischen Daten umgehen, sie sind „number cruncher". Oft können sie auch rauschende Eingaben oder Eingaben mit Fehlern tolerieren. Sie sind fehlertolerant bzw. robust im Sinne von Nassim Taleb (siehe Abschnitt 2.7). Daher sind sie besonders gut geeignet für die Analyse von Bilddaten, von Videos oder von Sprachaufnahmen.

In der folgenden Abbildung ist ein mehrschichtiges Netz dargestellt.

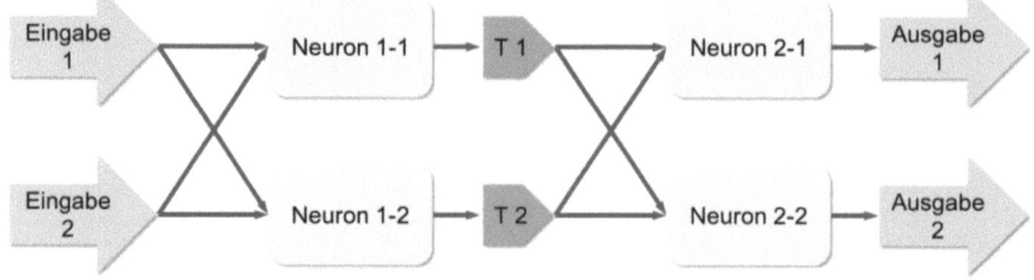

In der Mitte zwischen den beiden Schichten befinden sich Zwischenspeicher T1 und T2. Die richtigen Netze haben natürlich sehr viel mehr als nur zwei Neuronen pro Schicht. Die neuronalen Netze wurden in den 80ern und 90ern regelmäßig in der Praxis eingesetzt, aber sie konnten nur für einfache Aufgaben eingesetzt werden. Das Training dauerte oft noch zu lange. Daher wurde es in der Forschung Ende der 90er-Jahre wieder ruhiger um sie. Das änderte sich aber 2010 wieder, als es mit dem *GPU-Computing* möglich wurde, rechenintensive Funktionen auf Grafikkarten auszulagern. Mit einer GPU ist das Training eines neuronalen Netzes bis zu 10mal schneller möglich als mit einer CPU. Man konnte also ab 2010 größere Netze mit mehr Beispieldaten trainieren. Auch gab es inzwischen sehr viel mehr Daten als zehn Jahre vorher. Digitale Kameras hatten sehr große Fortschritte gemacht. Dieses führte zu Netzen mit sehr viel mehr Schichten als vorher. Es gab auch eine Reihe von algorithmischen Verbesserungen und Fortschritte in der Theorie des maschinellen Lernens [SB14]. Man führte den Begriff „*Deep Learning*" für die neuen Techniken ein. Besonders große Fortschritte machte man beim Thema „Bildverstehen" („computer vision"). Ein Bild oder ein Foto kann man sich aus verschiedenen Entfernungen angucken. Man kann ganz nah herangehen oder größere Stücke in Zusammenhang betrachten. Der Trick beim Deep Learning ist es für jeden Detailgrad eine Schicht einzuführen. In der folgenden Abbildung wird das exemplarisch gezeigt.

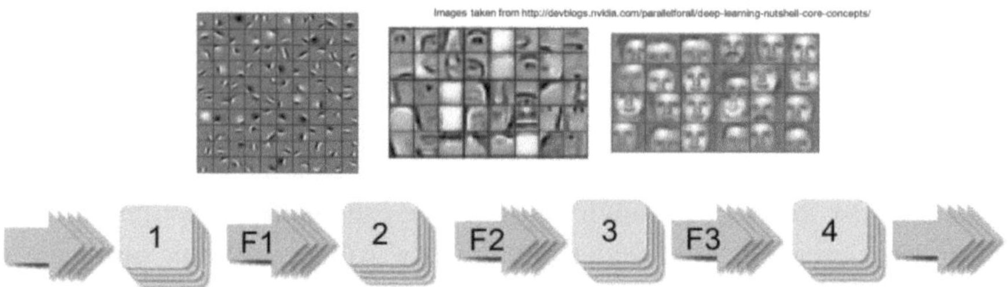

Die Zwischenschichten F1, F2 und F3 speichern „Details" (im Englischen „*features*"). In der Realität gibt es Netze mit über 10 Schichten. Diese

154

„tiefen" Netze können so angeordnet werden, dass sie die selbstfahrenden Autos ermöglichen.

Hier muss man noch ganz deutlich feststellen: Die neuronalen Netze lernen aus Beispielbildern. Von „Bildverstehen", also einem „Verstehen" eines Bildes kann keine Rede sein. Ein neuronales Netz kann nach dem entsprechenden Training mit ziemlicher Sicherheit den Bildern von bereits bekannten Menschen einen Namen zuordnen oder Autos auf einer Straße erkennen. Es ist aber nur eine mathematische Funktion in einer nur für Computer zu verwendenden Form [GW08]. Das Wissen ist „numerisch" kodiert. Neuronale Netze sind nicht selber „intelligent", sondern die Intelligenz steckt in den Entwicklern, die die verschiedenen Schichten intelligent anordnen, die Gewichte und Schwellwerte richtig einstellen und das Netz mit den richtigen Daten trainieren.

Wie am Anfang dieses Abschnitts erklärt, sind die neuronalen Netze eine vereinfachte Nachbildung des Gehirns. Der größte Unterschied zu einem richtigen Gehirn ist aber, das ein Computer auf Transistoren beruht, die aus Silizium hergestellt werden und die eine 0/1-Logik haben. Ein Gehirn ist biochemisch und analog, kann also viele verschiedene Zwischenzustände darstellen. Hier werden wir später im Abschnitt 10.6 über die Singularität eingehen.

Diese neuronalen Netze sind mit dem System 1 aus der Verhaltensökonomie vergleichbar. Mit ihnen kann man Heuristiken und „unscharfe" Logik speichern.

8.6 Intelligente Roboter

Für einen Menschen ist es sehr einfach, sich durch eine Wohnung zu bewegen, aber schwer, sehr gut Schach zu spielen. Für einen Roboter ist es genau andersherum. Abstraktes Denken, das für Menschen anstrengend ist, ist einfacher zu automatisieren als sensomotorische Bewegungen, die für Menschen einfach sind. Dieser Widerspruch wird auch *Moravec's Paradoxon* genannt, nach dem Roboterforscher Hans Moravec [BA14, RN10].

Um mit den Systemen 1 und 2 aus Abschnitt 3.2 zu sprechen: System 1 war bisher schwierig zu automatisieren, System 2 war einfacher. Die Situation hat sich aufgrund des „Deep Learning" ein wenig verbessert. Aber auch heute gibt es noch keinen Roboter, der eine Wohnung vollständig putzen kann ohne zu viel kaputt zu machen. Denn es war sehr schwer, einem Roboter einen

Gleichgewichtssinn beizubringen. Hierfür benötigt er gute Sensoren, die ihm mitteilen, wie seine Umwelt beschaffen ist, aber auch in welchem Zustand sich seine Gelenke gerade befinden. Das muss in Echtzeit berechnet werden und bei drohendem Ungleichgewicht möglichst schnell korrigiert werden. In letzter Zeit aber hat man hier Fortschritte gemacht und es sieht heute so aus, als ob das „Gleichgewichtsproblem" in naher Zukunft gelöst ist.

Eine weitere Aufgabe eines Roboters ist es, sich in unbekannten Umgebungen zurechtzufinden. Hierzu erstellt der Roboter eine Karte seiner Umgebung. Seine Umgebung kann ein Roboter aber nur mit funktionierender Bilderkennung „verstehen". Die Bilderkennung war aber – wie bereits erwähnt – vor dem „Deep Learning" noch nicht praktikabel genug. Der Roboter muss die Gegenstände, die er erkannt hat, auf seiner „inneren" Karte eintragen. Nebenbei muss er seine eigene Position auf der Karte feststellen. Das ist schwieriger als auf dem ersten Blick gedacht. Ein Roboter bewegt sich mit Motoren. Er kann seinen Motoren sagen, bewege mich mal 1 cm nach vorne. Aber ob er dann wirklich 1 cm Strecke zurückgelegt hat oder nur 0,95 cm entscheidet der Widerstand des Bodens. Auf einem Parkettboden geht es viel „reibungsloser" als auf einem dicken Teppich. Wo er sich anschließend genau befindet, muss der Roboter visuell überprüfen. Im Englischen heißt das Problem *„Simultaneous localization and mapping"* (*SLAM*). Hierfür wurden inzwischen die richtigen Algorithmen entwickelt. SLAM galt 2008 noch als große Herausforderung für die Robotik, inzwischen wurde es für viele Anwendungsbereiche zufriedenstellend gelöst [BA14].

Heute werden in vielen Bereichen Roboter eingesetzt. Hauptsächlich in der Industrie, z. B. bei der Produktion von Automobilen oder bei der Lagerhaltung. Auch in die Privathaushalte sind die Roboter eingezogen als Staubsaugerroboter. Die Stadt Tokyo hat vor, bei den Olympischen Spielen 2020 selbstfahrende Taxis einzusetzen. Die Roboter sind also weiter auf dem Vormarsch. Später in Abschnitt 11.7 werden die Folgen für den Arbeitsmarkt besprochen.

8.7 Status der KI

In den 60er Jahren sagten viele Forscher der KI das baldige Erscheinen von intelligenten Computern voraus. Die KI ist ein schönes Beispiel für das *„Horizont-Problem"* bei Forschungsprojekten. Erst sieht alles ganz einfach aus, man macht einen Plan und denkt, in fünf Jahren sollte man fertig sein. Während der Arbeit an dem Projekt entstehen aber neue Fragen, an die man vorher nicht gedacht hat, die vorher sogar eventuell unbekannt waren. Der

„Wissens-Horizont" verschiebt sich während des Projekts. Der ursprüngliche Plan ist hinfällig. Auf dem Weg sind aber interessante Dinge herausgefunden worden. Es war sehr wichtig, sich intensiv mit der KI zu beschäftigen, weil es ansonsten heute viele Produkte nicht geben würde, wie z. B. Staubsaugerroboter und Schachcomputer. Es muss aber auch klar gesagt werden, dass die KI ihr Endziel von „intelligenten Agenten" nicht erreicht hat. Und es sieht momentan auch nicht danach aus, dass es in naher Zukunft (bis 2025) universell intelligente Agenten geben wird. Denn in der Künstlichen Intelligenz gibt es heute die folgenden Einschränkungen:

- KIs haben keine allgemeine universelle Intelligenz, sie sind Spezialisten und werden nur in kleinen, abgegrenzten Bereichen eingesetzt
- KIs können Informationen nicht „verstehen"
- KIs sind nicht „kreativ"
- KIs haben keine Introspektion, können sich selbst nicht „verstehen"
- KIs haben kein Bewusstsein und keine Selbsterkenntnis

Die heutigen KIs „wirken" allerhöchstens intelligent, sie sind es aber nicht.

Allgemeine KI

Bisher wurden KIs nur für spezielle Einsatzbereiche entwickelt und auf eine Aufgabe zugeschnitten. „Intelligent" ist ein Mensch aber nur, wenn er flexibel ist und neue Dinge lernen kann. Heutzutage ist die Erstellung einer universellen KI in der Praxis nicht möglich.

Semantik

Das liegt zum einen auch daran, dass die Computer heute keine semantische Verarbeitung von Informationen durchführen können. Was bedeutet das Wort „Hamburger"? Es kann ein Lebensmittel oder eine Person sein. Diese Information erschließen Menschen aus dem Kontext. Diese semantischen Analysen sind aber sehr kompliziert. Man hat auch noch keine Methode entdeckt, mit der man das semantische Wissen einfach aus dem Internet extrahieren könne. Und dieses Wissen händisch von Experten zu kodieren, ist sehr arbeitsaufwendig. Aber hier werden mit der Zeit natürlich Fortschritte gemacht werden. Denkbar ist z. B. eine „Wissensdatenbank", der man logische und statistische Fragen stellen kann. Aber der Fortschritt in diesem Bereich ist langsam und wird nicht sprunghaft voranschreiten. Das Bottleneck ist die Erstellung von großen Wissensdatenbanken und Ontologien. Und hierzu ist momentan noch menschliche Denkarbeit notwendig.

Bewusstsein

Kann man überhaupt intelligent sein, ohne ein „Bewusstsein" zu haben? Das Bewusstsein ist gar nicht so einfach zu definieren, es bedeutet in etwa, dass man sich über sich selbst und seine „Existenz" „bewusst" ist [Bla05]. Berühmt ist hier der Spruch *„cogito ergo sum"* von René Descartes. Es gibt Forscher die behaupten, dass das Bewusstsein das emergente Resultat des komplexen Systems des Gehirns sei [RN10]. Es gibt aber auch Forscher, die sagen, wir wissen noch gar nicht genau, was „Bewusstsein" selber eigentlich ist [Bla05]. Es wurde im Gehirn z. B. kein spezieller Bereich für das Bewusstsein gefunden. Und so lange die Menschheit nicht weiß, wie etwas in der Natur funktioniert, kann sie es auch nicht nachbauen. Die bisherigen Erkenntnisse sind also noch nicht weit genug, um die Frage beantworten zu können, ob Computer ein Bewusstsein haben können. Die Wissenschaftler sind hier allerdings unterschiedlicher Meinung [Bro15].

Imitation des Menschen

Es gibt einen sehr großen Unterschied zwischen KI und dem Menschen: die KI hat kein animalisches Erbe. Denn der Mensch ist ein intelligentes von Affen abstammendes Säugetier. Neben der Intelligenz besitzt der Mensch auch von den Tieren vererbte Instinkte, wie z. B. die Sexualität. Der Zoologe und Verhaltensforscher Frans de Waal hat bei Schimpansen herausgefunden, dass diese ein ausgeprägtes Sozialverhalten haben und sich auch gegenseitig bei der Entlausung helfen [Waa07]. Sie kennen also die Reziprozität und Win-Win-Situationen schon. Aber wenn es um Nahrung und um Sex geht, versuchen männliche Schimpansen die anderen Männer zu dominieren. Hierzu setzen sie neben körperlicher Gewalt auch Drohungen, Bluffs und andere Tricks ein. Laut de Waal scheint es so, als ob Schimpansen viele Passagen aus Niccolò Machiavelli's Buch *„Der Fürst"* intuitiv kennen würden. Diese „Instinkte" hat der Mensch auch. Der Mensch muss als Kind erst lernen, Konflikte friedlich zu lösen, sich nach einem Streit wieder miteinander zu vertragen usw. Eine KI hingegen wird dieses „animalische Erbe" nicht haben. Die KI wird keinen Drang verspüren, sich fortzupflanzen und andere zu dominieren. Eine KI ist nur die Informationsverarbeitung und die Schlussfolgerungen, aber nicht das Säugetier. Aus diesem Grund sind viele Vorhersagen über KIs, die plötzlich ein Selbstbewusstsein entwickeln und die Welt bedrohen Unsinn, denn eine KI hat diesen „animalischen" Antrieb zur Dominanz nicht. Im Spielfilm „Blade Runner" von 1982 entwickeln sehr menschlich wirkende Roboter plötzlich ein Bewusstsein und wollen ihr Leben verlängern, haben also einen „Überlebenstrieb". Aber genau diesen „Trieb" müsste man der KI erst einprogrammieren, weil der nicht von selbst entstehen wird [Bro15].

Ausblick

Man kann die künstliche Intelligenz mit der Entwicklung der Fortbewegungsmittel vergleichen. Von der Natur aus kann der Mensch laufen. Manche sind darin etwas langsam, andere sind da schon schneller. Die Ergebnisse in den Sportwettkämpfen beim 100 Meter Lauf sind immer besser geworden. Bei den Fortbewegungsmitteln gab es schon erhebliche Fortschritte: es gibt Fahrräder, Mopeds, Motorräder, Autos, Züge und Flugzeuge. Der Mensch kann sich jetzt mit Hilfe der Technik sehr viel schneller fortbewegen.

Die bisher entwickelten künstlichen Intelligenzen entsprechen eher den Fahrrädern. Einem Auto würde eine KI entsprechen, die den Turing-Test bestehen könnte. „Fliegen" kann die KI dann, wenn KIs so intelligent wie Menschen sind und ein Selbstbewusstsein haben. Aber alleine bis zum Auto ist das noch ein weiter Weg und es sind noch viele Erfindungen vorher zu machen.

Bis dahin wird die Künstliche Intelligenz aber auf jeden Fall starke Auswirkungen auf den Fortschritt und die Arbeitswelt haben. Sie wird voraussichtlich viele Berufe ändern, neue Berufe ermöglichen und manche Berufe auch überflüssig machen. Dieses werden wir später in Abschnitt 11.7 behandeln. Falls es aber doch langfristig möglich sein wird, wirklich „künstliche Intelligenzen" herzustellen, die mindestens so intelligent wie Menschen sind, dann könnte es zur sog. „Singularität" kommen, die in Abschnitt 10.6 behandelt wird.

Interessierte Leser, die verschiedene Standpunkte zum Thema KI kennenlernen möchten, seien auf das Buch *„What to Think About Machines That Think"* verwiesen, das von John Brockman herausgegeben wurde [Bro15].

9. Die digitale Wirtschaft

9.1 Digital, innovativ und exponentiell wachsend

Die in den vorherigen Kapiteln besprochenen Technologien und Erfindungen hatten große Auswirkungen auf die Wirtschaft und die Gesellschaft. In den letzten 30 Jahren fand ein Übergang von der traditionellen physikalischen Wirtschaft zu einer digitalen informationsverarbeitenden Wirtschaft statt. Erik Brynjolfsson und Andrew McAfee von der MIT Sloan School of Management fassen diese Änderungen mit den folgenden drei „Bausteinen" zusammen [BA14]:

1. Die *Digitalisierung* von Informationen und die *Vernetzung* von Computern und Mobiltelefonen
2. Die großen Fortschritte der Informationstechnik durch *exponentielles Wachstum*
3. Kombinatorische Innovationen

Die beiden Wissenschaftler sind der Meinung, dass sich die Menschheit am Anfang einer zweiten Industrialisierung befindet, am Anfang eines zweiten Maschinenzeitalters. Sie glauben, dass in den nächsten Jahrzenten noch sehr viele weitere Änderungen folgen werden. Aber was genau hat sich eigentlich geändert?

Digitalisierung und Vernetzung

Unter *Digitalisierung* versteht man die Speicherung von Informationen als Folge von Bits, also von Nullen und Einsen. Die Informationen werden als Daten „konserviert" und verarbeitet, wie in den vorhergehenden Kapiteln besprochen.

Der zweite Baustein ist die schnelle Verbreitung von Daten über das Internet: die *Vernetzung*. Vor dem Internet wurden Daten mit Datenträgern ausgetauscht, wie z. B. CD-ROMs, DVDs oder Magnetbändern. Heute geht es wesentlich schneller und preiswerter. Auch können Computerprogramme miteinander Daten austauschen, man spricht hier von Maschine-zu-Maschine-Kommunikation (M2M). Die Möglichkeiten der Kommunikation sind immens gestiegen.

Wenn neue technische und soziale Erfindungen auftreten, gibt es in der Wirtschaft und in der Gesellschaft Interessenskonflikte. Denn üblicherweise hat der etablierte Teil der Gesellschaft ein nicht so großes Interesse an den Änderungen, weil er mit den bestehenden Methoden schon gut lebt. Nur

„Unzufriedene" wollen eine Änderung. Das war auch bei der Verbreitung des Internets zu beobachten.

Das erste „Opfer" der Digitalisierung und des Internets war nämlich die Musikindustrie. Musik wurde im Jahr 1999 noch auf CD-ROMs vertrieben. Die Musik selber war schon digital gespeichert, aber das Medium war noch nicht das Internet. Es war technisch sehr einfach, eine CD-ROM auszulesen und auf einem Internet-Server zu kopieren. Andere konnten sich diese „Raubkopie" dann herunterladen und auf CD brennen. Die Musikindustrie galt bei vielen auch als sozial ungerecht, weil sie sehr reiche Superstars produzierte, aber CDs doch recht teuer waren. So kam es 1999 zur Gründung der „Musiktauschbörse" Napster [Hin13]. Hier konnten „Raubkopien" der CDs heruntergeladen werden.

Die Unterhaltungsindustrie startete den „War on piracy" (Anmerkung: in den USA gibt es viele solcher „Kriege", wie z. B. den „War on drugs", den „War on terrorism" und den „War on poverty"). Dieser „Krieg" war eine der ersten Auseinandersetzungen zwischen einer alten etablierten Industrie und dem damals neuen Internet und seinen Möglichkeiten. Napster war sehr erfolgreich und hatte über 26 Millionen Nutzer. Die Musikindustrie versuchte alles, um Napster zu stoppen und startete viele Gerichtsverfahren. Die vielen Rechtstreitigkeiten zwangen Napster auch schließlich 2001 zur Schließung. Allerdings gab es inzwischen viele Nachahmer, wie z. B. FastTrack, Gnutella, Kazaa oder BitTorrent. Der „Krieg" war also für die Musikindustrie noch lange nicht gewonnen [Hin13]. Die alte Welt gab es nicht mehr, in der sich Musik nur über CDs und Radio-Programme ausbreiten konnte. Die vielen Rechtsstreitigkeiten waren nur kleine Wassertropfen auf einem sehr heißen Stein. Die Musikindustrie musste einen Weg finden, das Kopieren von MP3s zu verhindern. Eine Lösung war die *digitale Rechteverwaltung* („digital rights management", DRM). Eine Musikdatei ist damit nur auf einem bestimmten Gerät des Käufers abspielbar und nicht mehr auf anderen Geräten. Die Dateien sind zwar noch einfach zu kopieren, aber für andere nutzlos. Der Vertrieb dieser „kopiergeschützten" Musik geschah über einen eigenen „Store" im Internet. Als eine der ersten Firmen führte Apple 2003 den „iTunes Store" ein. Dieser war zusammen mit dem Abspielgerät namens *iPod* ein Riesenerfolg.

Wichtig ist auch zu sehen, das die Musikindustrie vor dem Internet keineswegs ideal war und auch die Einkommen sehr ungleich verteilt waren. Wenn eine etablierte Industrie aufgrund von neuer Technik bedroht wird, kommt es aber oft zu einer „Beschönigung" der alten Zustände.

Videos benötigen wesentlich mehr Speicherplatz als Musik. Daher war die Filmindustrie erst später vom Internet betroffen als die Musikindustrie. Aber auch hier gab es zuerst Rechtsstreitigkeiten mit den Tauschbörsen. Die Platzhirsche der etablierten Industrien versuchten, den Rechtsweg auszuschöpfen. Aber wie bei der Musikindustrie brauchte es eine Änderung des Geschäftsmodells: das *Streaming*. Man zahlt einen monatlichen Mitgliedsbeitrag und kann dann Filme gucken, die man aus einem „Pool" von Filmen auswählen kann. Die Filme werden beim Sehen direkt aus dem Internet geladen. In den USA hat hier Netflix angefangen, in Deutschland die Telekom. Heutzutage betrifft der Anteil von Video-Stream-Daten einen großen Teil des Internetverkehrs. Technisch gesehen, benötigt man die alten Fernsehleitungen nicht mehr. Man kann alles über das Internet übertragen.

Auch Software lässt sich heute „online" kaufen. Angefangen hat hier Apple mit dem iPhone und den „Apps". Inzwischen sind diese „App-Stores" sehr weit verbreitet. Es gibt sie auf allen Spielkonsolen, PCs und Mobiltelefonen. Auch Bücher gibt es digital, manche Firmen setzen auf DRM, andere nicht. Manche geben auch frei kopierbare Bücher unter der Creative-Commons-Lizenz heraus, die wir weiter unten besprechen werden.

Exponentielles Wachstum

Verschiedene Arten des Wachstums

Der Spruch *„Wir befinden uns auf der zweiten Seite des Schachbretts"* wird in der Zukunft noch öfter bei Diskussionen über Computertechnik zu hören sein. Er wird verwendet, um besonders große Fortschritte zu erklären. Um zu erklären, was damit gemeint ist, muss man allerdings ein wenig ausholen und zuerst ein paar Grundlagen behandeln. Es gibt verschiedene Arten von Wachstum. Als Beispiel sind in der folgenden Tabelle vier typische Arten von Wachstum aufgeführt:

n	Linear	Quadratisch	Logarithmisch	Exponentiell
1	1	1	0,00	2
2	2	4	1,00	4
3	3	9	1,58	8
4	4	16	2,00	16
5	5	25	2,32	32
6	6	36	2,58	64
7	7	49	2,81	128
8	8	64	3,00	256
9	9	81	3,17	512
10	10	100	3,32	1024

Das einfachste ist das sogenannte *lineare Wachstum*. Hier wird der Wert immer um den gleichen Wert größer. In diesem Fall wird immer 1 hinzuaddiert. Es kann mathematisch als $f(n) = n$ ausgedrückt werden oder rekursiv als $f(n) = f(n - 1) + 1$. Beim quadratischen Wachstum wird n immer quadriert, d.h. $f(n) = n * n = n^2$. Das quadratische Wachstum wächst *superlinear*, also schneller als linear. Ein Beispiel für *sublineares* Wachstum ist das *logarithmische* Wachstum, das in der Informatik sehr häufig vorkommt[22].

In folgendem *Funktionsgraph* werden diese drei Wachstumsarten veranschaulicht:

---

[22] Der Logarithmus zur Basis 2 ist die Anzahl, wie oft man eine Zahl durch 2 teilen kann und der Rest noch größer oder gleich 1 ist. Der Logarithmus von 2 ist 1, weil man 2 einmal durch 2 teilen kann. Der Logarithmus von 15 ist 3, denn 15 / 2 = 7 Rest 1, 7 / 2 = 3 Rest 1, 3 / 2 = 1 Rest 1.

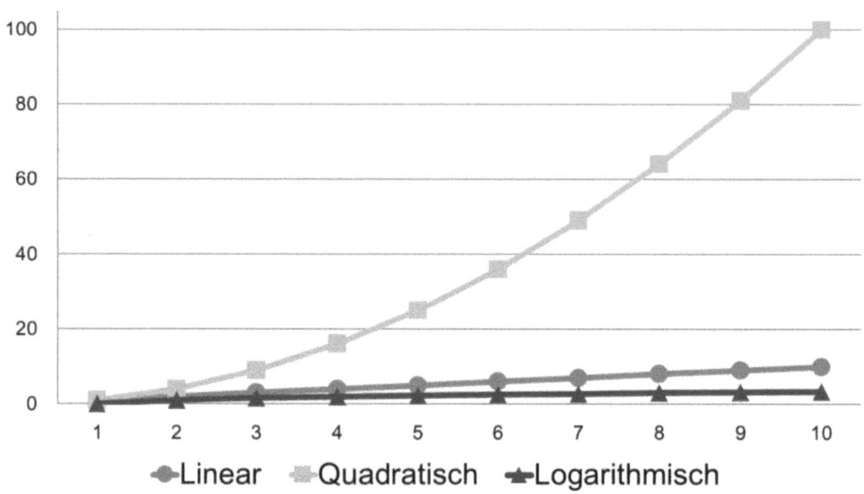

Ein solcher Funktionsgraph wird oft auch einfach nur Graph genannt, aber dann besteht Verwechslungsgefahr mit den Graphen, die Netzwerke darstellen. Der Funktionsgraph hat zwei Achsen: eine waagerechte x-Achse und eine senkrechte y-Achse. Auf der x-Achse sind Werte von 1 bis 10 eingetragen und auf y-Achse die davon abhängige Anzahl aus der obigen Tabelle. Mit diesen Funktionsgraphen kann man das Wachstum schnell einordnen.

Es gibt noch eine sehr viel schneller steigende Art von Wachstum: das *exponentielle Wachstum*. Hier wird der vorherige Wert immer verdoppelt: $f(n) = 2 * f(n-1) = 2^n$. Als Veranschaulichung wird häufig die indische Legende von der Erfindung des Schachspiels erzählt. Der Erfinder des Schachs stellt das Spiel seinem Herrscher vor und der Herrscher war so begeistert, dass er den Erfinder belohnen wollte. Der Erfinder entgegnete ihm, dass er in Reiskörnern belohnt werden wollte: auf das erste Feld des Schachfelds sollte ein Reiskorn liegen, auf dem zweiten zwei, auf dem dritten vier, auf dem vierten acht, usw. Die Anzahl der Reiskörner sollte immer verdoppelt werden. Damit war der Herrscher einverstanden und erlebte eine böse Überraschung. Denn die Anzahl der Körner wurde ziemlich schnell sehr groß. Es ist das exponentielle Wachstum zur Basis 2. Ein Schachbrett hat

8*8=64 Felder und die Zahl 2^{63} (2 hoch 63) ist sehr viel größer als es damals auf der gesamten Welt Reiskörner gab [Kur06, BA14][23].

Das exponentielle Wachstum ist in der vorherigen Abbildung nicht abgebildet, weil sich dann die anderen drei Kurven nicht gut unterscheiden lassen würden, wie die folgende Abbildung zeigt:

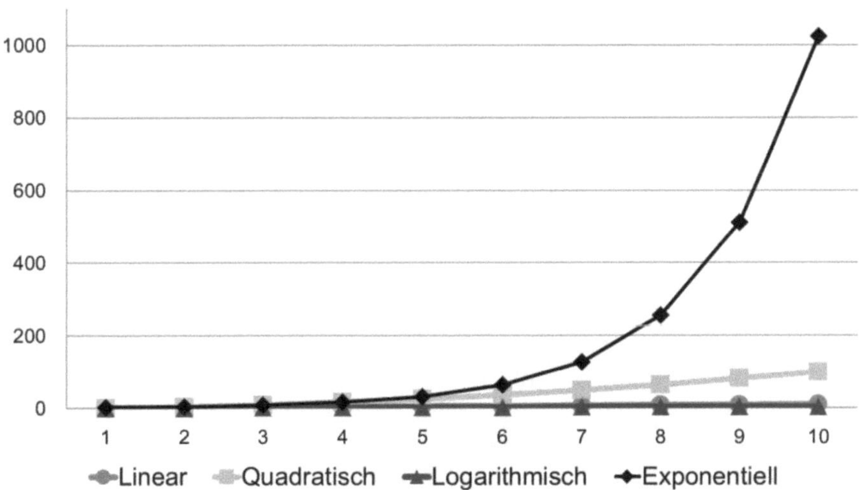

Diese *„Exponentialkurven"* haben bemerkenswerte Eigenschaften, die den Umgang mit ihnen schwierig macht: Auf einem Diagramm sieht die Steigung einer Exponentialkurve am Anfang immer aus wie lineares Wachstum. Im obigen Beispiel ist bis zum Wert 4 fast kein Unterschied zum linearen Wachstum erkennbar. Später dann gibt es einen *„Wendepunkt"* (im Diagramm bei ca. 8) und die Exponentialkurve sieht am Ende fast senkrecht aus. Es kann also sein, dass ein Wissenschaftler einen Prozess mit exponentiellen Wachstum beobachtet, er das aber erst bemerkt, wenn es zu spät ist. Der Umgang mit exponentiellem Wachstum erfordert also eine gewisse Übung und Vorsicht.

Ist viel Wachstum gut oder schlecht? Das kommt natürlich drauf an, ob etwas Positives oder etwas Negatives wächst. Das Wachstum des Wohlstands ist natürlich gut, das Wachstum von Armut nicht. Exponentielles Wachstum

---

[23] Der Logarithmus zur Basis 2 ist das „Gegenteil" des exponentiellen Wachstums zur Basis 2. Es gilt $\log(2^x) = x$.

kann auch sehr negativ sein, z. B. die Hyperinflation in den 20er-Jahren in Deutschland und Österreich oder bei der Ausbreitung von Krankheiten.

Das Mooresche Gesetz
Ein Beispiel für positives exponentielles Wachstum wurde 1965 von Gordon Moore gefunden: ca. alle 18 Monate verdoppelt sich die Anzahl der Transistoren in integrierten Schaltkreisen. Das heißt, dass die Komplexität der Computer sich alle 18 Monate verdoppeln kann. Die Ingenieure können „doppelt" so viel „Logik" einbauen und z. B. die Anzahl der Kerne in einer Multicore-CPU erhöhen[24].

Dieses Mooresche Gesetz ist allerdings kein „Gesetz" im Sinne eines Naturgesetzes, sondern eine empirische *„Beobachtung"*. Die Verdopplung tritt nicht zwangsläufig ein. Den vielen beteiligten Forschern und Unternehmen ist es bisher immer gelungen, die Anzahl der Transistoren zu verdoppeln, weil sie neue Techniken erfanden und z. B. die Integrationsdichte von Chips stark erhöhten. Das muss aber nicht immer so weitergehen und da es kein Naturgesetz ist, wurde auch schon oft ein Ende des Mooreschen Gesetzes vorhergesagt. Laut dem heutigen Diskussionstand soll es aber noch mindestens bis 2030 halten [BA14]. Und – wie wir im Laufe des Abschnitts noch sehen werden – ist es sehr schwierig, weiter darüber hinaus in die Zukunft zu gucken.

Was hat das jetzt mit der zweiten Hälfte des Schachbretts zu tun?

Das exponentielle Wachstum wächst immer stärker! Zuerst sind die Unterschiede ganz klein 1, 2, 4, 8, 16. Später aber werden die Unterschiede immer größer. Wenn dann in 18 Monaten eine Verdopplung von 2^{32} (2 hoch 32) zu 2^{33} in 18 Monaten passiert, dann ist das schon sehr viel mehr. Wissenschaftler haben sich die Entwicklung der Anzahl der Transistoren angeguckt und herausgefunden, dass 2006 die 32. Verdopplung stattgefunden hat [BA14] . Die Computer werden also in den nächsten Jahren enorme Leistungssprünge machen. Der Fortschritt in diesem Bereich wird schneller werden als in der Vergangenheit.

Extrapolation
Wenn man erahnen möchte, wie die Welt in 10 Jahren aussieht, könnte man die Welt von heute mit der Welt vor 10 Jahren vergleichen und dann

---

[24] Dieser Gordon Moore ist nicht der Edward F. Moore nachdem die Moore-Nachbarschaft aus Kapitel 2 benannt wurde.

„extrapolieren". Man ermittelt die Unterschiede, die in den 10 Jahren entstanden sind und addiert diese zum heutigen Stand hinzu. Man überlegt sich, wieviel Speicher ein PC hatte, wie schnell die CPU war, wie viele Kerne die CPU hatte, usw. Und addiert die Differenz dann zu den heutigen Werten drauf.

Aber das funktioniert nicht. Denn das Bild, das durch diese *„lineare Extrapolation"* entsteht, wird früher erreicht als in 10 Jahren. Das würde funktionieren, wenn die Anzahl der Transistoren linear wachsen würde. Bei exponentiellem Wachstum geht das nicht [Kur06].

Machen wir mal eine vereinfachte Rechnung mit dem Mooreschen Gesetz, d.h. das sich alle 18 Monate die Anzahl verdoppelt. Nehmen wir an im Jahr 2006 gab es die 32. Verdopplung. Wie groß war die „Beschleunigung" in den 10 Jahren vor 2006, also von 1996 zu 2006, und wie groß war die Beschleunigung in den 10 Jahren nach 2006, also von 2006 zu 2016?[25]

Die Antwort: Das Wachstum in den 10 Jahren danach ist 64-mal größer als das Wachstum in den 10 Jahren davor.

Und genau dieser Sachverhalt ist die Grundlage dafür, dass Menschen exponentielles Wachstum intuitiv falsch bewerten und damit auch die Zukunft falsch einschätzen. Bei der Extrapolation darf man daher die Differenzen nicht addieren, sondern muss sie multiplizieren.

> **Wichtig**: Exponentielles Wachstum ist in der Zukunft schneller als in der Vergangenheit. Das macht die Vorhersage der Zukunft schwierig.

Weitere „Wachstumsgesetze"
Es gibt noch weitere Beispiele für exponentielles Wachstum. Ein Beispiel aus der Vergangenheit sind die Kosten für Licht, diese sind exponentiell

---

[25] Hier die Rechnung für mathematisch Interessierte: In 10 Jahren gibt es $10*12/18 = 6{,}67$ Verdopplungen, die wir mal auf 6 Verdopplungen vereinfachen. Wenn 2006 die 32. Verdopplung war, dann gab es in den 10 Jahren vorher Wachstum von $2^{32-6} = 2^{26}$ auf 2^{32} im Jahre 2006. Und das ergibt einen Unterschied von $2^{32} - 2^{26} = 4.227.858.432$. In den 10 Jahren nach 2006 gab es aber Wachstum von 2^{32} zu $2^{32+6} = 2^{38}$ und das sind $2^{38} - 2^{32} = 270.582.939.648$. Das ist das 64-fache! $64 = 2^6$ für 6 Verdopplungen. Im Allgemeinen ist das das 2^k-Fache, wenn die Anzahl der Verdopplungen k ist, wegen $(2^{n+k} - 2^n)/(2^n - 2^{n-k}) = 2^{\wedge}k$.

gesunken. Früher gab es nur Kerzenlicht und dieses war am Anfang nur reichen Leuten vorbehalten. Im Laufe der technischen Entwicklung wurde Licht immer billiger, aber man musste früher sehr viel länger für eine Stunde Kerzenlicht arbeiten, als heute für eine Stunde Glühlampenlicht [Gil13, War07]. Allerdings wurden Licht und Strom in einigen Ländern im Rahmen des Umweltschutzes in letzter Zeit wieder etwas teurer.

Heutzutage wächst im Computerbereich nicht nur die Anzahl der Transistoren, sondern auch die Energieeffizienz FLOPS/Watt, die Kapazität von Festplatten in Bytes/Dollar und die Internet-Downloadgeschwindigkeit in Bytes/Dollar [BA14]. Die Anzahl der Daten, die in einem Glasfaserkabel pro Sekunde übertragen werden können, verdoppelt sich laut *„Butter's Gesetz"* alle 9 Monate [SC13, Gil13].

Das „Gesetz" des steigenden Ertragszuwachses

Aber das sind alles Einzelphänomene. Manche Leute haben es schon intuitiv gespürt, aber es stimmt: *die ganze Welt entwickelt sich immer schneller*. Es ist ja nicht nur die Computertechnik. Nachdem z. B. Alexander Graham Bell 1876 das Telefon (weiter-)entwickelt hatte, vergingen mehr als 50 Jahre bis die Hälfte der Amerikaner eins hatte. Beim Smartphone (nicht Mobiltelefon) hat das nur noch 5 Jahre gedauert. Die ganze Welt ist unwahrscheinlich „produktiv" geworden [DMW15].

Das, was ein einzelner Mensch leistet, wird seine *Produktivität* genannt. Die Produktivität der Gesellschaft ist dann die Summe der einzelnen Produktivitäten. In der Vergangenheit ist aufgrund der Vernetzung durch das Internet die Anzahl der Menschen in der Produktentwicklung und in der Forschung gestiegen. Zum Beispiel hat es in China, Indien und Brasilien große Fortschritte bei der Integration von Menschen in die Weltwirtschaft gegeben. Es arbeiten jetzt mehr Menschen mit. Und auch die Produktivität ist aufgrund der computerunterstützen Forschung und Produktentwicklung gestiegen. Die gesamte Produktivität der Gesellschaft – die kollektive Intelligenz – ist gestiegen. Und sofern keine Kriege oder andere Katastrophen dazwischen kommen, wird sie auch weiter steigen. Es ist eine *„positive Feedback"-Schleife* entstanden, die dafür sorgt, dass die Entwicklung immer schneller wird. Der Zukunftsforscher Raymond Kurzweil hat dieses im *„Gesetz des steigenden Ertragszuwachses"* („the law of accelerating returns") zusammengefasst [Kur06]. Nach Kurzweil ist der Fortschritt sogar „doppelt exponentiell", weil die Digitalisierung für eine enorme Steigerung des Wachstums sorgen kann und noch nicht alle Bereiche des Lebens digitalisiert wurden. Sobald eine Technologie mit der Informationstechnologie produziert werden kann, wird der technologische Wissensstand exponentiell steigen. Mit dem Internet der Dinge werden demnächst die physikalischen Objekte „digitalisiert" (siehe Abschnitt 10.4). Mit der Genetik, Nanotechnologie und der Robotik stehen laut Kurzweil noch ein paar Kandidaten für große Wachstumssteigerungen in Aussicht. Raymond Kurzweil hat 2005 in seinem Buch geschrieben, dass sich der Fortschritt alle 10 Jahre verdoppelt. Im Jahr 2015 gab es seiner Vorhersage nach also doppelt so viel Fortschritt wie 2005.

> **Wichtig**: Die gesamte Menschheit entwickelt sich immer schneller. Daher ist die Zukunft sehr schwer vorherzusagen.

9.2 Die digitale Ökonomie

Die drei Bausteine Digitalisierung, das exponentielle Wachstum und die kombinatorischen Innovationen führen zu einer digitalen Ökonomie, in der sich vieles von der traditionellen materiellen Ökonomie unterscheidet [BA14, SV98]. Die drei größten Unterschiede sind die folgenden:

- Rivale Güter vs. nicht-rivale Güter
- Knappheit vs. Überfluss („scarcity vs. abundance")
- Netzwerkeffekte

Rivale Güter werden beim Konsum verbraucht, wie z. B. Lebensmittel. Einen Kuchen kann man nur einmal essen. *Nicht-rivale* Güter hingegen werden bei der Benutzung nicht verbraucht. Digitale Daten verbrauchen sich nicht, eine MP3-Datei kann man beliebig oft hören. Verbrauchen tun sich allerdings die Speichermedien, wie Festplatten und USB-Sticks und das Abspielgerät. Auch sind viele Zwischenstufen zwischen „rival" und „nicht-rival" möglich. Ein Hammer z. B. kann hintereinander von mehreren Menschen benutzt werden, er verbraucht sich auch, aber nicht schnell. Ein Bleistift verbraucht sich schneller.

Digitale Güter sind nicht-rival und lassen sich außerdem auch leicht kopieren. Damit sind sie (fast) unbegrenzt verfügbar, sofern sie einmal erstellt wurden. Nur die erste Erstellung kostet. Diese erste Erstellung kann natürlich auch sehr teuer sein, wie z. B. bei Hollywood-Filmen oder bei Computerspielen. Das Computerspiel „Grand Theft Auto 5" z. B. hatte ein Budget von über 250 Millionen US Dollar. Carl Shapiro und Hal R. Varian drücken das folgendermaßen aus *„Information ist teuer herzustellen, aber billig zu* *kopieren"* [SV98]. Digitale Güter sind nicht mehr knapp. Physikalische Güter, wie z. B. Autos oder Waschmaschinen, haben hier andere Eigenschaften. Es macht zwar preislich einen großen Unterschied, ob man nur 10 Autos herstellt oder 10.000, weil die Massenproduktion durch Optimierung die Stückkosten senken kann. Aber auch das 10.001 Auto ist nur mit erheblichen Kosten zu produzieren. Ökonomen nennen die Kosten vom Übergang der Herstellung von n Stück zu n+1 Stück die *Grenzkosten* oder *Marginalkosten*. Diese sinken in der Regel. Sprichwörtlich kann man sagen „je mehr man herstellt, desto billiger wird es pro Stück". Eine Kopie einer Datei kostet aber immer gleich viel und ist von Anfang an niedrig.

In allen Netzwerken kann man sog. *Netzwerkeffekte* beobachten. Stellen Sie sich vor, noch niemand hätte ein Telefon. Dann macht es für den Einzelnen auch keinen Sinn, sich ein Telefon zu kaufen, weil die meisten Leute auch noch keins haben. Je mehr Leute sich aber eins kaufen, desto mehr Leute sind erreichbar und desto mehr lohnt es sich. Der Nutzen eines Netzwerks steigt mit der Anzahl der Benutzer. Je mehr Benutzer einsteigen, desto mehr Nutzen bekommt das Netzwerk [BA14, Kad11, EK10].

Aufgrund dieser drei Eigenschaften (nicht-rivale Güter, Überfluss und Netzwerkeffekte) ist die digitale Ökonomie anders als die traditionelle. Das hat zu vielen Änderungen geführt, z. B. bei den Geschäftsmodellen.

9.3 Innovationen vs. Wettbewerb

Früher musste ein Unternehmen viele Dienstleistungen selber ausführen. Im Folgenden sind einige Dinge aufgeführt, die eine Firma bis in die 90er-Jahre hinein benötigte [Hin13]:

- Räume: Büros, Produktionsstätten, Lager
- Ausrüstung, Inventar
- Postversand und -empfang
- Druckaufträge
- Personal und Personalverwaltung: Direktoren, Abteilungsleiter, Sekretärinnen, Manager, Arbeiter, Verkäufer, Notare

Dieses war mit hohen Kosten verbunden. Heute wurde davon vieles digitalisiert und lässt sich inzwischen von anderen Unternehmen als Dienstleistung beziehen. Daher muss eine Firma selber nicht mehr so viele Menschen einstellen und damit ist in kleinen Firmen auch keine Personalabteilung notwendig. Die Beschäftigung von Subunternehmern, Freiberuflern und Selbständigen auf Vertragsbasis ist nicht nur flexibler als die klassische Anstellung, sondern aufgrund der Spezialisierung auch notwendig. Denn ein einzelnes Unternehmen kann nicht für alle Fragestellungen einen Experten in Festanstellung beschäftigen. Leider werden flexible Einstellungsmodelle in der EU in vielen Ländern behindert [Hin13] oder es herrscht große Rechtsunsicherheit wie in Deutschland.

Auch braucht ein Unternehmen heute große Teile seiner Produkte nicht mehr selber herstellen, sondern kann diese bei Zulieferfirmen in Auftrag geben. Die Chiphersteller Apple, NVIDIA oder AMD lassen z. B. alle beim Halbleiterhersteller TSMC fertigen. Digitale Produkte benötigen keine Verpackung und werden nicht per Post versendet. Die Kommunikation innerhalb von Firmen wurde durch Email, Chat, Video-Konferenzen, usw. erheblich verbessert [Hin13]. Und auch die Kosten für die Gründung von Unternehmen wurden in vielen Ländern gesenkt. In Europa ist es jedoch immer noch teurer als in den USA.

Es ist heute also relativ einfach möglich, selber ein Unternehmer zu werden. Das ist heute nicht mehr gleichbedeutend mit „Kapitalist“, weil heute nur noch wenig Kapital erforderlich ist. Man braucht das unternehmerische Wissen und die Geschäftsidee.

Früher war der technische Fortschritt sehr viel langsamer. Die Wirtschaft war weniger dynamisch und alles lief aus heutiger Sicht wie in Zeitlupe ab. Ein typischer Arbeitnehmer machte eine Ausbildung und arbeitete dann bis zur Rente in wenigen Unternehmen. Manche arbeiteten sogar ihr Leben lang in nur einem Unternehmen.

Im Großen und Ganzen war der globale Wettbewerb im 20. Jahrhundert ein langsamer Prozess. In den meisten Märkten gab es ein paar weltweit agierende dominante Unternehmen. Diese Firmen standen gegenseitig im Wettkampf, wie z. B. Ford versus General Motors, Coca-Cola versus Pepsi oder Burger King versus McDonald's [DMW15]. In diesem Klima war *„Wettbewerb“* in der Managementliteratur das wichtigste Thema, wie z. B. das Buch *„Competitive Advantage: Creating and Sustaining Superior Performance“* von Michael E. Porter von 1985 zeigt [Por85]. Da es weniger Innovationen gab, waren die Märkte statischer und die Wirtschaft war meistens ein Nullsummenspiel: Die eine Firma konnte nur auf Kosten der anderen Firma gewinnen. Es ging immer um Marktanteile. Ein großer Teil der Unternehmensstrategie galt daher dem Wettbewerb: Beobachtung der Wettbewerber, Analyse der Struktur des Marktes, Verteidigung des eigenen Terrains und Angriff der anderen Firmen [Por85]. *„Competition“* war das

Zauberwort und prägte auch die amerikanische Kultur der 80er-Jahre von Soap-Operas wie Dallas bis hin zur Hip-Hop-Musik, bei der meist männliche Sänger ein ausgeprägtes Konkurrenzverhalten betonten. Damals dachte man „Ich kann nur gewinnen, wenn ich besser bin als andere, wenn ich andere besiege, wenn ich andere schlage".

Aufgrund der langsamen technischen Innovation waren die Märkte „fix", d.h. sie änderten sich nicht. Daher waren sich die verkauften Produkte über einen langen Zeitraum alle sehr ähnlich bis zur nächsten Innovation. Ein Unternehmen in einem solchen Markt kann die Produkte nur über den Preis und die Qualität differenzieren: das Produkt muss günstiger werden. Also suchen die Unternehmen nach Möglichkeiten, die Kosten zu senken. Das ist auf der einen Seite eine Optimierung des Produktionsprozesses, der zu begrüßen ist. Auf der anderen Seite wird auch versucht, bei den Arbeitern und Angestellten zu sparen. Dieses wurde z. B. damit erreicht, die Produktion in andere Länder zu verlegen. Preiswettkämpfe werden in fixen Märkten immer härter. Es setzt ein Wettbewerb um die niedrigsten Kosten ein. Dieses ist auf der Angebotsseite im Unternehmen für Angestellte und Zulieferer schlecht, auf der Nachfrageseite wiederum gut, denn die Produkte werden billiger. Wie bereits früher in Abschnitt 5.4 erklärt, hat in der Ökonomie alles zwei Seiten wie das Yin und Yang-Symbol.

Die Wirtschaftswissenschaftler und Unternehmensberater W. Chan Kim und Renée Mauborgne haben die passendste Metapher für fixe Märkte gefunden, in denen der Wettbewerb „blutig" und gnadenlos wurde: Ein Markt mit viel Wettbewerb ist ein *„roter Ozean"*. Ein Markt mit wenig Wettbewerbern ist hingegen ein *„blauer Ozean"*. In ihrem Buch *„Der Blaue Ozean als Strategie: Wie man neue Märkte schafft, wo es keine Konkurrenz gibt"* entwickeln sie ein „Programm", mit dem Unternehmen auf die Suche nach blauen Ozeanen gehen können [KM05].

Ein großer Teil der Kritik am „Kapitalismus" bzw. an der Marktwirtschaft ist aufgrund dieser „roten Ozeane" entstanden. Diese Kritik war in der Vergangenheit teilweise auch berechtigt. Aber auch einseitig, denn die Kritiker haben nur die negativen Erscheinungen auf der Angebotsseite, nicht aber die Preisreduktionen auf der Nachfrageseite beachtet. Karl Marx z. B. dachte, das Proletariat würde im Laufe der Zeit verelenden, weil die Arbeiter aufgrund des Kostendruckes immer weniger verdienen würden. Er dachte, am Ende würden sie nur noch so viel verdienen, wie sie zum Leben benötigen (Subsistenzniveau). Aber seine Vorhersage war falsch, denn es entstanden aufgrund neuer Erfindungen auch wieder blaue Ozeane und die Preisreduktionen in den roten Ozeanen ermöglichten den Arbeitern schließlich Wohlstand, denn sie konnten sich mehr Produkte kaufen als vorher.

Die Wirtschaft ist heute global aufgrund der Digitalisierung und der damit verbundenen einfachen Kommunikationsmöglichkeiten. Diese *„Globalisierung"* hat unterschiedliche Effekte je nach Produktionskosten und Lohnniveau. Eine Firma in einem Land mit hohen Löhnen und hohen Produktionskosten kann in einem roten Ozean nicht mit Firmen aus Ländern mit niedrigeren Löhnen konkurrieren, wenn die Löhne einen hohen Teil der Kosten ausmachen. Für eine Firma in einem Land mit niedrigen Löhnen und Produktionskosten ist ein „roter Ozean" nicht gefährlich, wenn sich bisher nur Konkurrenten aus den „Hochpreisländern" darin befinden. Die *Globalisierung* hat viele rote Ozeane geschaffen. Ein großer Teil der Produktion wurde z. B. von den USA und der EU in asiatische Länder verlagert bzw. „out-gesourced".

Die heutige Wirtschaft setzt ihren Schwerpunkt daher auf *Innovation* statt auf *Wettbewerb* und das sieht man der Managementliteratur auch an.

> **Wichtig**: Die Globalisierung führte dazu, dass Unternehmen in Hochlohnländern ihre Strategie von Wettbewerb auf Innovationen umstellen mussten, damit sie der Konkurrenz aus Niedriglohnländern entgehen können. Sie müssen blaue Ozeane schaffen.

Peter Thiel, einer der beiden Gründer von PayPal und der erste externe Investor von Facebook drückt den Unterschied zwischen roten und blauen Ozeanen, zwischen Wettbewerb und Innovation in seinem Buch *„Zero to One: Wie Innovation unsere Gesellschaft rettet"* als *Globalisierung* und *Technologie* aus [TM14]: Technologie ist für ihn Innovation, Globalisierung ist Wettbewerb.

Und der Wettbewerb findet in Zukunft wirklich global statt. Im Jahr 2020 werden 40% der 25-34-Jährigen in den Schwellenländern, wie z. B. Brasilien, China, Indien oder Südafrika, eine höhere Ausbildung haben als die in den OECD-Ländern, d.h. der „westlichen" Welt: USA und EU. Ein großer Teil der „komplizierten" Arbeiten wird dann auch in die Schwellenländer abwandern [Pea15]. Dem „Westen" bleiben also nur die „komplexen Aufgaben" und das sind die Innovationen.

9.4 Agile Unternehmen

Die Unternehmen haben sich in den letzten Jahrzenten stark geändert, weil sie sich an den technischen Fortschritt und an die Globalisierung anpassen mussten. Früher waren Firmen mechanistisch, hierarchisch, basierten auf Kontrolle, „top-down"-Planung und Wettbewerb. Es war früher notwendig durch die reine Größe des Unternehmens Skalen-Vorteile bei der Produktion zu erlangen, um die Kosten reduzieren zu können, um wiederum im Wettbewerb zu bestehen. Daher wurden die Firmen immer größer. Heute haben Firmen flache Hierarchien, möchten möglichst beweglich sein und schnell reagieren können, sind „agil" und „lean", haben Qualitätskontrolle mit SixSigma, optimieren ihre Prozesse mit Kanban und machen „Knowledge Management" in Kompetenzcentern [DMW15, Cor11, Hin13].

Wasserfall vs. agil

Ein schönes Beispiel für diese geänderte Anschauung ist die Software-Entwicklung. Früher wurde Software nach dem sog. *Wasserfall-Modell* entwickelt. Hier wurden die einzelnen Schritte der Reihe nach abgearbeitet:

1. In der *Anforderungsanalyse* wurde ermittelt, was der Kunde mit der Software erreichen möchte. Welche Daten werden eingegeben und welche werden wieder ausgegeben?
2. In der *Spezifikationsphase* wurde ein grobes Modell der Software erstellt. In welche Komponenten wird die Software gegliedert, wie reden diese Teile miteinander, welche Klassen gibt es?
3. In der *Implementierung* erstellten die Software-Entwickler aus der Spezifikation ein Programm.
4. Dieses wurde anschließend in der *Test-Phase* getestet.
5. Schließlich wurde das Programm in Betrieb genommen oder an die Kunden ausgeliefert.

Die Software-Entwicklungsmethodik der 70er und 80-er Jahre sah dieses Modell wirklich als Ideal an. In bestimmten Branchen bzw. Bürokratien wird es teilweise bis heute noch verwendet. Das Problem: Das Wissen entsteht erst während des Projekts. Es ist sehr schwierig für Menschen, Wissen explizit zu formulieren. Oft wissen Kunden gar nicht, was sie genau benötigen. Sie haben in der Anforderungsanalyse noch gar keine genaue Vorstellung davon, wie das eigentliche Programm aussehen soll. Das zweite Problem ist, das

Softwareprojekte auch mehrere Jahre dauern können. Wenn das System mit dem Wasserfallmodell dann nach zwei Jahren fertig war, hatte sich die Business-Situation schon längst wieder geändert.

Deshalb wird Software heute *agil* und *iterativ* entwickelt. Die bevorzugte Methode heißt „*Scrum*" [Sch07]. Die Entwicklung bei Scrum ist in kurze „Sprints" eingeteilt:

- Der „*ScrumMaster*" verwaltet das Projekt und koordiniert die Entwicklung.
- Der „*ProjectOwner*" ist derjenige, der die Anforderungen festlegt und bestimmt, welche Eigenschaften das Programm haben soll.
- Die Entwicklung geschieht in *Sprints*. Diese sind 1 - 4 Wochen lang. Vor dem Sprint legt das Entwickler-Team zusammen mit dem ProjectOwner und dem ScrumMaster fest, welche „Features" im aktuellen Sprint implementiert werden sollen
- Nach jedem Sprint erfolgt eine Analyse des Erreichten und eine Neubewertung der Situation.

Mit Scrum lassen sich auch am Anfang nicht vorgesehene Eigenschaften in das System einbauen und ist sehr viel erfolgreicher als das Wasserfallmodell. Bei Scrum ist es wichtig, immer ein lauffähiges System zu haben. Scrum ist ein schönes Beispiel für die Verbesserung der Produktivität durch Analyse und Verbesserung der Arbeitsschritte, wie wir sie schon in Abschnitt 4.2 erwähnt hatten. Das Wasserfall-Modell hat das gleiche Problem wie die zentrale Planwirtschaft: das Wissen muss vorher gesammelt und zentralisiert werden. Bei Scrum bleibt es verteilt in den Teams und Entscheidungen werden dezentral gemacht. Im Bereich der industriellen Fertigung sind weitere Methoden entstanden, die sich auch in der Softwareentwicklung einsetzen lassen, wie z. B. Kanban, Kaizen und Lean [OF14].

Kapital, Wissen und Entrepreneurship

Der Begriff „Kapital" bezog sich ursprünglich auf Geld. Früher – als Kapital noch der limitierende Produktionsfaktor war – war wirklich nur Geld und die Möglichkeit, Arbeiter einzustellen, notwendig, um ein Unternehmen zu gründen. Mit dem Geld wurden dann die Maschinen gekauft, die damals noch einfach zu bedienen waren. Heute ist aufgrund des Fortschritts sehr viel Wissen erforderlich. Mit Geld alleine kann man kein erfolgreiches Unternehmen gründen. Z. B. muss das Personal gebildet sein und die Supply-Chain und die Prozesse des Unternehmens müssen optimiert und an die speziellen Bedingungen des Unternehmens und seiner Märkte angepasst sein.

Interessanterweise hat man am Begriff „Kapital" einfach festgehalten und ihn in verschiedene Richtungen erweitert:

- *Humankapital* ist das Wissen der Mitarbeiter
- *Strukturkapital* ist das Wissen in den Geschäftsmodellen und den Prozessen, wie z. B. der Supply-Chain
- *Beziehungskapital* ist das Wissen über Kunden, Zulieferer und Angestellte
- *Intellektuelles Kapital* ist das Wissen des Unternehmens

Somit kann man auch heute noch sagen, ein Unternehmen bräuchte nur „Kapital" und wir leben im „Kapitalismus". Aber das ist „gemogelt" und hat vielen den Blick vernebelt. Wie bereits in Abschnitt 4.2 gesagt, ist Wissen inzwischen der limitierende Faktor.

> **Wichtig**: Wissen und Geld haben einen ganz großen Unterschied: Geld lässt sich einfach überweisen oder eintauschen, Wissen muss erst in jahrelanger Arbeit erlernt werden.

Es ist nicht einfach, Wissen von einem Menschen zum nächsten Menschen zu „transportieren". Der in Deutschland herrschende „Fachkräftemangel" ist ein Beispiel dafür, dass es nicht so einfach ist. Ansonsten könnte man die Menschen ja einfach „umschulen". Die Allgemeinheit ist sich aber oft nicht darüber bewusst, das „Kapital" nicht mehr ausreicht. Im Rahmen der Euro-Krise wurde oft in den deutschen Medien diskutiert, dass man Griechenland doch helfen würde, wenn man ihnen Geld leiht bzw. stundet. Geld ist aber heutzutage nicht der wichtige Faktor, um bei einer Wirtschaftskrise zu helfen. Es ist unternehmerisches und wirtschaftliches Wissen: Entrepreneurship. In diesen Ländern muss die Wirtschaft wieder in Schwung gebracht werden und das geht in der Wissensgesellschaft nicht mehr mit „Kapital". Ein weiteres Beispiel ist der Länderfinanzausgleich in Deutschland. Nur mit dem Transfer von Kapital kann man strukturschwachen Bundesländern heutzutage nicht mehr helfen.

Beim *„intellektuellen Kapital"* muss man zwischen den beiden folgenden Kategorien unterscheiden [BA14]:

- Benutzergenerierte Inhalte („user-generated content")
- Geistiges Eigentum („intellectual property", IP)

Benutzergenerierte Inhalte entstehen z. B. bei Facebook, Twitter, YouTube und Pinterest. Die Qualität der Inhalte der anderen bestimmt über den Netzwerkeffekt die Nützlichkeit des Dienstes. Zum geistigen Eigentum zählen u. a. Copyright, Patente, Trademarks und Firmengeheimnisse. Da das geistige Eigentum auch eine politische Komponente hat, besprechen wir es später im politischen Kapitel in Abschnitt 11.8.

9.5 Innovationen

Große Unternehmen haben ein Problem: sie sind oft schwerfällig und bürokratisch. Ein Unternehmen muss, um konkurrenzfähig zu sein, seine Prozesse an die augenblicklichen Produkte anpassen. Ein erfolgreiches Unternehmen optimiert die Produktherstellung: alles ist auf die augenblickliche Produktion hin fixiert. Wenn jetzt zusätzlich neue Produkte hergestellt werden sollen oder es große Änderungen an den Produkten gibt, dann muss die Produktion umgestellt werden. Das ist heute bei kleinen Änderungen aufgrund des Supply Chain Managements (SCM) und dem Enterprise Resource Planing (ERP) oftmals nicht so schwierig. Wenn die Änderungen aber so groß sind, dass auch die Organisation der Firma betroffen ist und z. B. Abteilungen zusammengelegt werden müssen, dann ist dieses oft nur schwer möglich, weil die Angestellten, Teile des Managements oder die Gewerkschaften diese Änderungen nicht einsehen, nicht unterstützen und boykottieren. Oftmals gibt es in den Medien auch dann Schlagzeilen wie „Firma X will 2500 Menschen entlassen, obwohl die Gewinne so hoch sind". Damit kann sich das große Unternehmen nicht an die geänderte Situation anpassen, während die Presse glaubt, dass das Unternehmen nur aus reiner „Profitgier" handelt. Die Anpassung unterbleibt und die Firma wird *„fragiler"*.

Die Geschichte der IT-Industrie z. B. zeigt, dass auch erfolgreiche Unternehmen regelmäßig Schwierigkeiten haben, an der Spitze zu bleiben [Chr97]. In den 60er- und 70er-Jahren führte IBM den Mainframe-Markt an. In den 80er-Jahren führten Digital Equipment Corporation (DEC), Data General, Wang, Nixdorf und Hewlett-Packard den Markt für Unternehmenscomputer an. Bei den Home-Computern waren Commodore und Atari die beliebtesten. Der Markt für Grafik-Workstations in den 90ern wurde von Silicon-Graphics (SGI) und Sun beherrscht. IBM schaffte es also nur im PC-Bereich einen Standard zu setzen und wurde dort aber auch durch die vielen Nachbauten aus Asien verdrängt. In technischen Märkten gibt es aufgrund des Wettbewerbs und der vielen Innovationen ein ständiges Auf-

und Ab. Die von Karl Marx beschriebenen Zentralisierungsprozesse, die letztendlich zum Monopolkapitalismus führen sollen, gibt es in der Realität nicht.

Der Unternehmensberater und Professor Clayton M. Christensen untersuchte in seinem 1997 erschienenen Buch *„The Innovator's Dilemma"*, warum gute Firmen nicht in der Lage waren, sich an *„disruptive"*[26] Technologien anzupassen [Chr97]. Und er entwickelte eine Reihe von Kriterien, mit denen Manager in Zukunft bessere Entscheidungen machen können. In den drauffolgenden Jahren wurden die Managementtechniken zum Umgang mit dem schnellen technologischen Wandel weiterentwickelt. Heutzutage sind Agilität und Geschwindigkeit wichtig. Ein Unternehmen soll „mager" und „schlank" sein („lean") und möglichst sogar eine „lernende Organisation" sein. Im Sommer 2015 gab z. B. Google bekannt, dass das Unternehmen umstrukturiert wird und die Dachorganisation Alphabet heißen wird. Mit Alpha bezeichnen Aktienhändler die Aktien, die überdurchschnittliche Gewinne versprechen und „to bet" heißt wetten: alpha-bet. Alpha-Wette. Diese Reorganisation kann als Google's Versuch gesehen werden, die Firma gegen Veralterung und Bürokratie zu schützen und robuster zu machen.

9.6 Entrepreneure

Innovationen werden daher oft von neuen Unternehmen erstellt, weil die alten zu schwerfällig, zu beschäftigt oder zu uninteressiert sind. Ein großes Unternehmen kann auch die Strategie verfolgen, Innovationen einfach von Zulieferfirmen zu beziehen oder junge innovative Unternehmen aufkaufen und zu integrieren. Große Firmen, wie z. B. Apple, kaufen regelmäßig kleine Firmen ein, wenn es finanziell vorteilhaft für sie ist.

Die Unternehmensgründer von heute sind nicht unbedingt Menschen, die unbedingt Karriere machen und viel Geld verdienen wollen. Dafür ist die Gründung eines Unternehmens zu risikoreich. Viele Entrepreneure suchen einen Sinn in ihrer Arbeit, möchten die Welt verändern und wollen keinen automatischen und langweiligen Job von „9 to 5" (von 9 bis 17 Uhr) machen [Pea15]. Peter Thiel, Gründer von PayPal und erster Investor von Facebook, beschreibt den Entrepreneur als Mensch mit Stärken und Schwächen, als Licht- und Schattengestalt, als Insider und Outsider [TM14]. Denn ein Entrepreneur muss ein Außenseiter sein, weil er eine Idee jenseits des Mainstreams benötigt. Er braucht etwas neues, eine Überraschung. Er muss

---

[26] Eine „disruptive" Technologie ersetzt die bisher genutzte Technik.

eine Idee von etwas haben, das in der Zukunft für andere einen Wert hat. Etwas, woran heute noch kein anderer denkt. Peter Thiel fragt in einem Bewerbungsgespräch den Bewerber als erstes die folgende Frage *„Welche Ihrer Überzeugungen würden nur wenige Menschen mit Ihnen teilen?"* [TM14]. Auf der anderen Seite muss der Entrepreneur später dann aber auch überzeugen und ein Unternehmen führen können und auch ein „Insider" sein.

Entrepreneurship ist ein noch recht junges Thema, aber Bücher über Selbständigkeit und Firmengründungen schießen wie die Pilze aus dem Boden. Im Gegensatz zu bürokratischen Organisationen, wie Behörden, Banken und große Unternehmen, gibt es bei vielen Startup-Firmen flache Hierarchien und die Möglichkeit, ein individualistisches Leben zu führen. Man ist in einer kleinen Firma kein Rädchen in einer großen Maschine. Für viele junge Leute ist es die einzige Art, ein kreatives und ausgefülltes Leben zu führen. Denn Bürokratie basiert auf der Einhaltung von Hierarchien, Regeln und Vorschriften, während ein Startup auf Querdenken, Experimentieren und Ausprobieren beruht. Innovationen benötigen freie Menschen und auch freie Unternehmen.

9.7 Neue Geschäftsmodelle

Das entflochtene Unternehmen

Um ein Unternehmen erfolgreich zu betreiben, muss es eine bestimmte Vision von sich und der Welt haben: ein *Geschäftsmodell* („business model"). Dieses Modell beschreibt, wie das Unternehmen Geld verdient und welche Abteilungen welche Funktionen dabei haben. Das Geschäftsmodell ist die „Architektur" des Unternehmens, *„das Grundprinzip, nach dem eine Organisation Werte schafft, vermittelt und erfasst"* [OP10].

Diese Geschäftsmodelle lassen sich mit Mustern beschreiben, mit sog. Geschäftsmodellmustern [GFC13]. Mit Hilfe dieser Muster kann man die Struktur von Unternehmen analysieren und beschreiben. Beispiele für Geschäftsmuster sind der Direktverkauf von der Fabrik, die Flatrate, das Abonnement oder „Pay what you want". Wir haben auch in Abschnitt 5.5 das Beispiel „Franchising" angesprochen.

Die Unternehmensberater John Hagel und Marc Singer haben die folgenden drei grundlegende *„Säulen"* innerhalb von Unternehmen gefunden [OP10]:

- Kundenbeziehungen
- Produktinnovation
- Infrastruktur

Bei den *Kundenbeziehungen* geht es um die Beziehungen zu den bestehenden Kunden und um das Finden von neuen Kunden. Neue Produkte und Dienstleistungen entstehen durch *Produktinnovation*. Die *Infrastruktur* besteht aus den Fabriken, Industrieanlagen, Büros, Autos, etc. und der Verwaltung dieser Objekte.

Diese drei Bereiche unterscheiden sich stark in ihren Aufgabenstellungen und ihren „Kulturen". Daher sollte man in jedem Unternehmen untersuchen, ob ein solcher Bereich nicht in eine eigene Firma ausgelagert werden sollte. Wenn ein Unternehmen nur noch eine „Säule" anbietet, nennt man es *entflochtenes Unternehmen*. Da das Internet und die Digitalisierung neue Arten der Kommunikation ermöglichen, sind auch neue Arten der Entflechtung entstanden.

Ein Beispiel für ein bisher nicht entflochtenes Unternehmen ist ein Taxi-Unternehmen. Ein Taxi-Unternehmen besteht aus einer Zentrale mit Telefon, einem Fuhrpark mit Fahrzeugen und den Taxi-Fahrern. Ein Taxi-Unternehmen vermittelt einer Person einen Kontakt zu einem Fahrer. Es ist ein Zwischenhändler zwischen Fahrgast und Fahrer. Ein Taxi-Unternehmen besteht also aus den Säulen Kundenbeziehungen (die Telefon-Nummer, die oftmals einfach zu merken und bekannt ist) und der Infrastruktur. Ein solches Taxi-Unternehmen ist noch nicht entflochten: hier ist zu erwarten, dass in der Zukunft spezielle Unternehmen für die Infrastruktur (Fuhrparkverwaltung) und die Kundenbeziehungen entstehen. Die großen Autovermietungen haben hier schon angefangen.

Long Tail

Wenn ein Supermarkt eine große Anzahl von verschiedenen Produkten vorhalten möchte, benötigt er eine Menge Platz und die Besucher des Supermarkts müssen eine große Strecke zurücklegen, wenn sie einkaufen wollen. Daher ist eine wichtige Aufgabe eines Händlers, nur die Waren zu führen, die auch Käufer finden. Es findet eine Vorselektion durch den Supermarktbetreiber statt.

Der Ökonom Vilfredo Pareto (wir sind ihm schon in den Abschnitten 2.4 und 5.2 begegnet) hat die sog. 80/20-Regel formuliert, die auch als *Pareto-Prinzip* bekannt ist. In der folgenden Abbildung sind als Beispiel die Verkäufe eines sehr kleinen Supermarkts als Verkaufskurve dargestellt.

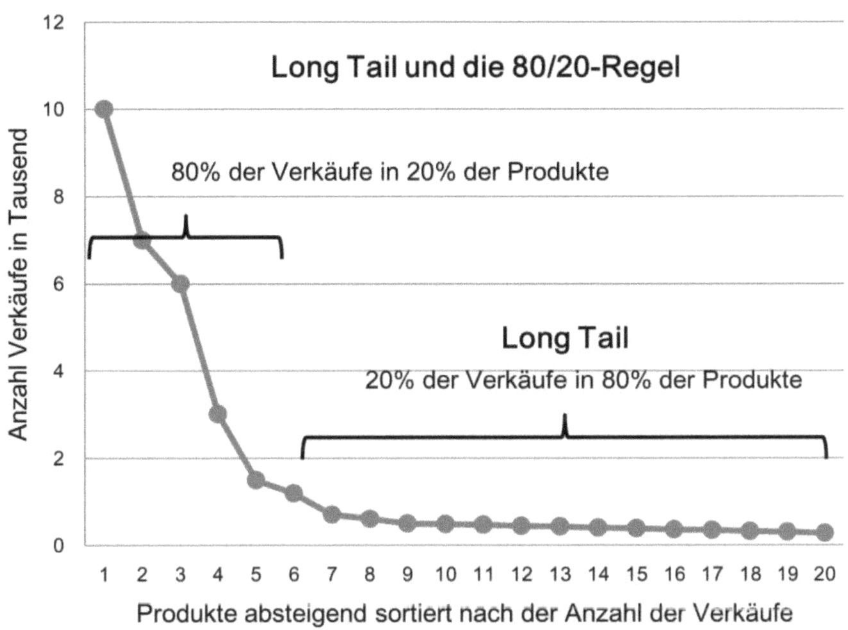

Auf der horizontalen x-Achse sind die Produkte eingetragen (der Einfachheit halber nur nummeriert von 1 bis 20), auf der vertikalen y-Achse die Verkäufe. Diese Art von Verteilung ist auch eine *Pareto-Verteilung* wie der Wohlstand im Sugarscape in Abschnitt 2.4. Es gibt typischerweise ein paar Produkte, die sich sehr gut verkaufen. Die meisten verkaufen sich aber nur in geringen Mengen, weil sich nicht viele Menschen dafür interessieren. Der *„Long Tail"* ist das lange Ende der Kurve.

Digitale Produkte benötigen nur wenig Platz auf der Festplatte. Sie lassen sich daher sehr einfach vorhalten. Darum können Online-Buchhändler auch wesentlich mehr verschiedene digitale Bücher anbieten, als ein Buchladen in der Fußgängerzone. Für einen weniger bekannten Buchautor hat das Vorteile, denn er kann über eine Internet-Plattform direkt potentielle Leser erreichen. Bücher von unbekannten Autoren werden von traditionellen Buchhändlern nur selten geführt, weil die Bücher Platz im Laden wegnehmen würden.

Der „Long Tail" bedeutet also, dass man mit dem Internet auch sehr spezielle Produkte und Dienste anbieten kann, weil Angebot und Nachfrage eher zusammen finden.

Crowd Funding

Manche Projekte oder Unternehmen können erst richtig durchstarten, wenn sie eine finanzielle Starthilfe erhalten. Sie können bei Banken um einen Kredit bitten oder bei privaten Firmen sog. Venture-Kapital beantragen. Oft ist ein solcher Kredit aber mit hohen bürokratischen Auflagen verbunden. In manchen Fällen möchte ein Kreditgeber auch ein Mitbestimmungsrecht im Unternehmen erhalten. Auf jeden Fall ist es nicht einfach und anstatt das eigentliche neue Produkt zu entwickeln, entwickelt das Unternehmen zuerst einmal die erforderlichen Dokumente und Businesspläne, die der Kreditgeber verlangt.

Aber hier gibt es einen Ausweg: eine Crowd Funding-Webseite bringt potentielle private Investoren mit Menschen zusammen, die Investitionskapital benötigen. Die zu finanzierenden Projekte und Produkte werden auf einer Webseite vorgestellt und die Investoren können ihre finanzielle Unterstützung zusichern. Dieses Muster hat sich in der Vergangenheit schon öfters bewährt und es wurden z. B. schon Computerspiele, Filme und Musikalben so finanziert. Das Crowd Funding ist eine soziale Innovation. Es ist ein Beispiel, wie auf technische Erfindungen auch soziale Erfindungen folgen.

Crowd Sourcing

Oftmals müssen Firmen bestimmte Arbeiten auslagern. Aufgrund des hohen Spezialisierungsgrads kann ein Unternehmen nicht für alle Eventualitäten einen Spezialisten einstellen. Besonders in kleineren Unternehmen, benötigt man Mitarbeiter mit vielen Kenntnissen, die flexibel einsetzbar sind. Die Spezialisten müssen dann von außen „eingekauft" werden. Es gibt z. B. alleine bei Datenbanken eine so große Vielfalt, dass man einen Spezialisten für einen bestimmten Hersteller einer Datenbank benötigt (manchmal sogar für eine bestimmte Version). Diese Vermittlung wird oft über Projektbörsen durchgeführt.

Eine Verfeinerung dieses Prinzips ist die Vermittlung von einzelnen Aufgaben an andere. Ein Beispiel hierfür ist der „Amazon Mechanical Turk". Der „mechanische Türke" war eine 1769 vorgestellte Maschine in Form eines Tisches mit einem Schachbrett darauf und einer türkisch gekleideten Puppe, die Schach spielen konnte. Es war aber ein Schwindel, denn ein menschlicher Schachspieler war in der Maschine verborgen [BA14]. Bei „Amazon Mechanical Turk" werden einzelne Aufgaben angeboten, sog. „Human Intelligence Tasks", die andere gegen Bezahlung erledigen können. Bei diesen Aufgaben handelt es sich um Aufgaben, die man (noch) nicht mit Hilfe von künstlicher Intelligenz lösen kann. Es wird noch menschliche Intelligenz benötigt, deshalb wurde das Verfahren auch schon spaßeshalber *„künstliche künstliche Intelligenz"* genannt.

Manchmal stoßen Unternehmen auch an die Grenzen der Erfindungsgabe ihrer Mitarbeiter. Sie vergeben Forschungs- und Entwicklungsaufgaben an Dritte. Dieses wird auch *offene Innovation* genannt. Das ist dem mechanischen Türken ähnlich, nur richten sich die Aufgaben meistens an private Forscher und haben einen hohen intellektuellen Anspruch. Es geht oft um wissenschaftliche Herausforderungen [BA14].

Dieses Herausgeben von Arbeiten an andere wird *„Crowd Sourcing"* genannt. Beim Crowd Sourcing wurden natürlich Bedenken geäußert bezüglich Ausbeutung und der Einhaltung von gesetzlichen Auflagen. Es wurde aber auch berichtet, dass Leute aus ärmeren Ländern hier im Vergleich hohe Einnahmen erzielen können. Das Thema „Outsourcing" berührt einen zentralen Punkt der sozialen Marktwirtschaft, nämlich den Stellenwert der Arbeit und des Arbeitsverhältnisses und wird damit oft diskutiert.

Eine etwas andere Verwendungsart des Begriffs „Crowd Sourcing" wird verwendet, wenn Benutzer an einer Webseite oder einer Datenbank mitarbeiten können, wie z. B. bei Wikipedia. Die Arbeit hier ist oftmals freiwillig und unentgeltlich. Hier sind schon gigantische Datenbanken entstanden. Ein weiteres Beispiel ist die Klassifizierung von Bildern von Galaxien im Rahmen des Sloan Digital Sky Survey [HTT09]. Eine Galaxie kann sich im Uhrzeigersinn oder gegen den Uhrzeigersinn drehen. Dieses lässt sich von einem Menschen einfach anhand eines Fotos erkennen. Und im Jahr 2008 funktionierte dieses noch nicht mit künstlicher Intelligenz. Man saß auf unzähligen Fotos von Galaxien, konnte diese aber nicht automatisch klassifizieren. Deshalb baute man eine Webseite mit der Freiwillige diese Klassifizierungsaufgabe durchführen konnten. Jedes Foto wurde mehreren Freiwilligen vorgelegt, um Fehler zu vermeiden. Es wurden innerhalb eines Jahres 50 Millionen Klassifizierungen vorgenommen. Wissenschaft kann auch als Gemeinschaftsaufgabe durchgeführt werden.

Zweiseitiger Markt

Ein *zweiseitiger Markt* stellt den Kontakt zwischen zwei unterschiedlichen Gruppen her. Er bietet beiden Gruppen eine wirtschaftliche Plattform. Bei Google z. B. gibt es auf der einen Seite Kunden, die die Suchmaschine umsonst benutzen dürfen und auf der anderen Seite Firmen, die

Werbeanzeigen zu bestimmten Suchbegriffen platzieren können [Shn15]. Facebook bietet einerseits Menschen ein soziales Netzwerk und andererseits Werbeanzeigen und Spiele.

Zweiseitige Märkte sind oft abhängig von Netzwerkeffekten. Nur wenn die eine Seite zahlreich vertreten ist, wird sie für die andere interessant. Als Beispiel können hier Spielkonsolen oder Betriebssysteme dienen. Nur wenn es gute Spiele für eine Konsole gibt, lohnt sich die Anschaffung der Konsole für Spieler. Für Spiele-Entwickler hingegen lohnt sich die Entwicklung nur, wenn es genügend potentielle Käufer von Spielen gibt.

Cloud

Eine der drei Säulen eines Geschäftsmodells ist die Infrastruktur. Hier hat die *„Cloud"* die Möglichkeiten – insbesondere für kleine Firmen – grundlegend geändert. Das gesamte Rechenzentrum ist heute als Dienstleistung (neudeutsch „Service") zu mieten. Früher mussten Firmen sehr viel Geld in neue Computer und in neue Software stecken. Ein Problem war die Skalierung: Computer lassen sich nicht immer beliebig erweitern und wenn ein Computer ausgelastet war, musste man sich entweder einen neuen kaufen oder den Dienst künstlich einschränken. Heutzutage ist die gesamte Infrastruktur für Server, Datenbanken, Webserver, etc. mietbar. Hier gibt es Tarife, bei denen man nur die tatsächlich genutzte Rechenzeit bezahlen muss. Auch können oftmals beliebig viele Rechner hinzugemietet werden, falls es mal zu ungewöhnlich hoher Nachfrage kommt.

Das *„Cloud-Computing"* hat insbesondere für kleine Firmen und Startups Vorteile. Wenn man eine neue Webseite entwickelt, hat man zuerst nur wenige Kunden und bei gemieteten Rechnern in der Cloud sind die Kosten dann auch nicht so hoch. Wenn die Webseite mehr Erfolg hat und sie sich herumgesprochen hat, mietet man einfach weitere Server hinzu. Hier ist es allerdings wichtig, dass die Software diese „Skalierung" auch unterstützt und explizit als verteilte Anwendung entwickelt wurde [Dav14].

Open Source

Software wird in einer Programmiersprache kodiert und in ausführbare Apps kompiliert (bei Windows sind es z. B. die *.EXE-Dateien). Der Quellcode wird im Englischen „Source" genannt. Bei käuflicher Software ist der Quellcode ein *Geschäftsgeheimnis* des Herstellers. Denn wenn ein Programmierer Zugriff auf den Quellcode hat, weiß er wie die Software funktioniert und könnte die Software sehr schnell „nachprogrammieren".

Damit hätte sich die lange Entwicklungszeit für den Hersteller allerdings nicht gelohnt. Also wurde der Quellcode nicht veröffentlicht.

In den 80ern und 90ern ist an amerikanischen Universitäten die sogenannte „Open Source"-Bewegung entstanden. Die Software sollte nicht mehr „kommerziell" sein und der Quellcode nicht geheim, sondern Software sollte „öffentlich" sein und jeder sollte die Software nach seinem Belieben ändern können. Statt eine Software zu kaufen, konnte man sich diese eben einfach herunterladen. Die Open Source-Bewegung war teilweise „das virtuelle Äquivalent" der uneingeschränkten Vision aus Abschnitt 3.4. Diese Programmierer hatten in der Regel gut bezahlte Jobs an den Universitäten oder großen amerikanischen Softwareunternehmen und hatten eine „idealistische" Vorstellung einer besseren Welt mit „freier Software".

Und durch Open Source sind auch wirklich sehr gute und wichtige Programme entstanden, wie z. B. das Betriebssystem Linux, GNU, Eclipse oder Hadoop. Aber die anfängliche Vision, dass man alle „kommerzielle" Software ablösen konnte, war nicht realistisch. Mit Open Source wurde am Anfang auch eher bereits bekannte Software nachgebaut, als wirklich neue Innovationen implementiert. Open Source war eher „Wettbewerb" als „Innovation". Die bekanntesten Open-Source-Projekte Linux und GNU waren „Nachbauten" von bereits verfügbarer Software.

Aber das Interessante war, das viele kommerzielle Firmen auf den Open Source-Zug aufsprangen. Sehr viele Unternehmen haben in Open Source investiert und „mitgemacht", in dem sie ihren Entwicklern erlaubten, Zeit für Open Source Projekte zu haben. Die als „Informationskapitalisten" verunglimpften Firmen, wie z. B. Google und Facebook, haben schon sehr viele Open-Source-Software der Allgemeinheit zur Verfügung gestellt. Google hat z. B. laut eigener Webseite[27] schon 900 Open Source-Projekte veröffentlicht, wie z. B. das Handy-Betriebssystem Android, das Web-Framework Angular und die V8 JavaScript Engine. Aus Sicht eines Software-Entwicklers machen diese Firmen also auch etwas Gutes.

Insgesamt gesehen hat Open Source den Software-Markt demokratisiert. Kleine Entwickler können hier mit der richtigen Community sehr schnell Erfolge erzielen. Und der Erfolg von Open Source hat zur Nachahmung in anderen Bereichen geführt. Es ist die sog. *Creative Commons-Lizenz* entstanden. Wenn man ein Werk unter der Creative Commons-Lizenz

---

[27] https://developers.google.com/open-source/

veröffentlicht, sei es ein Buch, eine Grafik, ein Musikstück oder eben Software, dann hat man die folgenden Optionen:

- Darf jemand das Werk weiterbearbeiten und auch veröffentlichen, wenn die er die Quelle nennt?
- Darf das Werk kommerziell genutzt werden?

Diese Lizenzen sind inzwischen sehr weit verbreitet. Oft erkennt man diese Werke am „Open" im Namen. Zum Beispiel ist die „OpenStreetMap" eine nicht-kommerzielle Weltkarte. Die kollektive Intelligenz kann durch „Open"-Modelle wesentlich schneller wachsen. Die Geschwindigkeit des Fortschritts ist enorm gestiegen.

Daten als ökonomischer Wert

Daten enthalten Informationen und Informationen haben einen Wert, weil mit Ihnen die Unsicherheit reduziert werden kann. Mit Hilfe von Daten lassen sich Prozesse untersuchen und optimieren, neue Kunden finden, neue Medikamente finden, Verkehrsflüsse optimieren und auch die Umwelt schonen. *Daten sind ein Wirtschaftsgut.* Sie können einen ungeheuren Wert haben, sowohl in der Wirtschaft als auch in der Wissenschaft [PF13, Dav14].Im Kapitel über Data Science hatten wir es schon erwähnt: man sieht den Daten nicht an, was für ein Wissen in ihnen steckt und damit auch nicht, welchen Wert sie für andere haben könnten. Dieses führt bei vielen Firmen zum *„Sammeln von Daten auf Vorrat"*. Die Speicherung von Daten ist relativ günstig, wenn man diese noch gebrauchen könnte.

Es gibt sehr viele verschiedene Möglichkeiten, wie man als Unternehmen mit Daten arbeiten kann. *Daten-Aggregatoren* z. B. sammeln Daten zu bestimmten Bereichen und bieten sie kombiniert wieder an [Cor11]. Es gibt z. B. Webseiten zum Vergleich von Produkten, die sämtliche Testberichte über ein Produkt haben. Bei „rotten tomatoes" werden Filme verglichen[28] und bei metacritic Filme, Serien und Videospiele[29].

Viele neue Anwendungen kombinieren verschiedene Arten von Daten: soziale Daten aus sozialen Netzwerken, lokale Daten über die Umgebung und mobile Daten vom Handy ergeben zusammen *„SoLoMo"*-Apps („social", „local", „mobile"), wie z. B. Fourquare[30] [BA14].

---

[28] http://www.rottentomatoes.com
[29] http://www.metacritic.com/
[30] https://foursquare.com/

186

Die Erstellung von Daten ist aber mit Kosten verbunden. Oft ist es vorteilhaft, bestimmte Daten hinzuzukaufen. Neben kommerziellen Daten gibt es inzwischen auch „Open-Source-Daten", wie z. B. von den folgenden Quellen [CM16]:

- Regierung der USA: http://www.data.gov/
- Europäische Kommission: http://open-data.europa.eu
- Weltbank: http://data.worldbank.org/
- Musik: https://musicbrainz.org/

Viele weitere Länder bieten statistische Daten ihrer Länder „offen" an. Hier entsteht eine Daten-„Kultur".

9.8 Soziale Netzwerke und die Demokratisierung

Ein soziales Netzwerk ist heutzutage meistens eine Webseite bei der man sich anmelden und ein eigenes Profil erstellen kann. Man kann sich in diesem Netzwerk mit anderen Nutzern anfreunden und ihnen persönliche Nachrichten schicken. Weiterhin kann man auf seiner eigenen Seite Nachrichten für einen größeren Empfängerkreis veröffentlichen. Viele soziale Netzwerke bieten Möglichkeiten an, mit denen man die Nachrichten von anderen Nutzern bewerten kann: der berühmte „Like"-Button.

Ein soziales Netzwerk ist ein Beispiel für einen sog. *mehrseitigen Markt*: Erstens bietet das Netzwerk die Möglichkeit, das Nutzer andere Menschen kennenlernen und sich mit Ihnen austauschen. Zweitens kann der Betreiber des Netzwerks den Nutzern personalisierte Werbung von anderen Unternehmen zeigen. Und drittens erhält die Betreiber-Firma wertvolles Wissen über die Gesellschaft in Form des *sozialen Graphen*. Die Freundschaften und die „Likes" der Benutzer werden in einer Graph-Datenbank gespeichert. Es ist eine Datenbank mit vielen statistischen Daten ihrer Nutzer, wie z. B. das Alter, die Anzahl der Kinder oder den Wohnort. Aber sie enthält auch die Beziehungen zwischen den Menschen untereinander und zu anderen Dingen, wie z. B. Musikbands, Fernsehfilmen und Computerspielen. Diese Zusammenhänge bieten bisher ungeahnte Möglichkeiten für die soziologische Forschung. Diese Beziehungen zu untersuchen ist das erste Mal in so großem Stil in der Geschichte der Menschheit überhaupt möglich.

Das im sozialen Graph vorhandene „Wissen" kann die Betreiber-Firma des sozialen Netzwerks an interessierte Unternehmen verkaufen. Facebook macht dieses z. B. mit „Audience Insights". Hier muss man sehr deutlich machen, dass es hier nicht um die Adressdaten oder um Telefonnummern und Emailadressen geht, sondern um die „sozialen Daten": welche Musikbands man toll findet oder welche Filme man gesehen hat.

Aber wem gehören diese Daten im „sozialen Graphen" (ohne Anschrift, Telefonnummer, Emailadresse). Der Benutzer selber hat angegeben, dass er ein bestimmtes Computerspiel gut findet. Sind das die Daten des Benutzers? Technisch gesehen werden die Daten auf den Rechnern des sozialen Netzwerks gespeichert. Denn sobald er die Daten auf einer Webseite eines sozialen Netzwerks eingibt, haben die Daten seinen PC oder Smartphone verlassen. Es sind nicht mehr „seine Daten". Die einzige Ausnahme hier sind Cloud-Dienste, die Speicherplatz verkaufen. Da müssen „seine Daten" auch „seine Daten" bleiben und dürfen nicht weitergegeben werden.

Hier gibt es Kritiker, die eine „Überwachung" durch diese „Datenkraken" fürchten und z. B. mehr staatlichen Datenschutz fordern. Die Befürchtungen bestehen einerseits natürlich zurecht, denn Unternehmen sind oft keine Engel und haben ihre Marktposition und ihre Größe auch schon gegen die Interessen von Menschen eingesetzt. Auch sind Unternehmen gezwungen mit staatlichen Organisationen zusammen zu arbeiten, wie z. B. der National Security Agency (NSA) in den USA oder bei der Facebook-Zensur in Deutschland. Aber andererseits ist keiner gezwungen, ein soziales Netzwerk zu benutzen und erst recht wird keiner gezwungen, dort alle seine Daten zu „veröffentlichen".

Viele Probleme lagen in der Vergangenheit daran, dass das Medium noch „Neuland" für viele Benutzer war und es keine Alternativen gab. Facebook z. B. hat sehr viele Nutzer mit Spielen geködert, wie z. B. Farmville oder Candy Crush. Man musste sich nur anmelden und schon hatte man ein paar schöne Spiele. Dafür „opferten" viele Menschen ihre Daten gerne. Und wer will ihnen das verbieten? Es sind ja ihre Daten. Wer will ihnen vorschreiben, wem sie ihre Daten geben und wem nicht? Das wäre kein Datenschutz, sondern Daten-Bevormundung.

Mit der Zeit wird der Markt für soziale Netzwerke auch kritischer werden, weil es nichts mehr Neues ist. Neues fasziniert die Menschen immer. Die Benutzer werden in der Zukunft darauf achten, was mit ihren Daten gemacht wird und die Anbieter der sozialen Netzwerke werden sich daran anpassen müssen. Dieses geschah in den 80ern Jahren auch in der Lebensmittelindustrie mit den Bio-Lebensmitteln und in jüngerer Zeit mit den veganen Lebensmitteln.

Demokratisierung

Das Internet ermöglicht die direkte Kommunikation und die direkte Suche. Mit dem Internet lassen sich viele „Zwischenhändler" umgehen. In Ländern mit staatlich reguliertem oder sogar zensierten Fernsehsendern lassen sich Informationen im Internet überprüfen. Mit Hilfe des Internets sind die Kosten für die Gründung einer kleinen Firma extrem gesunken. Jeder kann eine Medienfirma betreiben, jeder kann eine Web-Seite mit einem Online-Shop gründen. Früher musste man dafür teure Miete in einer Fußgängerzone zahlen. Viele können jetzt Jobangebote erhalten, zu denen sie vorher keinen Zugang hatten. Das Internet ist damit auch ein Mittel, die Welt demokratischer zu machen und die Chancengleichheit zu erhöhen.

Preiswerte Bildung

Die Kosten für Bildung und Wissen wurden durch das Internet stark reduziert. Das bekannteste Beispiel ist Wikipedia. Wikipedia umfasst inzwischen mehr als 50 Mal so viele Informationen wie die Encyclopaedia Britannica, dem angesehensten Lexikon von Großbritannien. Früher wurden Lexika von einer Reihe von Angestellten einer Firma erstellt. Wikipedia hingegen wurde von tausenden von freiwilligen Helfern aus der ganzen Welt erstellt. Jeder kann sich anmelden und Änderungsvorschläge machen, über die dann demokratisch abgestimmt werden. Wikipedia ist ein demokratisches Lexikon. Hier würde der sozialistische Slogan „Vom Volk und für das Volk" gut passen. Ironischerweise aber ist Jimmy Wales, der Gründer von Wikipedia, auf die Ideen hinter Wikipedia durch den Artikel *„The Use of Knowledge in Society"* von Friedrich A. Hayek gestoßen [Hay48], den wir schon in Abschnitt 5.3 behandelt haben. Das Wissen ist in der Gesellschaft verteilt.

Viele Universitäten bieten inzwischen auch Kurse im Internet an, wie z. B. das im technischen Bereich weltbekannte Massachusetts Institute of Technology (MIT)[31]. Es sind auch viele Online-Schulen für Kinder und Heranwachsende entstanden, wie z. B. die Khan-Academy. Unter dem Stichwort „massive open online courses" (MOOC) sind viele weitere Angebote zu finden.

Plattformen als Zwischenhändler

Das Internet macht es möglich, dass Angebot und Nachfrage global zusammenkommen. Das hat zur sog. Sharing-Economy geführt, bei der

---

[31] http://ocw.mit.edu

Privatpersonen miteinander Geschäftsbeziehungen eingehen können. Ein Beispiel hierfür ist die Vermietung von Wohnraum für Urlauber mit airbnb. Ein Wohnungsbesitzer kann eine Wohnung anbieten und Wohnungssuchende können diese über das Web oder eine App suchen und buchen.

Mit Uber und Lyft kann jeder Autobesitzer zum Taxifahrer werden. Der Kontakt zum Kunden wird über die App hergestellt. Hierzu war bisher ein Taxi-Unternehmen notwendig. Ein Kunde ruft die Zentrale des Unternehmens an und dieses vermittelt einen Fahrer mit einem Auto. Diese Aufgabe kann leicht durch eine Webseite und eine mobile App ersetzt werden. Die Taxi-Unternehmen waren einmal entstanden, weil es nicht möglich war, dass sich Gast und Fahrer direkt verabredeten. Das ist heute anders. Die Sharing-Economy hat daher große wirtschaftliche Änderungen zur Folge. Es gibt einen Interessenkonflikt zwischen den etablierten Hotels und Taxiunternehmen und den Newcomern. Es hat sogar bei Uber schon gewalttätige Proteste von Taxifahrern in Frankreich gegeben. Daher wird die neue Technik natürlich sehr kontrovers diskutiert und es wurden auch Rufe nach Verbot und Regulierung laut.

Viele Diskussionen fassen die Situation als Nullsummenspiel auf: was Uber gewinnt, muss das Taxi-Unternehmen verlieren. Aber der Markt ist nicht fix, d.h. durch Uber kommen einkommensschwächere Kunden hinzu. Das Fahren wird günstiger. Es ist ein Nicht-Nullsummenspiel. Zweitens: wenn die Taxi-Unternehmen etwas verlieren, dann bieten sie etwas an, das der Markt jetzt preiswerter herstellen kann. Der Wohlstand der Gesamtbevölkerung steigt dadurch. Sie erhalten die eine Fahrt und behalten sogar Geld übrig. Es gibt also Gewinner und Verlierer.

Der Arabische Frühling

Im Dezember 2010 wurde der Straßenhändler Mohamed Bouazizi in der tunesischen Stadt Sidi Bouzid von der örtlichen Polizei drangsaliert, weil er keine „Genehmigung" hatte. Nachdem die Polizei seine Waren und seine Waage beschlagnahmt hatten, zündete sich Bouazizi in der Öffentlichkeit an und verstarb an den Folgen am 4. Januar 2011 [DMW15, TG15, SC13].

Es war der Protest eines selbständigen Kleinunternehmers gegen die unfaire „Regulierung" durch den Staat. Hierzu muss man sagen, dass man ihm in Deutschland einen solchen Stand höchstwahrscheinlich auch nicht erlauben würde. Man würde ihm evtl. Scheinselbständigkeit vorwerfen. Er müsste zumindest ein Gewerbe anmelden und Gewerbesteuer bezahlen. Damit ist es unwahrscheinlich, dass er seine Familie ernähren könnte, weil er wohl als einzelner Händler nicht genügend Umsatz macht.

Auf jeden Fall verbreitete sich die Nachricht über den Tod von Mohamed Bouazizi in der arabischen Welt über die sozialen Netzwerke in Windeseile und löste in ganz Tunesien Proteste aus. Der damalige Diktator Zine el-Abidine Ben Ali besuchte Mohamed Bouazizi sogar im Krankenhaus. Das nützte aber nichts, denn die Bevölkerung war aufgebracht und der Diktator musste einige Tage später am 14. Januar Tunesien verlassen. Aber die Flamme war entfacht und verbreitete sich in die ganze arabische Welt. Der „arabische Frühling" führte zu Rebellionen in vielen Ländern.

Warum dieser „Frühling" dann nicht zu einer „Demokratisierung" führte, wird kontrovers diskutiert. Einen Aufstand zu veranstalten ist sehr viel einfacher, als in der gesamten Bevölkerung ein „Verständnis" für die Demokratie zu entwickeln. Dieses „Verständnis" ist eine Umschreibung für „Wissen, wie man sich in einer Demokratie verhält und das Win-Win-Situationen für alle auf lange Sicht besser sind" . Eine Demokratie muss „bottom-up" in der Gesellschaft verwirklicht werden, die lässt sich nicht „top-down" befehlen oder durch einen „Umsturz" herbeiführen.

9.9 Das Wirtschaftswachstum und das BIP

Um die Entwicklung der Wirtschaft zu bewerten, wird in der Mainstream-Ökonomie das Bruttoinlandsprodukt (BIP) („gross domestic product", GDP) verwendet. Das Bruttoinlandsprodukt ist die Summe aller Waren und Dienstleistungen, die im Zeitraum eines Jahres innerhalb der Landesgrenzen eines Landes hergestellt wurden. Das ist die traditionelle „top-down"-Sichtweise auf die Wirtschaft. Man guckt auf ein Aggregat, eine Summe oder einen Durchschnitt, und versucht damit die aktuelle Situation der Wirtschaft zu bewerten [BA14].

Solche Zahlen, die als Basis zur Bewertung des Status oder als Grundlage für Entscheidungen dienen, werden *Key-Performance-Indikatoren* (KPI) genannt (oder auf Deutsch auch „Leistungskennzahlen"). Ein grundlegendes Management-Prinzip ist *„what gets measured gets done"* [BA14, TG15]. Anhand der Veränderungen an den KPIs kann man den Erfolg bzw. den Misserfolg der eigenen Aktionen beobachten. In komplexen Systemen hat eine Aktion ja immer auch Nebenwirkungen. Und nur das, was gemessen wird, kann auch bewertet werden. Denn ansonsten bleibt es unbeobachtet.

Wichtig ist allerdings auch, dass man die KPIs richtig interpretiert. Beim BIP z. B. ist die Inflation herauszurechnen, also die Entwertung des Geldes durch die Erhöhung der Geldmenge[32].

Das BIP hat auch große Schwierigkeiten in einer Informations- und Wissensgesellschaft, weil es nur Kapital misst, aber nicht die Informationen und das Wissen [BA14]. Die Benutzung von Wikipedia und Google ist umsonst. Viele Zeitschriften können preiswerter im Netz abonniert werden. Ein Telefonat über Skype ist billiger als über das Telefon. Ein Chat mit WhatsApp ist billiger als eine SMS. Diese ganzen Dienste machen das Leben besser und erhöhen die Lebensqualität, denn man kann das gesparte Geld für andere Dinge ausgeben. Brynjolfsson und McAfee fassen das schön mit *„aus analogen Dollars werden digitale Pennies"* zusammen. Aber diese Einsparungen führen dazu, dass das BIP sinkt! Die Wirtschaftswissenschaftler bewerten die gestiegene Lebensqualität als negativ, weil die digitalen Leistungen weniger kosten als die analogen. Die Sharing-Economy und die Open-Economy haben positive Effekte, die nicht im BIP auftauchen.

Die Vorteile der Digitalisierung sind also nicht im BIP erkennbar. Unglücklicherweise hat sich das noch nicht überall herumgesprochen und oft wird „Wachstum im BIP" mit „wirtschaftlichem Wachstum" gleichgesetzt. Es werden daher neue Metriken benötigt. Hier sind sich Ökonomen aber noch nicht über Nachfolger einig [BA14]. Wie kann der Fortschritt von preiswerteren digitalen Produkten bewertet werden? In der Zwischenzeit müssen die Ökonomen berücksichtigen, dass ein großer Teil der Innovationen nicht im BIP auftaucht.

---

[32] Bei der Inflation muss man heute vorsichtig sein, weil die Inflation in der Mainstream-Ökonomie als Konsumentenpreisindex berechnet wird, bei der Mieten, Häuser und Aktien nicht eingerechnet werden. Auch Zwischenprodukte in der Industrie gehen nicht mit ein. Schließlich wird auch noch ein Warenkorbindex berechnet, bei dem „Experten" über die Zusammensetzung des Warenkorbs entscheiden. Hier werden auch technische Geräte, wie z. B. Computer aufgenommen. Technische Geräte werden aufgrund des technischen Fortschritts aber billiger und senken den Inflationsindex so künstlich. Ein Index „verwischt" die Informationen, wie in Abschnitt 5.3 erklärt wurde. Heute wird mit dem Begriff „Inflation" also gemogelt.

9.10 „The winner takes it all"

Ganz früher – vor der Erfindung des Versandhandels – mussten Waren immer lokal vor Ort in einem regionalen Geschäft gekauft werden. Wenn Produkte gerade nicht verfügbar waren, haben Kunden dann auch die zweit- oder drittbesten Produkte gekauft. Oft kannte man auch nur die lokalen Produkte, die vor Ort erhältlich waren. Eine Fußgängerzone in Großbritannien unterschied sich in den 80er-Jahren noch stark von einer in Spanien, Frankreich oder Deutschland. Auch die Produkte in den Supermärkten waren unterschiedlich. Heute ist vieles gleich. Es sind die gleichen multinationalen Firmen, die die gleichen Produkte in den gleichen Filialen anbieten.

Heutzutage gibt es durch das Internet und die Globalisierung globale Märkte. Man kann sich über alle Produkte informieren, entweder auf der Webseite des Herstellers oder auf Produktvergleichsseiten. Damit kann man immer das „beste" Produkt kaufen. Dieses führte zu größerem Wettbewerb bei den Anbietern. Es reicht nicht mehr, der zweite zu sein. Auf der anderen Seite hat eine Firma heute aber auch den Vorteil, dass sie diversifiziertere Produkte anbieten kann aufgrund des „Long Tail" und der Supply-Chain-Optimierung.

Die Kunden profitieren durch die Vergleichbarkeit der Waren im Internet, während die Firmen „leiden". Aufgrund der Digitalisierung gibt es weniger Platz für die Nicht-Besten. In der Wirtschaft gilt zunehmend das Motto *„The winner takes it all"* [BA14]. Der Wettbewerb findet daher global statt und umso wichtiger sind die „blauen Ozeane", die Innovationen.

10. Die Zukunft

10.1 Utopien und Dystopien

Prognosen sind schwierig, insbesondere …

Der dänische Physiker Niels Bohr hat mal gesagt *„Prognosen sind schwierig, insbesondere, wenn sie die Zukunft betreffen"*. Und damit hatte er vollkommen Recht. Denn über ein komplexes System kann man nur unsicheres Wissen haben, weil die Agenten in diesem System ihr Verhalten ändern können. Je weiter man in die Zukunft hinausgucken möchte, desto unsicherer wird die Prognose, weil die Anzahl der Änderungen proportional wächst. Wenn man schon nicht weiß, was die Agenten im nächsten Zeitschritt tun werden, kann man erst recht nicht wissen, was sie im übernächsten tun. In der Statistik nutzt man oft die bisherigen historischen Daten, um die Zukunft zu „extrapolieren". Das funktioniert bei einfachen und komplizierten Systemen wunderbar, sofern man über eine genügend lange Historie verfügt. Die Änderungen in komplexen Systemen aber sind es, die Prognosen so schwierig machen.

Der Psychologe Philip E. Tetlock beschäftigt sich seit den 80er-Jahren mit Entscheidungen und Prognosen. Zusammen mit dem Journalisten Dan Gardner beschreibt er im Buch *„Superforecasting: The Art and Science of Prediction"* [TG15] die Schwierigkeiten der korrekten Vorhersagen. Die beiden haben mit Hilfe einer Internet-Plattform untersucht, wie gut eine Menge von Freiwilligen Vorhersagen machen konnte. Ein Ergebnis dieser Untersuchung ist, dass die bekannten *„Experten"* aus den Medien oft nicht besser vorhersagen als der Zufall. Wir hatten in Abschnitt 2.6 schon erwähnt, dass komplexe Systeme spezielle Techniken erfordern. Wenn man diese berücksichtigt, sind schon etwas bessere Prognosen machbar.

> **Wichtig**: Verlässliche Vorhersagen über einen langen Zeitraum sind in komplexen Systemen sehr unwahrscheinlich.

Man kann sich das auch an einem Beispiel klar machen. Versetzen wir uns 30 Jahre zurück in das Jahr 1985. Damals erschien der Film „Zurück in die Zukunft" und es gab den Warschauer Pakt noch. Manche Wirtschaftswissenschaftler glaubten damals sogar noch an die Überlegenheit der sozialistischen Planwirtschaft. Auch die Perestroika, die die großen Änderungen auslöste, begann erst 1986. Von der Digitalisierung und dem Internet war noch nicht viel zu sehen. Die im Jahr 1985 gemachten

194

Vorhersagen für das Jahr 2015 können daher einfach nicht stimmen, weil sich die Welt ganz anders entwickelt hat.

Warum sieht man aber dann so viele Vorhersagen in den Medien?

Weil sie für verschiedene Zwecke benutzt werden können. Manche Vorhersagen dienen bestimmten politischen Gruppen, um Menschen zu bestimmten Aktionen anzuregen oder bestimmte gesetzliche Änderungen zu akzeptieren. Hier gibt es zwei verschiedene Strategien: Beruhigen, wie z. B. „Die Renten sind sicher" oder Beunruhigen, wie z. B. Altersarmut, Umwelt und Krisen. Versicherungen und Banken benutzen Prognosen über die Kursentwicklung, um ihre Produkte zu verkaufen oder um ihre bisherigen Kunden zu beruhigen. Bei Prognosen muss man daher auch immer hinterfragen, welches Interesse der Ersteller der Prognose hat. Was will er damit erreichen? Wer profitiert von der Prognose?

Utopien und Dystopien

Über die Zukunft haben sich schon sehr viele Menschen Gedanken gemacht. Man kann diese in zwei Gruppen einteilen: In einer *positiven Utopie* ist die Zukunft besser als die Gegenwart oder jedenfalls nicht schlechter und in einer *Dystopie*, einer *negativen Utopie*, ist die Zukunft schlechter. Menschen neigen anscheinend dazu, sich eher mit Gefahren zu beschäftigen als mit etwas Angenehmem. Denn es gibt wesentlich mehr negative als positive Utopien. Gute Nachrichten lassen sich wohl nach dem Motto „Good news is no news" nicht verkaufen.

Beispiele für negative Utopien sind z. B. „1984" von George Orwell (1949), „Fahrenheit 451" von Ray Bradbury (1953) oder „Schöne neue Welt" von Aldous Huxley (1932). Hinzu kommen viele Filme wie „Matrix", „Terminator", „Brazil" oder „Soylent Green". In den meisten Büchern oder Filmen über künstliche Intelligenz und Roboter werden diese irgendwann „böse" oder von „Bösen" eingesetzt und die Protagonisten müssen diese bösen Maschinen besiegen.

Selbst in den „seriösen" Geisteswissenschaften gibt es viele negative Utopien: Oswald Spengler schrieb 1918 den „Untergang des Abendlandes". Durch die „Frankfurter Schule" um Theodor W. Adorno, Max Horkheimer und Herbert Marcuse wurde der ursprünglich positive Marxismus in die negative „Kritische Theorie" verdreht, nach der der Kapitalismus an wirklich allem „Schuld" ist [Her07]. Beim späten Karl Marx sollte der Kapitalismus sich noch „zu Ende" entwickeln und dann fast automatisch zum Sozialismus führen [Des04]. In Frankreich gab es Ende des 19. Jahrhunderts die „fin de siècle"-Bewegung („Ende des Jahrhunderts"), die „den kulturellen Verfall" thematisierte. Auch in den heutigen Medien werden sehr viele Bedrohungen dargestellt und Zukunftsängste ausgedrückt: Krankheiten und Seuchen, Umweltprobleme, Grenzen des Wachstums und Bedrohungen durch technische Entwicklungen. Es gibt scheinbar wenig Menschen, die optimistisch in die Zukunft gucken.

Aber zur Beruhigung kann man sagen, dass höchstwahrscheinlich ein sehr großer Teil dieser Vorhersagen falsch ist, weil man komplexe Systeme nicht über einen langen Zeitraum vorhersagen kann, denn die Agenten passen sich an. Und in unserer Welt sind die Agenten die Menschen, die dazulernen und ihr Verhalten ändern.

Im Jahr 1966 erschien z. B. der Roman „New York 1999" von Harry Harrison. Der Autor versuchte damals 33 Jahre in die Zukunft zu gucken. Das Buch ist eher unbekannt geblieben, was vielleicht auch daran lag, dass sich der Autor so stark mit seiner Prognose verschätzt hatte. Denn im Buch hat New York im Jahr 1999 stolze 35 Millionen Einwohner, die zum größten Teil in Massenarmut leben, weil Nahrungsmittel und Trinkwasser knapp sind. Laut Wikipedia erklärte sich der Autor folgendermaßen[33]:

„Im Jahre 1950 verbrauchten die Vereinigten Staaten mit nur 9,5 Prozent der Weltbevölkerung 50 Prozent der Rohstoffe auf der Erde. Dieser Prozentsatz steigt ständig an, und bei der gegenwärtigen Wachstumsrate werden die Vereinigten Staaten binnen fünfzehn Jahren über 83 Prozent der Jahresproduktion aller Rohstoffe der Erde verbrauchen. Wenn die Bevölkerung im gleichen Maßstab weiter wächst, wird dieses Land zum Ende des Jahrhunderts mehr als 100 Prozent der Erdrohstoffe benötigen, falls der derzeitige Lebensstandard gehalten werden soll."

Hier hat der Autor die damaligen Werte einfach in die Zukunft hinein extrapoliert und verschiedene Dynamiken nicht berücksichtigt. Zum einen gibt es die technologische Entwicklung und die Menschen produzieren Waren jetzt ressourcenschonender. Zum anderen ist die demographische Entwicklung ganz anders verlaufen. Die Erfindung der „Pille" sorgte seit den späten 60er-Jahren dafür, dass sich die Menschen nicht wie bisher vermehrten. Es entstand der „Pillenknick". Aber wenigstens gibt der Autor

---

seine naiven „Extrapolationen" auch zu, indem er sagt *"bei der gegenwärtigen Wachstumsrate"* und *"wenn die Bevölkerung weiter wächst"*. Aber die Welt ist dynamisch. In einer Marktwirtschaft steigen die Preise, wenn Rohstoffe knapp werden. Daraufhin überlegen sich Menschen, welche alternativen Rohstoffe sie benutzen könnten. Ein Beispiel hierfür sind die steigenden Öl-Preise in den 70er- und 80er-Jahren. Man versuchte daraufhin, Ersatz für das teure Öl und Benzin zu finden. Die Menschen fingen an, mit dem Fahrrad zu fahren und Züge zu benutzen und schließlich stellt man heute sogar Elektroautos her.

Ein Großteil der heute in den Medien veröffentlichten Prognosen leidet unter diesen Extrapolations-Fehlern. Man bekommt kein korrektes Bild von der Zukunft, wenn man die Gegenwart einfach linear weiterführt und mögliche Änderungen nicht berücksichtigt.

> **Wichtig**: Nur wenige Prognosen berücksichtigen bisher die Erkenntnisse der komplexen Systeme.

10.2 Die Rahmenbedingungen

Was sagen die Wirtschaftsberater?

Die Wirtschaftsberater Richard Dobbs, James Manyika und Jonathan Woetzel beschreiben ihre Einschätzung der zukünftigen globalen Wirtschaft in ihrem Buch *"No Ordinary Disruption: The Four Global Forces Breaking All the Trends"* [DMW15]. Sie sind der Ansicht, dass die Welt vor großen Änderungen steht und alle Menschen, insbesondere Manager und Politiker, ihre Intuitionen „resetten" müssen. Erinnern Sie sich an die beiden Systeme 1 und 2 aus der Verhaltensökonomie? Dobbs et al. wollen damit sagen, dass sich das komplexe System der Wirtschaft geändert hat und dass die von System 1 auswendig gelernten Heuristiken nicht mehr stimmen. Diese muss man jetzt explizit wieder verlernen und sich an die neue Situation anpassen.

Denn die Weltwirtschaft ist nicht mehr so, wie sie mal war. Als Beispiel nennen Dobbs et al. die indische Mission zum Mars. Im September 2014 ist die *"Indian Space Research Organisation"* mit einem Raumschiff in den Orbit des Mars geflogen. Und das für umgerechnet 74 Millionen US Dollar. Der Hollywood-Film *"Gravity"* hingegen hatte ein Budget von 100 Millionen US Dollar. Das heißt Indien hat inzwischen große komparative Vorteile im Verhältnis zu den Vereinigten Staaten und ist damit kein „Entwicklungsland" mehr. Apropos „Entwicklungsland": Peter Thiel macht da eine sehr tiefsinnige Bemerkung darüber. Das Wort „Entwicklungsland" legt nahe, dass es auch „Nicht-Entwicklungsländer" gäbe, also „entwickelte Länder". Damit entsteht die Illusion, dass z. B. die USA und die Länder der EU „fertig" seien und sich nicht weiter entwickeln müssten [TM14]. Wenn diese Illusion wirklich besteht, dann hören die Unternehmen in diesen Ländern mit der Suche nach den blauen Ozeanen auf. Ein „entwickeltes" Land benötigt keine Innovationen, denken sie. Aber dadurch verlieren sie ihren „Wettbewerbsvorteil" und das führt genau zu den Effekten, die bei der „Globalisierung" im Westen als negativ aufgefasst werden: die Unternehmen verlagern aus Kostengründen die Produktion. Solange es Fortschritt gibt, ist „entwickeltes Land" eine irreführende Bezeichnung. Indien auf jeden Fall ist das vierte Land der Erde, das eine Mars-Mission geschafft hat und ist inzwischen damit vielen anderen Ländern voraus.

Nach Dobbs, Manyika und Woetzel wird die Welt durch die folgenden „Kräfte" in der näheren Zukunft stark verändert werden [DMW15]:

1. Globalisierung und Urbanisierung
2. Demographische Veränderungen
3. Beschleunigung des Fortschritts
4. Vernetzung

Diese vier „Kräfte" wirken gegenseitig aufeinander ein und verstärken sich. Sie führen zu Änderungen in fast jedem Markt und fast jedem Wirtschafts-Sektor. Die Wirtschaft wird dynamischer. Prognosen sind normalerweise schon schwierig, aber laut Dobbs et al. werden sie aufgrund dieser vier „Kräfte" noch schwieriger werden [DMW15].

Globalisierung und Urbanisierung

Es werden in den nächsten Jahren sehr viele Menschen in die Weltwirtschaft integriert werden [DMW15]. Die meisten Einwohner in den sog. „Entwicklungsländern" verfügten früher nicht mal über ein Festnetztelefon. Erst mit den Mobiltelefonen wurden sie erreichbar. Man schätzt, dass im Zeitraum von 1990 bis 2010 eine Milliarde Menschen der Armut entkommen konnten und in die globale „Konsumwelt" einsteigen konnten. Bis 2030 sollen zwei weitere Milliarden folgen. Durch Smartphones und durch mobilen Internetzugriff werden sich die Kommunikationsmöglichkeiten für viele Einwohner weiter verbessern: sie werden Teil der *„kollektiven Intelligenz"*.

Diese Menschen benötigen Arbeit und daher werden Produktionen in diese Länger ausgelagert. Die „Globalisierung" wird weitergehen. Hier werden auch schon Jobs aus den Schwellenländern wie z. B. China, in noch „preiswertere" Länder verlagert. In China werden auch schon Roboter in der Produktion eingesetzt, weil die menschliche Arbeit zu teuer geworden ist [BA14].

Zweitens gibt es in den Schwellen- und Entwicklungsländern noch einen relativ hohen Anteil an Landbevölkerung. Mit dem Anschluss an die Weltwirtschaft, werden in vielen Ländern weniger Menschen in der Landwirtschaft arbeiten und in die Städte ziehen. Es wird laut Dobbs et al. eine *Urbanisierungswelle* geben. Die Vorteile von Städten überwiegen immer noch ihre Nachteile [Rid10]. Städte verkürzen die Kommunikationszeiten, senken die Kosten für die Suche nach neuen Arbeitskräften und sind Kommunikations- und Begegnungszentren. Menschen sind wegen der Arbeitsteilung auf soziale Zusammenarbeit angewiesen. Eine höhere Arbeitsteilung erhöht die Produktivität einer Gesellschaft. Bisher mittelgroße und unbekannte Städte, wie z. B. Kumasi, Foshan, Porto Alegre oder Surat, werden wichtige Ballungs- und Industriezentren werden. Jede dieser gerade genannten Städte bildet einen Ballungsraum mit mehr als 4 Millionen Menschen und jede wird laut Dobbs et al. in der Zukunft mehr zum Wirtschaftswachstum beitragen als Madrid, Mailand oder Zürich [DMW15].

Die westlichen Unternehmen müssen diese sich schnell ändernden Länder erst kennenlernen. Bisher wurden 70% des weltweiten Bruttosozialprodukts in den „entwickelten Ländern" und den großen Städten der Schwellenländer erwirtschaftet. Für 2025 wird geschätzt, dass nur noch 33% des Wachstums in der „alten" Welt stattfindet.

Demographische Veränderungen

In fast allen Ländern wird sich die Zusammensetzung der Bevölkerung ändern und der Anteil von älteren Leuten wird steigen [DMW15]. Im Jahre 2013 lebten 60% der Weltbevölkerung in Ländern, in denen mehr Menschen sterben als geboren werden In den westlichen Ländern gibt es den „Pillenknick". In China war lange Zeit nur ein Kind pro Ehe erlaubt. Man nennt das Problem jetzt „4:2:1-Problem": Jedes erwachsene Kind muss für zwei Eltern und vier Großeltern sorgen. Im Jahre 2030 wird nach heutigen Schätzungen die Anzahl der weltweit verfügbaren Arbeitskräfte um ein Drittel gefallen sein [DMW15]. Diese „Veralterung" wird die Sozialsysteme der Wohlfahrtsstaaten herausfordern. Damit arbeiten weniger junge Leute und mehr ältere Leute sind im Ruhestand.

Daher muss die „Produktivität" der arbeitenden jungen Leute erhöht werden. Und hierfür werden wiederum Innovationen benötigt. Diese sind mit dem aktuellen Fortschritt sicherlich möglich, sofern der Fortschritt nicht „politisch" verhindert wird.

Das disruptive Dutzend

Wie in Abschnitt 9.1 besprochen haben Erik Brynjolfsson und Andrew McAfee die folgenden drei Faktoren ausgemacht: die *Digitalisierung* und *Vernetzung*, das *exponentielle Wachstum* und *kombinatorische Innovationen* [BA14]. Durch das Internet der Dinge (das gleich in Abschnitt 10.4 erklärt wird) wird die Anzahl der digitalisierten Prozesse und Informationen noch stark ansteigen. Die Vernetzung wird zunehmen. Das exponentielle Wachstum wird bei der Anzahl der Transistoren voraussichtlich bis mindestens 2030 anhalten. Die Anzahl der an der Produktentwicklung beteiligten Personen und die Produktivität dieser Personen wird steigen, so dass die Anzahl der kombinatorischen Innovationen ebenfalls steigen wird. Zusammen lösen diese drei das „zweite Maschinenzeitalter" aus.

Aber welche Techniken wird das hauptsächlich betreffen? Dobbs et al. erachten die folgenden zwölf Technologien als besonders wichtig für das nächste Jahrzehnt (bis 2025) [DMW15]:

- Grundbausteine
    1. Bio-Wissenschaft: Genomik
    2. Material-Wissenschaft: Nanomaterial, intelligente Werkstoffe
- Energiewirtschaft
    3. Bessere Speicher von Energie: Akkus, Batterien
    4. Neue Förderungsmöglichkeiten für Öl und Gas („fracking")
    5. Erneuerbare Energien
- Maschinen
    6. Roboter
    7. Selbstfahrende Fahrzeuge
    8. 3D-Druck
- Informationstechnik (IT)
    9. Mobiles Internet
    10. Internet der Dinge (IoT)
    11. Cloud-Dienste

12. Automatisierung von Wissensarbeiten (Big Data, Data Science, KI)

Jede dieser zwölf Techniken hat das Potential, die aktuelle bestehende Technik zu ersetzen und wird deshalb *„disruptiv"* genannt. Dobbs et al. nennen diese zwölf Techniken daher das *„disruptive Dutzend"*. Und die Hälfte von diesem Dutzend nimmt die Informationstechnik ein, denn Roboter und selbstfahrende Fahrzeuge gehören auch zur IT. Die Ingenieure können Roboter schon recht gut bauen, aber Informatiker noch nicht intelligent genug steuern.

Die Informationstechnik bildet mit Big-Data, Data-Science und KI das *„Gehirn"* und mit dem Internet der Dinge das *„Nervensystem"* der Wirtschaft.

10.3 Das Gehirn: Big Data, Data Science und KI

Die Entwicklung der Computer ist – wie vorher erklärt – auf der zweiten Hälfte des Schachbretts angekommen. Die Sprünge werden immer größer. Aber die Erkenntnisse aus der Künstlichen Intelligenz zeigen uns, dass es keine Quantensprünge werden. Die Technik wird besser und schneller und es werden größere Daten aus sehr vielen Quellen verarbeitet werden. Im Laufe der Zeit werden immer komplexere Entscheidungen automatisiert werden. Aber es wird keinen „Wundercomputer" geben, der ganz plötzlich intelligenter als ein Mensch ist und die Weltherrschaft übernehmen will.

Es wird allerdings Fortschritte geben und es werden in den nächsten fünf Jahren Systeme entwickelt werden, die man heute noch nicht für möglich hält. Man kann davon ausgehen, dass es 2020 selbstfahrende Autos gibt, die allerdings noch nicht in allen Ländern erlaubt sein werden. Küchenroboter werden Mahlzeiten zubereiten können (in speziell dafür konstruierten Küchen, nicht in jeder Küche), nachdem man ihnen das Gericht einmal vorgekocht hat. Computersysteme und Roboter schauen zu und können das vorgemachte Verhalten imitieren (in speziellen Einsatzgebieten). Computersysteme werden auch die natürlichen Sprachen beherrschen und in Teilbereichen auch automatische Übersetzung gesprochener Sprache ermöglichen. Jemand redet in Englisch mit jemandem in Deutsch über ein Telefon und beide hören die Aussagen des anderen in ihrer eigenen Sprache. Das wird anfangs von schlechter Qualität sein, aber langsam besser werden. Es wird Diagnosesysteme zur Unterstützung wissensintensiver Arbeiten geben, wie z. B. in der Medizin oder Jura [CM16].

Und wie in Kapitel 7 beschrieben, ist Data Science nicht selber intelligent, sondern ein Werkzeug mit dem intelligente Menschen versuchen, dass in Daten vorliegende Wissen zu finden. Die Intelligenz ist in den Data Scientists, die diese Algorithmen kombinieren und einsetzen. Auch hier wird es zweifellos Fortschritte geben, aber nicht die befürchtete „Allmacht der Computer“. Das Schreckensszenario „Die Computer wissen alles über uns“ wird mit der heutigen Technik und mit dem heutigen Fortschritt nicht Wirklichkeit werden. Denn Computer selber können nicht „wissen“, sie können Informationen speichern. „Wissen“ ist von Menschen anwendbare Information. Computer können nur Symbole verarbeiten, deren Bedeutung sie nicht wirklich verstehen. Sie verarbeiten nur die Syntax und nicht die Semantik.

Bei einem Wort, wie z. B. „Hamburger“ wissen Menschen nur aus dem Kontext, ob ein Lebensmittel oder eine Person gemeint ist. Informatiker arbeiten an einem „semantischen Netz“, bei dem jedes Wort Informationen über seine Bedeutung angehängt bekommt. Dieser Prozess ist sehr arbeitsintensiv und erhöht auch die Kosten der Erstellung von Texten. Eventuell kann man mit Crowdsourcing hier eine semantische Datenbank erstellen. Es wurden schon erste Techniken entwickelt, wie z. B. das *„Resource Description Framework“* (RDF) mit dem „Dinge“ in einer formalen Sprache genau definiert werden können, oder die *„Web Ontology Language“* (OWL) mit der Ontologien erstellt werden können. Menschen verfügen z. B. über *„Common Sense“*. Jeder Mensch kennt die Eigenschaften des physikalischen „Raums“ um ihn herum. Jeder weiß, dass das Gegenteil von „oben“ „unten“ ist. Ein Mensch kann Phrasen wie „vor der Garage“ oder „hinter dem Kühlschrank“ interpretieren. In einer Ontologie kann dieses räumliche Grundwissen formuliert werden, so dass es als Hintergrundwissen für einen Computer verfügbar ist. Ohne diese „semantische“ Information „weiß“ ein Computer nicht, was er tut. Aber dieses Wissen zu formulieren, diese „Ontologien“ zu erstellen, ist mit sehr viel Arbeit verbunden, weil es eine Art „Programmieren“ und „logisches Formulieren“ ist. Daher wird es vorerst keine Computer mit „Common Sense“ geben.

10.4 Das Nervensystem: Das Internet der Dinge

Das Internet heute

Mit dem Internet wurden bisher nur „größere“ technische Geräte verbunden, wie z. B. Smartphones, Tablets, Laptops, PCs, Fernseher und evtl. Lichtschalter. Man könnte das Internet von heute als das „Internet der

Menschen und großen Geräte" bezeichnen. Bisher sieht ein privates Netz ungefähr aus wie in folgendem Diagramm:

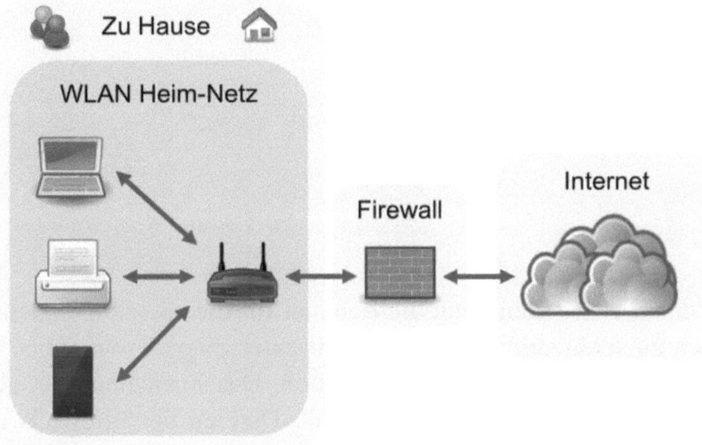

Die meisten haben einen DSL-Anschluss an das Internet und ein WLAN („wireless local area network") verbindet die Geräte im Haus. Die meisten haben ein kombiniertes Gerät, das sowohl ein DSL-Modem als auch ein WLAN-Router ist. Was manche nicht wissen ist, dass das DSL-Modem über eine sog. *Firewall* verfügt. Eine Firewall ist ein Sicherheitsmechanismus mit dem die „Pakete" aus dem Internet überprüft und ausgefiltert werden können. Die Firewall verhindert, das „Hacker" von außen auf die Geräte im Haushalt zugreifen können. Eine solche Firewall kann so konfiguriert werden, dass nur bestimmte Verbindungen zugelassen werden bzw. nur die wirklich benötigten „Dienste" durchgelassen werden.

Diese Firewall wird oft vergessen, wenn es bei Kritikern der künstlichen Intelligenz darum geht, die Gefahren der KI drastisch zu schildern. Manche Kritiker entwerfen dann ein Szenario, in dem eine KI alle technischen Geräte erreichen und kontrollieren könnte. Und das geht genau wegen dieser Firewalls nicht.

In Netzwerken von Firmen wird noch mehr Wert auf Sicherheit gelegt und man findet hier oft eine sog. *„demilitarisierte Zone"* (DMZ), die nach allen Seiten durch Firewalls geschützt wird [Don11]. In der folgenden Abbildung wird das Firmennetz durch eine Firewall von der DMZ geschützt und die DMZ durch eine Firewall vor „Hackern" im Internet geschützt.

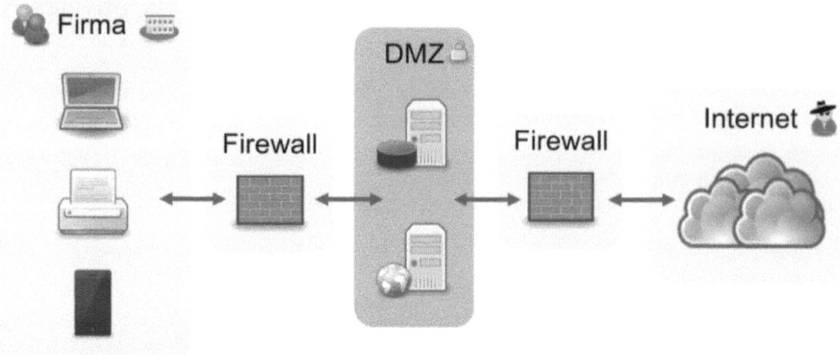

Innerhalb der DMZ stehen dann die Rechner für die zu schützenden Dienste und mit den zu schützenden Daten. Ein direkter Zugriff von außen und von innen auf die Server ist nicht mehr möglich. Das Firmennetz ist „isoliert". Systemadministratoren beobachten die Log-Dateien der Firewalls meistens semi-automatisch. Ungewöhnliche Zugriffe werden von den Administratoren untersucht. In der Regel sind heutige Unternehmen vor Angriffen aus dem Internet gut geschützt. Eine künstliche Intelligenz kann hier auch nicht mehr erreichen, zumal das „Hacken" auch Kreativität erfordert und hier ist es noch völlig offen, ob es mal „kreative" KIs geben wird.

Das Internet der Dinge

Im Internet der Dinge („Internet of Things", IoT) sollen alle „Dinge", die Informationen senden oder verarbeiten können, an das Internet angeschlossen werden. Es ist die informationstechnische Erfassung der physikalischen Welt. Die Anfänge des Internet der Dinge sind schon da, denn man kann heute schon die folgenden Geräte an das Internet anschließen [And13]:

- Körperwaagen, die das Gewicht per WLAN an eine Webseite zur Auswertung schicken
- Lichtschalter, die über das WLAN kontrolliert werden
- Bewegungssensoren, die z. B. bei Bewegung das Licht einschalten
- Paketverfolgung bei der Post und bei Lieferservices
- Heim-Automatisierung: Thermometer und Heizungen
- Industrie 4.0, z. B. bei der Supply-Chain, siehe Abschnitt 6.2
- Pulsmesser mit GPS-Tracker

Momentan ist die Herstellung von WLAN-Bauteilen aber noch relativ teuer, daher wurden sog. WPANs („wireless personal area network") entwickelt, deren Netzwerk-Komponenten preiswerter herzustellen sind. Hier ist der Markt allerdings noch in der Entwicklung und nicht so standardisiert wie bei den WLANs, wo es den Standard IEEE 802.11 gibt. Es gibt u. a. die folgenden Protokolle [Gre15]:

- Bluetooth
- IrDa („Infrared Data Association") für Infrarot, z. B. bei Fernbedienungen
- Z-Wave
- ZigBee

Zu Hause hat man dann mehr als nur ein Netz, wie in folgendem Diagramm dargestellt.

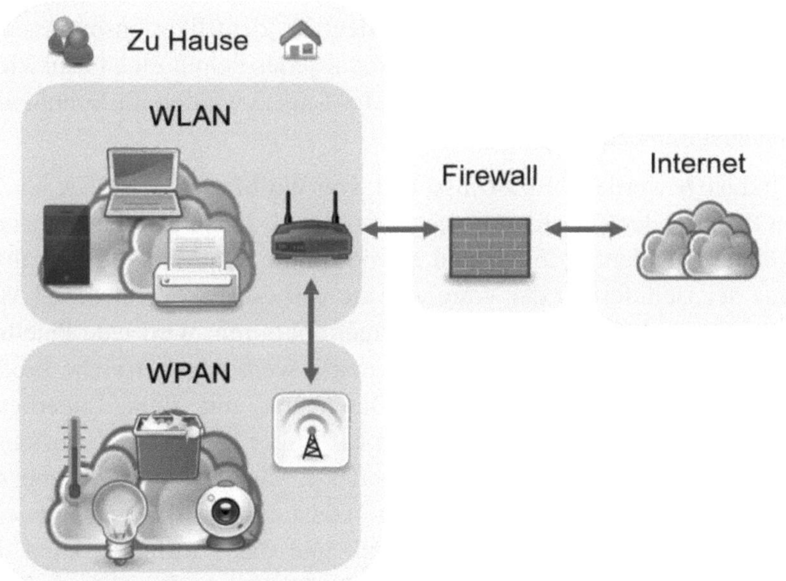

Man hat ein WLAN und ein oder sogar mehrere WPANs. Im Internet der Dinge wird alles irgendwie an das Internet angeschlossen. Die Möglichkeiten sind endlos und werden die Welt stark verändern. Die neuen Techniken werden oft mit dem Präfix „Smart" bezeichnet, wie z. B. Smart-Home, Smart-Traffic oder Smart-City.

Natürlich gibt es auch Leute, die vor den Gefahren warnen, aber – wie man an der Abbildung erkennt – wird das WPAN auch durch die Firewall vor zugriffen durch das Internet geschützt. Wie man es lokal gegen Angreifer aus der Umgebung schützt, muss die Zukunft allerdings noch zeigen. Aber auch hier gibt es die grundlegenden Techniken schon.

Identifikation mit RFID

Es gibt eine Menge „Dinge" in der realen Welt, die nicht wirklich kommunizieren können, sondern die nur identifiziert werden müssen. Ein Beispiel ist z. B. ein Schuhkarton. Für den Schuhhändler ist es sinnvoll, zu wissen, ob sich noch ein Schuh der Größe 46 im Lager befindet.

Daher wurde das Identifizierungsverfahren RFID („radio frequency identification") entwickelt. RFID besteht aus einem sehr kleinen Mikrochip, der eine Zahl speichern kann, und der Möglichkeit, diese Zahl durch Funkwellen auszulesen. Oft wird als Zahl der elektronische Produktcode EPC („electronic product code") verwendet, ein international verwendetes Schlüssel- und Codesystem für eine eindeutige Identifikationsnummer. Mit RFID bekommt der Schuhkarton oder sogar jeder Schuh einen sehr kleinen Chip aufgeklebt und an der Eingangstür des Lagers werden die Schuhkartons ein- und ausgecheckt.

In der Industrie werden RFID-Chips z. B. von WalMart in den USA seit 2005 bei den Paletten der Zulieferer eingesetzt [GB06]. Jede Palette ist anhand der RFID eindeutig identifizierbar und damit konnte WalMart die logistischen Prozesse der Belieferung der Warenmärkte verbessern. Wenn ein LKW mit Paletten beladen bei einem WalMart-Lager ankommt, wird jede Palette mit einem RFID-Leser gescannt. Der Supermarkt weiß damit, welche Produkte er bekommen hat und kann die Datenbank mit dem Lagerbestand aktualisieren. Die Firma „weiß, was sie auf Lager hat". Die Identifizierung anhand des EPC könnte auch mit Strichcodes durchgeführt werden, aber diese müssen händisch „gescannt" werden und es ist ein Sichtkontakt notwendig. Das ist umständlich. RFID benutzt Funk und das „Scannen" kann daher automatisch stattfinden [Gre15]. RFID ermöglicht es, Prozesse besser zu dokumentieren und eine bessere „Übersicht" zu erhalten:

- Der Lagerbestand kann automatisch ermittelt werden.
- Bei verderblichen Waren kann die Haltbarkeit ermittelt werden.
- Prozesse, wie die Supply-Chain oder das Enterprise Resource Planing (ERP) können verbessert werden. Dadurch werden Verschwendung und Verluste reduziert.
- Prozesse könnten „dokumentiert" werden, wann wurde das Produkt hergestellt, wann geliefert usw.
- Bei fehlerhaften Waren kann man anhand der RFIDs feststellen, wo im Produktionsprozess der Fehler aufgetreten ist.

Seit 2013 setzt z. B. Walt Disney World in Florida (USA) RFID ein [JL14]. Jeder Besucher bekommt ein Armband, in dem ein RFID-Chip steckt. Besucher können vor der Anreise per Internet bestimmte Attraktionen buchen und/oder reservieren. Man kann z. B. ein Treffen mit einer Goofy-Figur zu einem bestimmten Zeitpunkt verabreden. Dadurch werden überlaufene Veranstaltungen und Warteschlangen vor Restaurants vermieden. Das Unternehmen hingegen kann mit den so gewonnenen Daten den Park weiter verbessern. Und zur Datensicherheit ist zu sagen, dass in den Armbändern nur eine künstliche ID gespeichert ist. In einer verschlüsselten Datenbank werden anhand dieser ID die gebuchten Attraktionen ermittelt. Diese Datenbank enthält laut Disney keine Kreditkartendaten oder andere persönliche Informationen. Anhand des Armbands kann also nicht auf persönliche Daten zurückgeschlossen werden.

Zur Sicherheit muss man sagen, dass es inzwischen auch schon RFID-Störsender gibt und auch Portemonnaies, die auslesesicher sind. RFID lässt sich also umgehen, wenn die Privatsphäre geschützt werden soll.

Maschine zu Maschine-Kommunikation (M2M)

Mit RFID kann man also eine Brücke zwischen der physikalischen und der virtuellen Welt bauen [Gre15]. Diese Brücke zwischen Physik und Information besteht zu einem sehr großen Teil aus der Kommunikation von Maschinen zu Maschinen („machine to machine", M2M). Ein Thermometer sendet seine Daten an ein WPAN-Empfangsgerät, dieses sendet die Daten weiter an eine Datenbank im Internet. Diese Datenbank wird wiederum von einem Web-Portal benutzt, mit dem ein Benutzer sich die Daten angucken kann. Wichtig aus technischer Perspektive ist, dass diese Datenübertragungen sicher, verlässlich und bei vertraulichen Daten auch verschlüsselt funktionieren.

Hier wird noch eine Menge zusätzliche Infrastruktur benötigt. Ein Vergleich mit dem Straßenverkehr bietet sich an: neben Autobahnen werden Zufahrtsstraßen, Schilder, Tankstellen, Raststätten, Motels, Auto-Werkstätten für Reparaturen usw. benötigt. Ähnlich wird es sich mit dem Internet der Dinge verhalten: Geräte, Software, Programmiertechniken, Werkzeuge, usw. [Gre15]. Es entsteht ein „Nervensystem", das die Geräte in der Welt miteinander verbinden kann. Diese Verbindung muss natürlich auf freiwilliger Basis erfolgen. Es wird auch möglich sein, bestimmte Geräte oder Dienste nur innerhalb eines privaten Subnetzes oder einem „virtuellen privaten Netz" (VPN) zu betreiben.

Noch in der Entwicklung

Das Internet der Dinge befindet sich zum Zeitpunkt der Erstellung des Buchs (2015) auf der S-Kurve im Status „in Entwicklung" (siehe Abschnitt 5.6). Es sind noch sehr viele Dinge zu lernen und zu entwickeln. Natürlich wird es auch Rückschritte und auch Sicherheitslücken geben, zumindest bei manchen Produkten und bei manchen Anwendern. Fehler werden bei jeder Entwicklung gemacht.

Hier haben viele Kritiker große Ängste und fürchten die Überwachung der Menschen. Wenn jemand Schuhe kauft und mit einer Kreditkarte bezahlt, könnte der Schuhladen die RFID der Schuhe mit dem Namen des Käufers zusammenbringen. Wenn der Kunde mit diesen Schuhen den Laden wieder betritt, kann der Schuhladen den Käufer „wiedererkennen". Hier gibt es unterschiedliche Meinungen: die einen würden das als Service begrüßen, die anderen allerdings sehen sich „überwacht". Es wird hier in Zukunft also noch viele Diskussionen geben. Allerdings gibt es diese Möglichkeit ja im Autoverkehr auch schon, ohne das sich da jemand drüber aufregt. Denn jedes Auto hat ein gut sichtbares Nummernschild.

10.5 Die verbesserte kollektive Intelligenz

In den nächsten Jahren wird ein Internet der Dinge entstehen, das „semi-intelligent" mit menschlicher Hilfe ausgewertet werden kann. Die größten Fortschritte wird es durch die Kombination der neuen Techniken und Daten geben. Es werden neue soziale Netze und Communities entstehen. Weil mehr Menschen am Internet teilnehmen können, wird der Fortschritt weiter beschleunigt.

Beispiele für das Internet der Dinge

Die vielen Geräte im Internet der Dinge werden kontinuierlich Daten erzeugen, die mit Hilfe von Big Data verarbeitet und mit Data Science analysiert werden. Es gibt heute schon regelbasierte Systeme, die anhand der Daten bestimmte Aktionen auslösen, wie z. B. ifttt[34]. Eine Regel hat das Format „IF Sensor THEN Aktuator". Hier gibt es Adapter für verschiedene Software, Geräte und soziale Netze. Beispiele für heute verfügbare Regeln und entsprechender Hardware:

---

[34] https://ifttt.com/

- Wenn die Sonne nicht scheint, schalte ein Licht ein
- Lese die Schlagzeilen einer Webseite und verschicke diese mit einer Email
- Wenn die Wettervorhersage Regen am nächsten Tag vorhersagt, schicke eine SMS
- Schalte die Lichter an, wenn man nach Hause kommt und es schon dunkel ist

Diese Regeln und Dienste werden in Zukunft sicher ausgefeilter und komplexer werden. Später wird es hier zu ausgereifteren Techniken mit Künstlicher Intelligenz kommen, die Entscheidungsbäume oder neuronale Netze benutzen.

Es gibt auch viele Anwendungen im Bereich des *Umweltschutzes*. Die „Hawaiian Legacy Reforestation Initiative"[35] hat sich das Ziel gesetzt, das ursprüngliche Ökosystem auf Hawaii wiederherzustellen, das durch die industrielle Nutzung beim Anbau von Zucker und Ananas zerstört wurde. Hier können Freiwillige einen Baum „spenden". Insgesamt wurden so schon mehr als 225.000 Bäume angepflanzt [Gre15]. Die Verwaltung und die Pflege dieser Bäume geschieht mit moderner Technik, denn jeder neue Baum bekommt einen RFID-Chip, so dass er anhand seiner GPS-Koordinaten wiedergefunden werden kann. Die Pflege der Bäume, evtl. Wässerungen bei Trockenheit usw. lassen sich anhand der Datenbank planen.

In der *Landwirtschaft* lassen sich mit Feuchtigkeitsmessern, Thermometern und Messern der pH-Werte viele Verbesserungen erzielen, wie z. B. weniger und besser angepasste Düngung und Bewässerung. Mit Sensoren ist die Verwaltung von freilaufenden Rindern auch einfacher [Dav14].

In der *Logistik*, wie z. B. bei Containern oder bei Paketdiensten, werden „Tracking-Systeme" schon seit einiger Zeit eingesetzt. Auch hier sind die wirtschaftlichen Einsparungen enorm. Die Umwelt wird auch geschont, wenn die Lieferfahrzeuge der Paketdienste weniger Umwege fahren als vorher.

In sog. *Smart-Cities* könnten Verkehrsleitsysteme einmal helfen, Staus und Unfälle zu vermeiden und die Parkplatzsuche zu erleichtern. Selbstfahrende Autos werden energieeffizienter fahren, weil sie weniger „Übersteuern" als Menschen. Sie werden gezielter Gas geben und gezielter bremsen als Menschen [Gre15].

---

[35] http://www.legacytrees.org

Das Internet der Dinge wird also sowohl ein Teleskop als auch ein Mikroskop werden. Keine Industrie wird davon unberührt bleiben. Im Zusammenhang mit Big Data und Data Science ergeben sich hier ungeahnte Möglichkeiten des Fortschritts [Gre15] und der „kollektiven Intelligenz".

Anwendung: Klima

Mit dem Internet der Dinge wird es möglich, sehr viel mehr Daten über die Umwelt zu erlangen. Hier werden *„ökologische Applikationen"* („environmental applications") entstehen [HTT09]. Mit diesen Applikationen werden verschiedene Aspekte der Umwelt verwaltet und kontrolliert werden, wie z. B. die Wasserqualität. In der Forschung werden bessere und realistischere Modelle der Umwelt entstehen, weil mehr und bessere Daten vorhanden sind. Mit preiswerten Sensoren wird es auch erstmals möglich sein, bisher unerforschte Teile der großen Ozeane mit Big Data und KI zu erforschen. Mit Hilfe der Kombination von Nanotechnologie, Biotechnologie, Informationstechnik, Computer-Modellen, Bild-Verarbeitung und der Robotik wird es irgendwann auch möglich sein, mit ferngesteuerten oder autonomen Robotern auch in der Tiefe dieser Ozeane zu forschen.

Anwendung Gesundheit

Die demographischen Veränderungen der Weltbevölkerung – mehr alte Leute, weniger junge – machen eine Verbesserung der Gesundheitssysteme notwendig. Um den gleichen Leistungsstand zu erhalten, sind Produktivitätsgewinne erforderlich. Bei der Einführung eines neuen Medikaments ist es wichtig, möglichst schnell zu reagieren, falls neue Nebenwirkungen bekannt werden. Dieses kann z. B. mit Crowdsourcing ermöglicht werden [HTT09].

Die medizinische Forschung wird in der Zukunft sehr stark von den vielen Gesundheitsdaten und den Analysemöglichkeiten von Data Science profitieren. Die Anzahl der Fehldiagnosen und Fehlmedikamentationen wird gesenkt werden können [HTT09].

Anhand von Waagen, Blutdruckmessern und anderen Sensoren, die ihre Daten an Webseiten zur Aufbereitung schicken, können automatisierte Warnungen an Menschen mit bestimmten Krankheiten geschickt werden [HTT09].

In der medizinischen Forschung entstehen sehr viele Neuigkeiten. Es wird geschätzt, dass ein Epidemiologe jeden Tag 21 Stunden mit dem Lesen der neuen Forschungsberichte verbringen müsste, um auf dem neusten Stand zu bleiben [HTT09]. Ein typischer Arzt sollte ungefähr 10.000 Krankheiten und Syndrome, 3.000 Medikamente und 1.100 verschiedene Testverfahren kennen. Dieses umfangreiche Wissen ist natürlich von einzelnen Menschen nicht zu meistern und es müssen computerunterstütze Wissensmanagement und Diagnosesysteme entwickelt werden. Ein solches Diagnosesystem ist Dr. Watson von IBM [BA14]. Ein Arzt gibt dem System die Symptome des Patienten bekannt, wie z. B. leicht erhöhte Temperatur, Schweißausbrüche und roter Ausschlag und das System schlägt eine Reihe von möglichen Diagnosen vor. Der Arzt sucht dann die seiner Meinung nach passende Diagnose aus.

Anwendung: Finanzsystem

Das heutige Geld wird von Staaten herausgegeben, die es u. a. dazu benutzen, die Zinsen für ihre Staatsschulden zu bezahlen. Aber das war nicht immer so. Geld ist ein Tauschmittel, dass den Handel erleichtert. Bevor das Geld erfunden wurde – im Zeitalter der Jäger und Sammler – musste direkt getauscht werden. Ein Jäger, der einen Hasen zu viel hatte, musste einen Sammler finden, der einen Hasen haben wollte und etwas „Leckeres" als Gegenwert hatte. Mit Geld ist das einfacher, da tauscht der Jäger den Hasen bei jemandem anderen gegen Geld und dann beim Sammler das Geld gegen die Beeren. Geld ist daher eine ganz einfache Sache und natürlich beim Handel entstanden. Selbst zu Zeiten von Ötzi gab es schon kleine Kupferbarren, die zum Tausch benutzt wurden [Rid10, Fer08].

Heutzutage ist das Geld in staatlicher Hand und aus verschiedenen Gründen suchte eine Mischung von Informatikern, Kryptologen und Markt-Anarchisten eine digitale Währung, die die Nachteile der staatlichen Währungen nicht haben sollte. Vor allen Dingen sollte die Währung nicht von einem Staat kontrolliert werden.

In einer digitalen Währung hätte man eine digitale Münze und könnte sie digital in einer Konto-App aufbewahren. Bei einem Kauf würde man die digitale Münze einfach zu anderen Leuten „überweisen". Aber bei digitalen Gütern sind Kopien sehr einfach! Wie kann man verhindern, dass eine digitale Münze einfach kopiert und mehrfach ausgegeben wird? Ein Betrüger könnte versuchen, mehrere Kopien der Münze möglichst gleichzeitig bei verschiedenen Online-Händlern zu benutzen. Die würden den Betrug dann erst später merken und dann wäre es zu spät.

Eine Lösungsmöglichkeit wäre eine zentrale Datenbank, in der alle IDs der digitalen Münzen gespeichert werden und auf welchem Konto sich eine digitale Münze gerade befindet. Jetzt müsste bei einem Einkauf ein Händler diese Datenbank abfragen, wo sich die Münze gerade befindet und ob sie der Käufer wirklich besitzt. Das klingt schön und gut, hat aber einen großen Nachteil: diese Datenbank ist zentral und daher ist dieses System fragil. Was passiert, wenn diese Datenbank ausfällt oder wenn ein Gauner diese Datenbank knackt?

Die Entwickler von *Bitcoin* haben eine Alternative gefunden: die sog. *Blockchain*. Die Blockchain ist ein Peer-to-Peer-Netzwerk (P2P) (siehe Abschnitt 2.3). Die Datenbank befindet sich auf allen teilnehmenden Rechnern. Die Blockchain kann speichern, auf welchem Konto sich ein Bitcoin gerade befindet. Die Technik dahinter verwendet ausgeklügelte Verschlüsselungsverfahren und gilt bis heute als recht sicher [Ant14].

Bitcoin hat viele Vorteile, aber zum heutigen Zeitpunkt auch noch Nachteile. Mit Bitcoin können z. B. auch Menschen am internationalen Handel teilhaben, die von der traditionellen Kreditwirtschaft bisher ausgeschlossen wurden, wie z. B. in vielen Ländern Afrikas. Allerdings ist momentan der Umgang mit Bitcoin noch nicht wirklich benutzerfreundlich und es ist passiert, dass Leute ihr Geld verloren haben, weil sie die digitalen Münzen nicht auf ihrem eigenen Rechner, sondern auf einem Server gespeichert haben. Wenn ein solcher Server dann „gehackt" wird, sind die Bitcoins weg. Natürlich ist ein neues Geldsystem auch ein Anziehungspunkt für alle Arten von Betrügern und Gaunern.

Die Blockchain hingegen kann auch für andere Anwendungen als Bitcoin genutzt werden. Hier werden in den nächsten Jahren noch viele innovative Anwendungen entstehen [Swa15]. Und die hier entstandene Technik bedroht auf jeden Fall viele Teile des heutigen Finanzsystems. Vor den Computern und der Digitalisierung war das Geschäft der Banken pro Kunde sehr ertragreich. Damals war „Banking" personal- und rechtenintensiv. Dann kamen die Computer und die Berechnungen wurden automatisiert. Danach kam das Internet und die Kundenbeziehungen konnten auf das Internet verlegt werden. Heute gibt es „entflochtene" Banken, die keine richtigen Filialen mehr haben, sondern nur noch eine Internetseite und ein paar Service-Mitarbeiter für die Telefon-Hotline. Es ist heute für eine Bank sehr schwer, mit dem früheren Kerngeschäft noch Geld zu verdienen. Kritiker sprechen sogar schon von einem Ende der Banken [Mil14]. Der Finanzmarkt wird sich daher in den nächsten Jahren noch stark ändern.

10.6 Die ferne Zukunft: die Singularität

In Abschnitt 9.1 wurde erläutert, warum die Geschwindigkeit des Fortschritts aufgrund des „Gesetzes des steigenden Ertragszuwachses" steigt. Wir haben auch schon Kurvendiagramme für exponentielles Wachstum gesehen und wissen, dass die Kurve am Ende fast senkrecht nach oben steigt. Wird das mit der Forschung auch so sein? Wird dann in einem Jahr so viel geforscht, wie früher in 100 Jahren? Mehrere Zukunftsforscher haben sich über diese Fragen Gedanken gemacht. Der zentrale Punkt für diese Überlegungen ist, ob Computer wirklich so intelligent werden wie Menschen und was sie dann mit ihrer Intelligenz machen [Kur06, Sha15].

Die zentrale *Hypothese* ist: Wenn es irgendwann mal „intelligente Maschinen" geben sollte, die genauso intelligent wie Menschen sind, dann könnten diese Maschinen sich selbst verbessern und sich selber noch „intelligenter" machen. Diese „intelligenteren" Maschinen könnten das wiederum auch machen und somit würden nach mehreren Schritten dann „hyperintelligente" Maschinen entstehen. Dieser Moment wird *„Singularität"* genannt. Eine Singularität ist ein einzelner wichtiger Moment in einem System. Ein Moment an dem etwas passiert, dass eine sehr große Auswirkung hat. In der Physik ist z. B. der Urknall eine Singularität oder ein schwarzes Loch.

Viele Kritiker der KI befürchten, dass diese „rekursive Selbstverbesserung" zu einem Ende der Menschheit werden könnte [Bos14]. Sie gehen von einer „explosionsartigen" und sehr schnellen Entwicklung einer Super-KI aus, die sehr viel intelligenter als Menschen ist. Diese Super-KI könnte dann die Weltherrschaft an sich reißen, weil durch die Vernetzung alle Systeme miteinander zusammenhängen und es für die Super-KI kein Problem wäre, die Sicherheitsmechanismen zu umgehen.

Aber an diesem Szenario stimmen ein paar Dinge nicht und es gibt viele wissenschaftliche Gegenargumente. Der größte Fehler ist, dass wir uns in unserer heutigen Welt vorstellen, was die Folgen einer solchen Super-KI wären. Was wäre, wenn man den Römern zu Zeiten von Jesus Christus von Panzern erzählt hätte? Sie hätten ihren Untergang befürchtet, weil sie sich gegen einen Panzer nicht hätten wehren können. Ein Panzer ist aus damaliger Sicht unangreifbar und unbesiegbar. Die heutigen Italiener aber, wären von einem einzelnen Panzer nicht wirklich beeindruckt. Ähnlich ist es, wenn wir uns heute die Folgen einer Super-KI vorstellen. Denn bis zum Zeitpunkt der Singularität müsste sich die Welt schon unvorstellbar geändert haben. Bevor man eine KI herstellen kann, die so intelligent wie ein Mensch ist, muss man KIs hergestellt haben, die z. B. so intelligent wie Hunde oder Katzen sind. Und dieses würde die Welt schon unbeschreiblich verändern.

Ein weiterer Fehler ist, dass Erfindungen nicht sprunghaft oder explosionsartig entstehen. Sie sind das Ergebnis von *kombinatorischer Innovation* und *kollektiver Intelligenz*. Die Super-KI müsste intelligenter sein, als die 6 Milliarden Menschen, die auf der Erde leben.

Außerdem entsteht Intelligenz beim Menschen durch eine „intelligente" Kombination aus den Systemen 1 und 2 (siehe Abschnitt 3.2). Menschliches Denken ist eine Mischung von zeitsparenden Heuristiken aus System 1 und sorgfältigem Ausprobieren aller Möglichkeiten mit System 2. Beide Systeme lassen sich durch Computersysteme „simulieren": System 1 durch neuronale Netze und System 2 durch Suchalgorithmen, mathematischen Differentialgleichungen oder durch Simulationen mit agentenbasierter Modellierung. Eine Super-KI kann Differentialgleichungen aber nicht schneller lösen als ein traditioneller Supercomputer. Ein NP-vollständiges Problem ist auch für eine Super-KI NP-vollständig und benötigt damit eine lange Rechenzeit. Viele Optimierungsaufgaben sind NP-vollständig und die heutigen Computerchips werden schon mit mathematischer Optimierung durch Computeralgorithmen verbessert. Wenn das heute schon mathematisch optimal passiert, kann die Super-KI hier nichts mehr verbessern. Eine Super-KI wäre auch auf die traditionellen Computer angewiesen, denn „number crunchen" können diese schneller.

Außerdem fehlen bei diesen Kritikern die ökonomischen Aspekte völlig: Computer brauchen Energie. Die heutigen Supercomputer benötigen die Energie von ganzen Kraftwerken. Diese Super-KI wäre am Anfang sehr teuer und damit nur von großen Staaten betreibbar.

Heutzutage geht der Trend hin zu verteilten Systemen. Diese Systeme bestehen z. B. aus tausenden von Rechnern, die zusammen erst das System darstellen. Heutzutage ist die Rechenleistung über die ganzen Länder und Bevölkerungen verteilt. Eine Super-KI wäre mit Sicherheit ein verteiltes System mit einer recht geringen Rechenleistung im Vergleich zum Rest der Welt.

Es sind auch nicht alle Systeme miteinander vernetzt. Viele vernetze Systeme stehen in demilitarisierten Zonen, die durch Firewalls gesichert sind. Verschlüsselungsverfahren und Passwörter sind genauso schwer zu „hacken" für die Super-KI wie für heutige Computer und Menschen. Man kann also nicht einfach per Netz die gesamte Welt erobern.

Und wie im Kapitel 8 über die KI erwähnt, ist es heute noch gar nicht wissenschaftlich erwiesen, dass es eine menschliche KI überhaupt mal geben wird. Die heutige KI täuscht Intelligenz nur vor. Ob wirklich einmal kreative und selbstbewusste Computer existieren werden, steht heute noch nicht fest.

Da die heutige KI auf Basis der auf Silikon basierten Computer nicht die gewünschten Erfolge vorweisen konnte, sind viele Zukunftsforscher auf die Nachahmung von menschlichen Gehirnen umgestiegen. Sie entwerfen – eine heute noch völlig fiktive – Theorie, dass man das menschliche Gehirn einfach wie einen Datenspeicher ausliest und maschinell oder per Biotechnologie nachbaut. Und damit hätte man dann eine KI, die so intelligent ist wie ein Mensch [Kur06]. Auch hier ist wissenschaftlich noch nicht klar, dass das überhaupt möglich ist. Das Gehirn ist sehr viel komplexer aufgebaut als ein Computer. Es ist ein komplexes Netzwerk mit unterschiedlichen Teilen, die chemisch und elektrisch miteinander reagieren. Ob man dieses in Computern simulieren kann ist noch offen [Sha15].

Dass diese Ziele noch in weiter Ferne liegen, kann man gut am OpenWorm-Projekt erkennen[36]. Hier versucht man den Fadenwurm *Caenorhabditis elegans* in Software nachzubauen. Caenorhabditis elegans wird bis zu einem Millimeter groß und der männliche Wurm hat 1031 somatische Zellkerne und ein Gehirn mit 304 Nervenzellen. Mit Hilfe eines Computermodells haben Forscher versucht, den Organismus des Wurms besser zu verstehen. Eine erste Erkenntnis ist, dass es trotz des einfachen Aufbaus sehr schwierig ist, die komplexen Interaktionen der einzelnen Teile zu verstehen und nachzubauen. Es sind noch viele Fragen offen. Das Projekt ist ein schönes Beispiel dafür, dass man auch in der Biologie mit der Simulation von komplexen Systemen Fortschritte erzielen kann. Auf der anderen Seite hat ein Mensch aber geschätzte 100 Milliarden Nervenzellen mit 60 Billionen Synapsen (Verbindungen). Von einer Simulation des menschlichen Gehirns ist man also mindestens noch 10-20 Jahre entfernt.

---

[36] http://www.openworm.org/

Es gab in den letzten Jahren in den Medien Berichte in denen Forscher von der erfolgreichen Simulation eines Gehirns berichteten. Hier muss man allerdings berücksichtigen, dass man ein Gehirn mit einem unterschiedlichen Abstraktionsgrad modellieren und simulieren kann. Diese simulierten „Gehirne" sind stark vereinfachte Modelle. Das komplexe chemische Gehirn wurde auf ein kompliziertes neuronales Netz reduziert.

Interessierte Leser seien auf das Buch von Murray Shanahan [Sha15] oder auf das „Original" von Raymond Kurzweil [Kur06] verwiesen.

11. ... und die Politik

11.1 Das politische Spiel

Der Mensch hat Wünsche und Ziele. Um ein Ziel zu erreichen, muss man einen Weg dahin finden. Man muss entscheiden, mit welchen Mitteln man das Ziel erlangen kann. Nehmen wir einmal an, das zwei „Parteien" über miteinander vereinbare und unvereinbare Mittel und Ziele verfügen können. Hier kann man ganz einfach eine Tabelle aus der Spieltheorie anwenden, die schon in Abschnitt 3.3 behandelt wurde [Gha11]:

		Ziel	
		vereinbar	unvereinbar
Mittel	vereinbar	Kooperation	Koalition
	unvereinbar	Wettbewerb	*Konflikt*

Wenn beide Parteien die gleichen Ziele haben und beide die gleichen Mittel verwenden möchten, gibt es natürlich keine Schwierigkeiten und sie können *kooperieren*. Wenn sie das gleiche Ziel mit unterschiedlichen Mitteln erreichen wollen, stehen sie im *Wettbewerb* miteinander. Wenn sie mit den gleichen Mitteln ein unterschiedliches Ziel verfolgen, können sie eine *Koalition* bilden. Einen richtigen *Konflikt* gibt es nur, wenn sowohl Mittel als auch Ziel unvereinbar sind. Dieser Konflikt wiederum führt zu einem neuen Nullsummenspiel ähnlich dem „Gefangenendilemma" oder der „Hirschjagd" aus Abschnitt 3.3. Allerdings gibt es in der Politik auch noch die Möglichkeit den Konflikt in ein Nicht-Nullsummenspiel umzuwandeln, indem man von Mitteln und Zielen abrückt und Kompromisse ausarbeitet. Hier können beide Parteien dann eine Win-Win-Situation ausarbeiten.

Als Karl Marx *„Die Geschichte ... ist eine Geschichte von Klassenkämpfen"* schrieb, hat er diese ganzen Möglichkeiten übersehen und die Geschichte der Menschheit auf einen Konflikt mit einem Nullsummenspiel reduziert.

11.2 Individuelle und ökonomische Freiheit

Das Wort *Freiheit* wird im Alltag meistens benutzt, um die Rechte des Individuums auszudrücken: Die Freiheit der Rede, die Freiheit des Wortes oder Reisefreiheit. Es ist die *individuelle Freiheit*. Jeder kann sein Leben so leben wie er möchte, solange keine anderen zu Schaden kommen.

Die *ökonomische Freiheit* wiederum ist die Möglichkeit, wirtschaftlich frei zu agieren. Wie leicht ist es ein Unternehmen zu gründen? Wie viele Gesetze muss man dazu kennen? Welche Steuern fallen an und wie hoch sind diese? In manchen Orten im Wilden Westen der USA im 19. Jahrhundert reichte es aus, ein Schild zu malen auf dem „FRISÖR" stand und in das Fenster auf die Straße raus zu hängen. Und schon war man selbständiger Frisör. Da gab es das *„right to earn a living"*. Vorausgesetzt natürlich, dass dann auch genügend Kunden kamen. Der *Merkantilismus* des Mittelalters hingegen war wirtschaftlich unfrei. Um ein Frisör zu werden, musste man erst einer Zunft beitreten und mit jahrelanger Mitgliedschaft und viel gutem Willen der anderen Zunftmitglieder eine „Lizenz" ergattern. Der amerikanische Mythos *„vom Tellerwäscher zum Millionär"* hängt von diesem Recht ab, ein Unternehmen gründen zu können. Denn irgendwo auf dem Weg vom Tellerwäscher zum Millionär muss man sich selbständig machen können.

Mit diesen beiden Freiheiten kann man die üblichen politischen Richtungen auf der folgenden Skizze ganz grob einordnen:

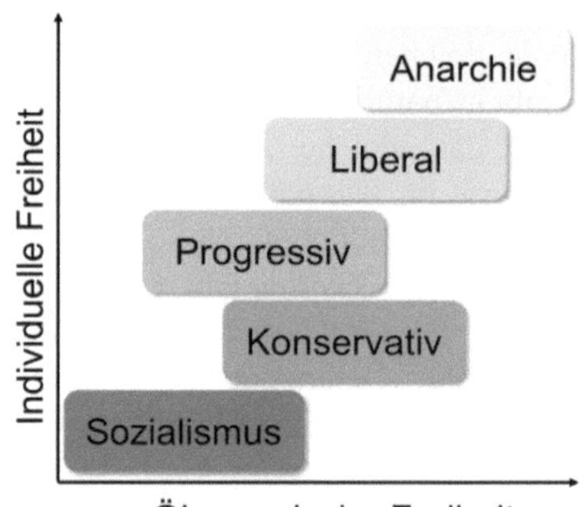

In der Politik gibt es in den meisten Ländern zwei Richtungen: eine *„Progressive"* (sozialdemokratisch, grüne oder linke) und eine *„Konservative"*. Die „Progressiven" sind in der Regel für mehr individuelle Freiheiten, wie z. B. Ehe für Homosexuelle, Religionsfreiheit und „alternative" Lebensarten, während die „Konservativen" den traditionellen Lebensentwurf mit Hochzeit und Kindern bevorzugen. Ökonomisch sind wiederum die „Konservativen" für weniger Regulierung der Wirtschaft als die „Progressiven", die die Wirtschaft möglichst umfassend regulieren wollen. Ein Extrem nach dieser Darstellung ist der Sozialismus, der nicht auf dem Individuum, sondern auf dem Kollektiv beruht. „Sozial" in „Sozialismus" kommt nicht von „sozial gerecht", sondern von „Gemeinschaft". Nicht das Individuum entscheidet, sondern das Kollektiv. Wer jetzt genau den „Willen" des Kollektivs bestimmt, ist je nach Variante des Sozialismus verschieden. Beim real existierenden Sozialismus der Sowjetunion war es die Partei bzw. der bürokratische Staatsapparat, während es bei anarchistischen Varianten Arbeiterräte oder Syndikate sein sollen [Mue84]. Das Individuum selber kann aber nicht entscheiden.

Unter die ökonomische Freiheit fällt auch das Recht auf Eigentum. Beim Eigentum kann man zwischen Konsumgütern und Produktionsmitteln unterscheiden. Im Kommunismus sollen laut Karl Marx die Produktionsmittel „vergesellschaftet" werden. Die Sozialisten nach Karl Marx haben dieses als „Verstaatlichung" interpretiert. Ein großes Problem ist, das die Grenze zwischen Konsumgut und Produktionsmittel fließend ist. Es ist daher nicht einfach zu entscheiden, wann etwas verstaatlicht werden soll und wann nicht. Das gibt den mit dieser Aufgabe betrauten Beamten eine ungeheure Macht. Wenn ein Musiker auf einer Gitarre ein Lied spielt und nichts dafür bekommt, ist die Gitarre ein Konsumgut und sein Eigentum, wenn er aber eine Bezahlung bekommt, sei es ein Bier, ein Abendessen oder Geld, dann ist es ein „Produktionsmittel" zur Erstellung von „Unterhaltung". Demnach würde man die Gitarre verstaatlichen müssen. Über die Verteilung der Gitarren würden Beamte in einer Art „Musikministerium" entscheiden. Wundert sich da jemand, warum in den 70er- und 80er-Jahren die besten Punk-Bands aus Großbritannien und den USA kamen und nicht aus dem Ostblock? Weil die Musikindustrie nicht verstaatlicht war! Im Gegenteil: In einer Marktwirtschaft konnten Menschen, die mit der von der etablierten Musikindustrie produzierten Musik unzufrieden waren, mit etwas Geld eigene Plattenlabels gründen. Es entstanden sog. „Independent-Labels", die die „Alternative"-Sparte geprägt haben. Ohne Privateigentum und das Recht ein Unternehmen zu gründen, wie z. B. ein Plattenlabel, einen Plattenladen, ein Fanzine, einen Mail-Order-Versand oder eine Webseite, wäre die Musikkultur wesentlich ärmer und manche Musikrichtungen wären evtl. gar nicht entstanden. Vergleichbares lässt sich auch über die Independent-Computerspiele sagen. Musiker, Buchautoren, Computerspielentwickler und andere Kreative sind in einem gewissen Sinn auch *„Entrepreneure"*.

11.3 Das Finanzsystem

Das heutige Finanzsystem ist ein sehr komplexes System, teilweise wohl sogar chaotisch. Finanzsysteme spielen eine wichtige Rolle in der Wirtschaft [Fer08]. Das heutige Finanzsystem ist – wie das restliche Wirtschaftssystem auch – eine Mischung aus Markt und staatlicher Planwirtschaft.

Es fängt beim Geld an: in vielen Ländern ist es ein *staatliches Monopol*. Der U.S. Dollar, der Euro oder die Deutsche Mark werden bzw. wurden von Staaten kontrolliert. Dieses geschieht aus Gründen der Staatsfinanzierung, damit die Staaten leichter Schulden machen können und z. B. das Militär und Kriege finanzieren können. In Abschnitt 4.2 wurde beschrieben, das sich der Herzog von Wellington und der preußische König Friedrich Wilhelm III. während der Napoleonischen Kriege (1792 - 1815) bei den Rothschild's Geld leihen mussten, um den Krieg zu finanzieren. Das ist mit dem heutigen Finanzsystem nicht mehr notwendig. Das *Staatsmonopolgeld* könnte man auch als „top-down"-Geld bezeichnen. *„Marktgeld"* hingegen bildet sich auf freiwilliger Basis „bottom-up". Es gibt z. B. Menschen die Silber- und Goldmünzen sammeln. In Notzeiten werden auch andere seltene Waren, wie z. B. Zigaretten als Währung benutzt.

Der nächste wichtige Punkt ist die *Eigenkapitalquote* von Banken, mit der die Banken aus dem Nichts Geld schöpfen können [Fer08, May14]. Ganz vereinfacht dargestellt: Wenn jemand 100,- Euro bei einer Bank einzahlt, kann die Bank bei einer Eigenkapitalquote von 10% 90,-Euro weiterverleihen und muss nur 10,- Euro als Sicherheit hinterlegen. Auf dem Papier entstehen so 100,- Euro Forderung des Sparers und 90,- Euro des Kreditnehmers. Wenn die 90,- Euro bei einer anderen Bank eingezahlt werden, muss diese Bank wiederum mindestens 9,- Euro als Eigenkapital sichern und kann 81,- Euro weiterverleihen. Dieses kann so mehrfach weitergeführt werden und wird *Kreditexpansion* genannt. Hier sind jetzt unterschiedliche Geldmengen entstanden: M0 ist gleich 100,- Euro und M1 = 100 + 90 + 81 = 271,- Euro. Von diesen 271 Euro, die in der Wirtschaft jetzt im Umlauf sind, gibt es aber nur 100 wirklich. Hier entsteht Geld aus der Luft und die Gesellschaft denkt, sie wäre reicher als sie eigentlich ist. Außerdem ist das System auch noch *fragil*: Was passiert, wenn der erste Kunde seine 100,- Euro zurückhaben möchte? Die erste Bank muss sich die 90,- Euro zurückholen, wenn es nicht genügend Eigenkapital hat. Die Bank darauf muss die 81,- Euro zurückholen, usw. Dann gibt es eine Kette von „*Bank runs*" und das System bricht zusammen.

Ein weiterer Punkt wäre, dass man zwischen *Aktivgeld* und *Passivgeld* unterscheiden muss. Wenn man Geld aus der „normalen" Perspektive betrachtet, denkt man, hinter einem 100,- Euro Schein würden Güter im Werte von 100,- stehen. Den Geldschein gibt es, weil er irgendwo mit 100,- Euro in Gütern oder in Gold „*gedeckt*" sei. Solch ein „gedecktes" Geld wäre Aktivgeld. Die heutigen Geldsysteme sind aber „Passivgeld". Hinter jedem Geldschein steckt eine „Schuld", ein Zahlungsversprechen der Zentralbank bzw. im Endeffekt des Staates. Der ehemalige Chefsvolkswirt der Deutschen Bank Thomas Mayer z. B. argumentiert in seinem Buch „*Die neue Ordnung des Geldes: Warum wir eine Geldreform brauchen*" für ein neues Geldsystem [May14].

> **Wichtig**: Das heutige Finanzsystem wird auch innerhalb der Wirtschaftswissenschaften stark kritisiert.

Ein weiterer planwirtschaftliches Element ist die Festsetzung des „*Leitzins*". Wenn Banken Geld benötigen, können sie es sich bei der Zentralbank leihen. Der Zinssatz für dieses Leihen wird „*Leitzins*" genannt und wird von den Zentralbanken festgelegt. Er ist in den USA und der EU in den letzten Jahren auf historisch niedrigen Ständen von unter 1%. Für Banken ist es also in letzter Zeit leicht, an Geld zu kommen. In den Medien wird hier oft von „Wirtschaft ankurbeln" oder „stimulieren" geredet. Zinsen drücken aber das Verhältnis von Zukunft und Gegenwart aus, bilden sich in einer Marktwirtschaft normalerweise „bottom-up" und können eigentlich nicht „top-down" geplant werden. In den deutschen Medien war in den Jahren 2014 und 2015 auch öfters zu lesen, dass die Euro-Zone unterschiedliche Leitzinsen benötigen würde, da die Wirtschaft in den einzelnen Ländern sehr unterschiedlich war. Ein zu niedriger Leitzins kann die Wirtschaft überhitzen, ein zu hoher Leitzins kann sie einfrieren.

Wichtig: Das heutige Finanzsystem ist ein Rest Marktwirtschaft in einem planwirtschaftlichen Rahmen, der von den Staaten und den angeschlossenen Zentralbanken kontrolliert wird.

Von diesem System profitieren die Staaten, die die Zinsen ihrer Schulden mit dem „billigen Geld" tilgen und sich neu verschulden können („umschulden") und die Banken, die sich für einen niedrigen Zinssatz Geld leihen und damit an den Aktienmärkten „zocken" können. Ein Steigen der Aktienkurse wird in den Medien dann als „Wirtschaftsboom" verkauft und nicht als Folge der niedrigen Leitzinsen. Wenn diese Politik der Niedrigzinsen auf Dauer durchgeführt wird, kann das bisher unbekannte Konsequenzen nach sich ziehen, wie z. B. Wirtschaftskrisen und Hyperinflation [Mis49, DMW15].

Die 68er-Rockband Ton Steine Scherben sang damals *„Wer das Geld hat, hat die Macht und wer die Macht hat, hat das Recht!"*. Und damals nahmen die 68er an, dass das Kapital in den Händen der „Reichen" und der „Kapitalisten" war. Aber: Das Geld „haben" die Staaten bzw. die Regierungen. Die Banken werden mitbeteiligt, weil sie die Aufgabe haben, die verschuldeten Staaten mit neuen Krediten zu versorgen.

Wichtig: Wenn Politiker nach einer Finanzkrise behaupten, dass „der Kapitalismus nicht funktioniert" ist das ein logischer Fehlschluss, weil das heutige Finanzsystem gar nicht „kapitalistisch" ist.

11.4 Markt und Staat

Eine Mischung aus Kapitalismus und Sozialismus

Der Sozialismus kennzeichnet sich durch eine „Verstaatlichung" der Produktionsmittel aus, während die „reine" Marktwirtschaft keine staatlichen Einschränkungen beim Besitz und Betrieb von Produktionsmitteln zulässt. Damit gibt es ein ganzes *Kontinuum* zwischen Sozialismus und Laissez-faire Kapitalismus:

- Extremer Sozialismus: Alle Produktionsmittel verstaatlicht
- Sozialismus: Der „wichtigsten" Produktionsmittel verstaatlicht, nur einige wenige frei
- Soziale Marktwirtschaft: einige Teile der Industrie verstaatlicht oder kartellisiert

- Minimalstaat: Nur die Sicherheit und die Verteidigung sind verstaatlicht
- Laissez-faire Kapitalismus: Alles in privater Hand

Heute gibt es in den meisten Ländern regulierte Märkte und einige verstaatlichte Industrien. Die meisten Menschen in der heutigen Welt leben daher in einem System, das eine Mischung aus Marktwirtschaft und Sozialismus ist. Aber diese „Mischung" ist je nach Land unterschiedlich. In dem einem Land besteht z. B. ein staatliches Postmonopol, während in einem anderen die Energieversorgung durch den Staat durchgeführt wird. Selbst die Sowjetunion hat 1921 bei der Einführung der *„Neuen Ökonomischen Politik"* (NEP) wieder einen kleinen Anteil Marktwirtschaft zugelassen.

Die *„Staatsquote"* ist der Anteil, den die Ausgaben des Staates im Verhältnis zum Bruttoinlandsprodukt (BIP) haben. Heutzutage liegt sie bei den meisten Ländern zwischen 45 und 55%. In Deutschland z. B. lag sie 2014 bei 44% und in Frankreich bei 57%. Der ehemalige Bundeskanzler Helmut Kohl soll mal gesagt haben „bei einer Staatsquote von 50% beginnt der Sozialismus". Ironischerweise bezeichnen die „Linken" das augenblickliche Wirtschaftssystem als *„Kapitalismus"* [Sch15], während Minimalstaatler es als *„Sozialismus"* bezeichnen [Baa10][37].

> **Wichtig**: Die meisten Staaten heute sind eine Mischung aus Marktwirtschaft und Sozialismus. Jedes Land hat da aus historischen Gründen seine eigene Mischung.

Ganz interessant ist aber auch, dass sich die Menschen mit den unterschiedlichen Regulierungen identifizieren. Zum Beispiel gab es in den 90er-Jahren viele Diskussionen um das *„Deutsche Reinheitsgebot"* beim Bier. Die Herstellung von Bier war reguliert und bestimmte Zusatzstoffe waren verboten. Die Menschen hatten sich an diese Regulierung gewöhnt und sich damit identifiziert. Damit wurde gegen den Import von Bieren aus anderen Ländern argumentiert. Es entstand eine Art Nationalismus, der seinen Ursprung in der Regulierung der Industrie hatte. In jüngerer Zeit gibt es ähnliche Argumente beim *„Chlorhuhn"* aus den USA. Der Einsatz von Chlor ist in der EU bei der Desinfektion von Geflügel verboten, in den USA

---

[37] Mit „Linken" ist in diesem Buch nicht die Partei „Die Linke" gemeint.

nicht. Hier entsteht gerade aufgrund der Regulierungen eine Art „EU-Nationalismus".

Die optimale Mischung?

Welches ist aber die optimale Mischung aus Markt und Staat?

Eine wissenschaftliche Antwort auf diese Frage wurde bisher nicht gefunden. Man müsste erst einmal klären, was „optimal" hier in diesem Kontext bedeuten soll. Sollen die Menschen möglichst frei sein? Oder möglichst wohlhabend? Sollten alle gleich viel haben? Oder nach ihrer Leistung bezahlt werden? Wenn man sich zumindest auf ein gemeinsames Ziel geeinigt hätte, müsste man dann über die Mittel diskutieren, mit denen man das Ziel erreichen möchte. Geht es ohne Regulierung? Wenn mehrere Regulierungen zur Auswahl stehen, welche ist die bessere? Sollte der Staat nur einen Rahmen schaffen und die Details dem Markt überlassen? Oder soll der Staat alles bis in das kleinste Detail festlegen? Oder braucht man den Staat womöglich gar nicht?

Da es sich bei einer Gesellschaft und der Wirtschaft um ein komplexes System handelt, ist eine wissenschaftliche Beantwortung dieser Fragen bisher nicht möglich gewesen. Die heutigen Erkenntnisse der komplexen Systeme und der agentenbasierten Modellierung sind hierfür auch noch unzureichend. Man könnte heutzutage höchstens philosophisch eine Position beziehen.

Bottom-up vs. Top-down

Mit der Perspektive der komplexen Systeme gibt es zwei unterschiedliche Arten, mit der eine Gesellschaft Normen, Regeln und Gesetze ändern kann:

- „top-down": der Staat macht Vorschriften, an die sich alle zu halten haben
- „bottom-up": die Gesellschaft entwickelt selber „ungeschriebene" Gesetze, die später schriftlich festgehalten werden

In komplexen Systemen ist es sehr schwierig, das gewünschte Verhalten einfach durch Vorschriften von oben-nach-unten durchzuführen, weil sich voraussichtlich Teile des komplexen Systems anders verhalten werden als erwartet und es zu unerwünschten Nebenwirkungen kommt (siehe Abschnitt 2.6).

Man hört in Diskussionen im Fernsehen manchmal den Satz *„das muss der Staat"* machen. In der Wirtschaft wird zwischen einem „öffentlichen" Sektor und einem „privaten" Sektor unterschieden. Der öffentliche Sektor wird vom Staat betrieben und der Private von Unternehmen. Der öffentliche Sektor ist bürokratisch und der private Sektor eher gewinnorientiert (siehe Abschnitt 5.5).

Wenn der Staat mit einer wirtschaftlichen Aufgabe betraut wird, wie z. B. mit dem Postmonopol oder Briefmonopol, dann kann der private Sektor diese Aufgabe nicht übernehmen. Zwischen öffentlichen und privaten Sektor gibt es hier ein Nullsummenspiel [Cas12]. Wie entstehen die Preise für eine solch monopolisierte Dienstleistung? Da es keinen Markt mehr dafür gibt, gibt es auch keine Marktpreise mehr dafür. Dem Monopolisten fehlt die Vergleichsmöglichkeit [Mis49]. Das Wissen über den Betrieb einer solchen Dienstleistung befindet sich in den Händen der Beamten des Staates. Die Frage, ob die gleiche Dienstleistung preiswerter organisiert werden könne, ob es Einsparpotentiale gibt, lässt sich nicht mehr einfach beantworten. Beim Wort „Einsparpotentiale" muss man auch an den Umweltschutz denken, wie viele Blätter Papier werden z. B. in den Behörden „ver(sch)wendet". Wie viele Liter Benzin ließen sich mit einer „Flottenoptimierung" eines staatlichen Briefzustellers sparen? In der Regel kann der private Sektor die Aufgaben nicht mehr anbieten, die der öffentliche Sektor übernimmt. Denn der öffentliche Sektor muss keine Gewinne machen, kann Leistungen auch unter dem „Marktpreis" anbieten und gleichzeitig mehr Kosten verursachen, da er von außen finanziert wird. Gesamtwirtschaftlich ist dieses verschwenderisch, da mehr Geld für eine Dienstleistung ausgeben wird als notwendig.

> **Wichtig**: Der öffentliche Sektor hat durch die Finanzierung von außen Vorteile.

„Bottom-up"-Prozesse hingegen können eine lange Zeit dauern, bis sie voll entwickelt sind. Der Vorteil von „bottom-up"-Prozessen ist allerdings, dass sie *„basisdemokratisch"* sind und eine große Dynamik entfalten können. Als Beispiel kann man das Umweltschutz-Bewusstsein betrachten. Der Umweltschutz wurde in den 80er-Jahren in Deutschland zuerst hauptsächlich von der Partei „Die Grünen" vertreten. Diese war damals aber nicht an der Regierung beteiligt und daher musste sich das Umweltbewusstsein „bottom-up" entwickeln. Die Menschen erkannten die gute Idee und nahmen den Umweltschutz als eine zusätzliche Norm an, gaben etwas mehr Geld für Bio-Lebensmittel aus und fuhren mit dem Fahrrad zur Arbeit. Das geschah in den 80ern völlig ohne Beeinflussung durch die damals herrschende Regierung aus CDU und FDP. Das Umweltbewusstsein hat sich „bottom-up" durchgesetzt.

Markt vs. Staat

In der Politik ist die Perspektive der komplexen Systeme aber noch größtenteils unbekannt. Hier gibt es in der Wirtschaftspolitik hauptsächlich zwei Richtungen:

- Viel Staat und wenig Markt („Links" und „Rechts")
- Viel Markt, wenig Staat („Liberal")

Bei Diskussionen kommt es häufig vor, dass sich die Befürworter dieser beiden Strategien nicht einigen können und teilweise verbittert gegenüber stehen. Dieses verhindert oft die Lösung des anstehenden Problems. Denn jede der beiden Seiten einzeln kann viele Probleme in der heutigen Gesellschaft alleine nicht lösen [CK14]. Die direkten Eingriffe des Staats scheitern an der Komplexität der Gesellschaft und an der langsamen Bürokratie. Die Märkte sind heute auch oft nicht in der Lage zu „funktionieren", z. B. aufgrund von Lobbyismus von großen Unternehmen, bestehenden komplizierten Regulierungen, Monopolisten und einer Plünderungsmentalität der „Eliten". Wir haben in Abschnitt 5.3 erklärt, dass die Preise in den Aktienmärkten keine Informationen mehr enthalten und die Finanzmärkte eher einem Glücksspiel gleichen.

Der Anteil der Staatsquote hat sich in den letzten Jahren in vielen Ländern geändert. Oft werden die skandinavischen Länder als Vorbilder für moderne Wohlfahrtsstaaten genannt. Die Journalisten Adrian Wooldridge und John Micklethwait nennen in ihrem Buch *„The Fourth Revolution: The Global Race to Reinvent the State"* diese Staaten „all-you-can-eat"-Staaten [WM15]. Sie sagen, dass die Hauptaufgabe der Politik im nächsten Jahrzehnt sein wird, den Staat neu zu definieren und Wege zu finden, das starke Staatswachstum der letzten Jahre wieder aufzuhalten („Elephantiasis"). In vielen Ländern wollen die „Progressiven" in der Regel eine bessere soziale Versorgung durch den Staat, Krankenhäuser, Kindergärten und Altenheime. Die „Konservativen" hingegen wollen Sicherheit, Gefängnisse, Armeen und Subventionen für große Firmen. In der Sprache des „politischen Spiels" aus Abschnitt 11.1 benutzen beide „Parteien" das gleiche Mittel für unterschiedliche Ziele und können eine *„Koalition"* bilden. Dazu müssen sie nicht einmal gleichzeitig miteinander regieren, sie können es auch abwechselnd tun, wie z. B. in den USA. Der Staat wird nur jeweils in unterschiedliche Richtungen ausgebaut. Die Wähler hingegen haben nur ihr eigenes Wohl im Auge und wählen immer weiter, solange die Politiker ihnen kurzfristige Vorteile versprechen, wie z. B. frühere Renten, „mehr Netto vom Brutto" oder „U-Bahn umsonst".

Bürokratien ändern sich in der Regel sehr viel langsamer als gewinnorientierte Organisationen (siehe Abschnitt 5.5) . Daher sind viele Änderungen der Digitalisierung nur in Unternehmen durchgeführt worden, aber noch nicht in den Behörden und Ministerien der Staaten. Die Behörden haben keinen Änderungsdruck aufgrund ihrer Finanzierung durch Steuern. Viele Staaten geben überproportional viel Geld aus, sie beschäftigen z. B. nur 15 - 20 % der gesamten Arbeitstätigen, geben aber bis zu 50% Prozent des BIPs aus [DMW15]. Auf die Staaten von heute kommen laut Wooldridge und Micklethwait große Probleme zu und es ist auch fraglich, ob Staaten diese Änderungen durchführen können. Die Wähler könnten zu persönlichen Einschnitten gar nicht bereit sein, wie z. B. „den Gürtel enger zu schnallen", wie es 2009 noch Bundeskanzlerin Angela Merkel forderte. Stattdessen wählen sie dann links- oder rechtsradikal.

Aber zumindest sind da Dänemark und Schweden der Zeit etwas voraus. Beide haben in den 90er-Jahren Wirtschaftskrisen durchgemacht und ihre Staaten reformiert. In Schweden wurde z. B. das Bildungs- und das Gesundheitssystem reformiert [WM15].

11.5 Komplexe Politik

In vielen Ländern befürworten die meisten Parteien eine „Steuerung" der Wirtschaft durch die Politik wie zu Zeiten des Merkantilismus. Aus diesem Grund werden jährlich unzählige Gesetze und Regulierungen erlassen. Der folgende Spruch illustriert dieses:

„ Government's view of the economy could be summed up in a few short phrases: If it moves, tax it. If it keeps moving, regulate it. And if it stops moving, subsidize it. "

Frei übersetzt heißt das:

„Der Staat behandelt die Wirtschaft folgendermaßen: falls die Wirtschaft blüht, besteuert er sie. Wenn sie danach immer noch wächst, reguliert er sie. Falls sie dann nicht mehr funktioniert, subventioniert er sie. "

Jetzt gibt es aber sehr unterschiedliche Arten von Eingriffen mit unterschiedlichen Wirkungen und Nebenwirkungen. Wie sollen solche *Interventionen* aussehen? Dieser Frage gehen der Wirtschaftswissenschaftler

David Colander und der Unternehmensberater Roland Kupers in ihrem Buch *„Complexity and the Art of Public Policy: Solving Society's Problems from the Bottom Up"* nach [CK14]. Ihre Grunderkenntnis ist die folgende: Staat und Markt sind keine Gegensätze, sondern eine *Symbiose*, die durch *Koevolution* entstanden ist. Sie beeinflussen sich wechselseitig und haben sich im Laufe der Geschichte immer aneinander anpassen müssen. Einerseits kann der Staat durch falsche Politik Märkte zerstören und andererseits kann falsches Verhalten an Märkten den Staat zu Eingriffen zwingen. Märkte für Auftragsmörder oder Terrorismus z. B. müssen vom Staat verboten werden, wenn keine anderen gesellschaftlichen Normen ein Entstehen verhindern können.

> **Wichtig**: Staat und Markt sind eine Symbiose und durch Koevolution entstanden.

Colander und Kupers nennen ihr System *„Laissez-faire Aktivismus"*. In ihrer idealen Politik, werden nur möglichst wenig „top-down"-Eingriffe vorgenommen die Gesellschaft und die Wirtschaft entwickelt sich hauptsächlich „bottom-up". Der Staat stellt nur den Rahmen (Aktivismus), die Gesellschaft macht den Rest dann selber nach ihren eigenen Vorstellungen („laissez-faire"). Der Staat soll eine Hebamme sein und kein Controller [CK14]. Es ist Politik unter Berücksichtigung der Eigenschaften von komplexen Systemen, der Spieltheorie, der Verhaltensökonomie, der Netzwerke, der ABM, der Wirtschaftswissenschaften, der Daten und Data Science. Kurz eine Politik, die die in diesem Buch vorgestellten Inhalte benötigt. Diese *„komplexe Politik"* kann die oben beschriebenen Gegensätze zwischen „top-down" und „bottom-up" vereinen. In der komplexen Sichtweise sieht die Geschichte *„Ich, der Bleistift"* aus Abschnitt 5.3 allerdings ein wenig anders aus, weil die Einflüsse und die Dienstleistungen des Staates berücksichtigt werden müssen [CK14]. Die Lastwagen zum Transport des Holzes für den Stift führen z. B. auf vom Staat finanzierten Straßen, das Holz durfte nur gefällt werden, weil es anhand von Umweltschutzrichtlinien erlaubt ist, die Nahrung, die die Holzfäller essen, muss dem Lebensmittelgesetz entsprechen, usw.

Das soll allerdings nicht heißen, dass diese bisher vom Staat erledigten Dienstleistungen auch wirklich vom Staat erledigt werden müssen und nicht von privaten Unternehmen, die ihre Dienstleistungen auf einem Markt anbieten. In der komplexen Sichtweise kann es laut Colander und Kupers neben den *„for-profit"*-Unternehmen nämlich auch die in Abschnitt 5.5 schon erwähnten *„for-benefit"*-Unternehmen geben. Ein „for-benefit"-Unternehmen setzt sich in der Unternehmenssatzung ein bestimmtes zu erreichendes soziales Ziel, wie z. B. die Herstellung eines preiswerteren Medikaments, das sich z. B. 90% der Bevölkerung auch ohne finanzielle Hilfe leisten können[38].

11.6 Interessenskonflikte

Konflikte zwischen Etablierten und Neuen

Es gibt rote und blaue Ozeane, Wettbewerb und Innovation, Globalisierung und Technologie, Nullsummenspiele und Nicht-Nullsummenspiele. Ein innovatives Produkt gewinnt oft auf Kosten der veralteten Produkte. Neue Industrien gewinnen auf Kosten der etablierten Industrien. Ein Beispiel ist die Firma Kodak, die bis in die 90er Jahre hinein den Markt für Fotos, Kameras und Filme beherrschte und zeitweise bis zu 145.000 Angestellte hatte. Obwohl Kodak selbst ein Pionier bei der digitalen Fotographie war und 1975 eine der ersten Digitalkameras baute, hat die Firma die Entwicklung zur digitalen Fotographie „verschlafen" und musste 2012 Insolvenz anmelden.

Die innovative Industrie hat den ökonomischen Wettbewerb schon gewonnen, daher greift die etablierte Industrie zum politischen Mittel: *Lobbyismus* und Aufruf zu *„politischen Debatten"*, wie es z. B. 2015 der Präsident des Europäischen Parlaments Martin Schulz (SPD) tat. Die SPD ist auf der einen Seite eine politische Partei, auf der anderen Seite aber auch ein Wirtschaftsunternehmen, denn sie verfügt über viele Beteiligungen an Medienunternehmen, Zeitungen und Druckereien.

> **Wichtig**: Politik ist Interessenvertretung. Politiker sind keine Altruisten, die nur das Gemeinwohl optimieren.

---

[38] An dieser Stelle schreien natürlich die Menschen der uneingeschränkten Vision von Thomas Sowell auf „und was ist mit den anderen 10%? Das ist ja unmenschlich!". Natürlich wäre es gut, wenn sich das Medikament alle leisten könnten, aber es ist nicht möglich, ein Medikament umsonst herzustellen. Bei Berücksichtigung der Kosten muss man einen Tradeoff machen. Es ist besser ein Medikament zu haben, dass sich 90% leisten können, als gar keines. Die anderen 10% müssen dann z. B. private Organisationen, Spenden oder über staatliche Hilfen versorgt werden.

In einer Marktwirtschaft wird der Konflikt zwischen Altem und Neuem über den Markt ausgetragen. Die Kunden entscheiden, was sie kaufen. Das funktioniert in den meisten Fällen auch ohne große Eingriffe der Politik. Und wenn nicht, reicht es oft auch, einmalig einen gesetzlichen Rahmen zu schaffen. In den 80er-Jahren waren einige Menschen mit der Lebensmittelindustrie unzufrieden. Die Nahrungsmittel waren ihnen nicht mehr natürlich genug. Zuerst waren diese Bio-Lebensmittel nur in speziellen Geschäften zu kaufen, die z. B. „Mutter Erde" hießen. Bauern entschlossen sich dazu, biologische Lebensmittel anzubauen und Händler dazu, Einzelhandelsgeschäfte für Biolebensmittel zu eröffnen. Diese Menschen würde man heute *„Bio-Entrepreneure"* nennen. Auf Peter Thiel's Frage hätten sie geantwortet *„Ich glaube, dass natürliche Lebensmittel gesünder sind, besser schmecken und viele Leute auch einen etwas höheren Preis für sie zahlen werden"*. Die Möglichkeit, ein Unternehmen zu gründen, eigene Produktionsmittel zu besitzen und selber zu entscheiden, ob biologischer Dünger oder Kunstdünger verwendet wird, führten zu einer großen Verbesserung der Nahrungsmittelversorgung. Die Initiative ging von der Privatwirtschaft aus, von einzelnen Individuen. Der Staat zog erst sehr viel später nach mit „Bio"-Siegeln und -Prüfplaketten, die wiederum von privaten Bio-Initiativen oft als nicht ausreichend kritisiert wurden. Selbstverständlich gab es auch hier „Kämpfe" zwischen Altem und Neuem und die etablierte Lebensmittelindustrie hat zuerst versucht, die Bio-Lebensmittel wieder zurückzudrängen oder „Bio" als unnötig und ungesund darzustellen. Aber schließlich sind sie auf diesen Zug aufgesprungen.

> **Wichtig**: „Politische Debatten" entstehen in einer Gesellschaft mit knappen Ressourcen, wenn man durch Politik Einfluss auf die Verteilung dieser Ressourcen nehmen kann.

Der Marxismus

Das Werk von Karl Marx (1818 - 1883) hat viele Facetten und wurde schon auf verschiedenste Weise interpretiert. Generell unterscheidet man aber zwischen dem jungen Marx, der 1848 zusammen mit Friedrich Engels das *„Manifest der kommunistischen Partei"* herausbrachte und dem späteren Marx, der zwei Bände von *„Das Kapital"* 1867 und 1885 herausbrachte. Denn hier gibt es gegensätzliche und widersprüchliche Aussagen [Bla14, Des04].

Die Welt zur Zeit von Karl Marx war noch eine ganz andere. Damals gab es noch nicht einmal überall Elektrizität. Es war noch die Zeit der Dampfmaschine und nicht die des Verbrennungsmotors. Im Jahre des Todes von Karl Marx entwickelte Gottlieb Daimler den ersten Einzylinder-Viertaktmotor. Karl Marx benutze das Wort *„Produktivkraft"* für das gesamte technische und organisatorische Wissen einer Gesellschaft. Und diese „Produktivkräfte" haben sich durch die technologische Entwicklung inzwischen stark verändert. Seine Analysen können heute gar nicht mehr stimmen. Denn wie in Kapitel 9 erklärt, unterscheidet sich die digitale Ökonomie von der physikalischen Ökonomie und wie in Kapitel 4 erklärt, hat Wissen das Kapital als limitierenden Produktionsfaktor längst abgelöst. Daher ist es nur natürlich, dass viele Teile seines Werkes im Laufe der über 130 Jahre seit seinem Tod auch von anderen Wissenschaftlern widerlegt wurden. Das war bei vielen anderen Ökonomen aus dieser Zeit auch so. Eugen Böhm von Bawerk z. B. befasste sich 1896 in seinem Werk *„Zum Abschluss des Marxschen Systems"* mit der Marxschen Theorie und wiederlegte die „Transformation von den Arbeitswerten in Marktpreise" [Bla14]. Ludwig von Mises untersuchte 1922 in seinem Buch *„Die Gemeinwirtschaft"* den staatlichen Sozialismus. Wenn alle Produktionsmittel in staatlichem Besitz sind, gibt es für diese keinen Markt mit Käufern und Verkäufern und daher auch keine Marktpreise [Mis49]. Der Preis ist aber die Grundlage für die Wirtschaft als Informationssystem [Gil13]. Es ist keine Wirtschaftsrechnung in Monopolen möglich. Dann gibt es noch das Wissensproblem von Friedrich A. Hayek: in einer zentralisierten Planwirtschaft müsste alles Wissen zentralisiert werden. Dieses ist nicht durchführbar [Hay48]. Und die Wirtschaftswissenschaften haben sich weiterentwickelt und stehen – wie in Kapitel 5 beschrieben – mit der komplexen Ökonomie vor einem weiteren Wandel.

Der Wirtschaftswissenschaftler Meghnad Desai ist der Meinung, man hätte Marx schon immer falsch verstanden. Mit seinem im Jahr 2002 veröffentlichten Buch *„Marx's Revenge: The Resurgence of Capitalism and the Death of Statist Socialism"* (übersetzt: „Die Rache von Marx: die Wiederauferstehung des Kapitalismus und das Ende des staatlichen Sozialismus") sorgte er in gewissen Kreisen für Aufsehen [Des04]. Denn Desai ist in Großbritannien kein Unbekannter als Politiker der britischen Labour-Partei und als ehemaliges Mitglied des Exekutivkomitees der Fabian-Society, einer britischen sozialistischen Gesellschaft. Er hat in den 70er- und 80er-Jahren mehrere Bücher über Marx und Lenin veröffentlicht.

Nach Desai wurde der Name von Karl Marx von den meisten Politikern missbraucht und zwar teilweise schon vor seinem Tod. Sie hätten nur seinen Namen ausgenutzt, um ihre eigenen Interessen durchzusetzen. Karl Marx hätte weder sozialdemokratischen Parteien, die Oktoberrevolution von 1917 oder die Sowjetunion gutgeheißen. Desai schreibt, das die Antwort von Karl Marx auf die Frage *„sollte der Staat die Wirtschaft steuern oder der Markt?"* viele schockieren würde. Denn seine Antwort wäre der Markt! Er war ein „Champion" des Freihandels und gegen Zollschranken. Er wäre heute kein antikapitalistischer Globalisierungsgegner und auch kein Befürworter von regional beschränkten Märkten, wie es viele heutige TTIP-Gegner sind. Er wäre gegen die zentrale Planung der Wirtschaft und war auch kein Befürworter eines sozialistischen Staates. Natürlich war Karl Marx kein Freund des Kapitalismus, aber er studierte ihn jahrzehntelang. Karl Marx war der Meinung, er hätte eine *„Dynamik"* entdeckt, nach der der Kapitalismus sich selbst überwinden würde und automatisch zum Kommunismus führen würde. Nach Karl Marx wird der Kapitalismus aber erst verschwinden, **nachdem** er sein volles Potential entfaltet hat.

Das volle Potential hat der Kapitalismus dann bei einem Produkt erreicht, wenn er die Knappheit überwinden kann, d. h. wenn es das Produkt im *Überfluss* gibt. Überfluss ist auch ein Versprechen der *Singularität*. Wenn es intelligente Computer gibt, die sich selber verbessern können, dann können diese auch Roboter erfinden und automatische Fabriken, die alle Güter sehr günstig herstellen können. Nach der Singularität würde es daher die meisten Dinge im Überfluss geben. Der Unternehmensberater C. James Townsend verbindet die beiden Ideen Singularität und Sozialismus in seinem Buch *„The Singularity and Socialism: Marx, Mises, Complexity Theory, Techno-Optimism and the Way to the Age of Abundance"* [Tow15]. Nach Townsend hat der heutige Sozialismus diese „Dynamik" von Karl Marx, diese evolutionäre Vision, völlig vergessen und sich in interventionistischer Politik verzettelt. Dadurch hat man seiner Meinung nach die Entwicklung des Kapitalismus behindert und den Eintritt des Kommunismus auf einen späteren Zeitpunkt verschoben. Nach Townsend wird nach der Singularität ein System kommen, dass zugleich „Sozialismus" und „Kapitalismus" überwindet. Die Wirtschaft nach der Singularität hat ganz andere Gesetze. Natürlich wirft das viele Fragen auf, wie z. B. wer in einer solchen Gesellschaft im Besitz der Produktionsmittel ist. Die ursprüngliche Forderung des Marxismus aber *„jeder nach seinen Fähigkeiten, jedem nach seinen Bedürfnissen"* kann nur mit nicht-knappen Gütern funktionieren, denn sobald von etwas zu wenig da ist, entstehen Interessenskonflikte und die Menschen müssten „Gemeinwohloptimierer" sein, um diese Konflikte zu lösen.

Von den traditionellen „Linken" wird Karl Marx heute aber ganz anders interpretiert. Karl Marx wird heute von vielen Politikern und Parteien benutzt, weil in seiner Analyse der Staat nicht vorkommt und sie mit Marx ihre Interessen gegen manche Teile der Wirtschaft durchsetzen können. Es ist schon merkwürdig, das Linke in Deutschland Firmen wie Google und Facebook als „Kapitalisten" beschimpfen [Sch15], während sie die mit Steuergeldern subventionierten deutsche Industrie in Ruhe lassen oder sogar unterstützen, wie z. B. die Automobil- und Chemiefirmen.

11.7 Arbeit und Arbeitsplätze

Wissen und Service

Eines aber ist sicher: die neuen Technologien werden gravierende Änderungen in der Arbeitswelt haben. Im Informations- und Wissenszeitalter kann man vereinfacht zwischen den folgenden beiden Berufsarten unterscheiden [Dru94, BA14, TM14]:

- *Wissensarbeiter* für komplizierte und komplexe Systeme
- *Servicearbeiter* für einfache Systeme

Ein *Wissensarbeiter* arbeitet heute oft am PC und benötigt für seine Arbeit Vorkenntnisse und Wissen. Beispiele hierfür sind Steuerberater, Versicherungsagenten, Rechtsanwälte, Journalisten, Mediziner, Computerprogrammierer oder ein Manager. Es sind Berufe für komplizierte und komplexe Systeme und das Wissen wird meistens in einem Studium oder einer längeren Ausbildung vermittelt. Ein *Servicearbeiter* hingegen bedient in der Regel nur einfache Systeme und dafür benötigt er nur eine rudimentäre Ausbildung. Teilweise sind diese Arbeiten sogar so einfach, dass sie gar keine richtige Ausbildung benötigen, wie z. B. Hilfskräfte in Supermärkten, Lagerarbeiter oder bei einer Telefon-Hotline.

Welche Arbeiten sind besonders von der Technik bedroht?

Wir haben in den vergangenen Kapiteln die Data Science, die Künstliche Intelligenz und die Digitalisierung kennengelernt und können diese Techniken jetzt besser einschätzen. Aus der Verhaltenspsychologie aus Abschnitt 3.2 wissen wir, dass der Mensch begrenzt rational ist und mit dem System 1 Heuristiken zur Mustererkennung einsetzt und das System 2 für das Ausprobieren aller Möglichkeiten. Kurz gesagt gibt es *„heuristische Arbeit"* und *„systematische Arbeit"*. Aus dem Kapitel 8 über die Künstliche Intelligenz wissen wir, dass Computer beide Arten von Arbeit beherrschen können. Vor 15 Jahren glaubt man noch, dass Computer nur die „systematische Arbeit" könnten, weil die damals verfügbaren PCs noch zu schwach für größere mehrschichtige neuronale Netze waren [BA14]. Heute mit den selbstfahrenden Autos ist aber klar, dass Computer auch heuristische Arbeiten übernehmen können. Da sich die technologische Entwicklung auf der zweiten Seite des Schachbretts befindet (Abschnitt 9.1), werden hier in Zukunft auch komplexere Aufgaben von Maschinen erledigt werden. Allerdings muss man hier auch berücksichtigen, dass die selbstfahrenden Autos nicht „überraschend" auf der Bildfläche erschienen sind, denn seit ca. 10 Jahren wird an diesen intensiv geforscht. Die meisten technischen Änderungen kündigen sich weit vorher an.

Computer sind in der Regel nicht gut im Stellen von Fragen, sie haben keine Kreativität, können nicht Querdenken und haben keine eigenen Ideen [BA14]. Daher können Berufe, die diese Fähigkeiten erfordern auch nicht durch Computer ersetzt werden. KIs können auch nicht flexibel mit der Bedeutung von Sprachen umgehen und Neuigkeiten schlecht selber in ihre Wissensdatenbank integrieren. Der kreative Umgang mit Wissen und Neuigkeiten wird daher noch länger Menschen vorbehalten bleiben.

Alle Tätigkeiten hingegen, die relativ statisches Wissen erfordern, sind von einer Automatisierung bedroht. Der Umgang mit Menschen in der Telefonhotline ist schon teilweise automatisiert. Diese Dialogsysteme werden in den nächsten Jahren besser werden. Einfache Wissensarbeiten werden von Computerprogrammen erledigt werden, wie z. B. die automatische Übersetzung von nicht-literarischen Texten.

Bei den Robotern wird die Zukunft davon abhängen, ob es möglich sein wird, Roboter zu bauen, die sich z. B. in einer Wohnung frei bewegen können ohne das Wohnungsinventar zu beschädigen und wieviel Strom sie dabei benötigen. Es ist z. B. noch ein sehr langer Weg, bis ein Roboter in einer ihm unbekannten Wohnung Staubwischen kann, ohne die Gegenstände zu beschädigen. Größere Roboter werden allerdings weiter Einzug in den Alltag finden, wie z. B. als Köche in Selbstbedienungsrestaurants. Daher ist es bei den Service-Arbeiten noch nicht klar abzusehen, welche automatisiert werden können und welche nicht. Präzise manuelle Arbeiten, wie z. B. das Aufheben und Falten eines Handtuchs sind für Roboter momentan noch schwierig [BA14].

Substitution und Augmentierung

Beim Einsatz von neuer Technik bei der Arbeit gibt es zwei Möglichkeiten [BA14]:

- *Substitution*: die Technik ersetzt die menschliche Arbeit
- *Augmentierung*: die Technik unterstützt die menschliche Arbeit

Zum Beispiel ersetzt ein selbstfahrender Zug einen Lokomotivführer. Ein Autopilot für ein Flugzeug hingegen unterstützt den Piloten. Hier können auch Mischformen auftreten: wenn z. B. ein Roboter die Produktivität eines Arbeiters unterstützen kann, werden insgesamt weniger benötigt. Einige Arbeiter werden daher ersetzt und die verbleibenden unterstützt.

Jetzt ist der Mensch sehr lernfähig und kann seine eigenen Systeme 1 und 2 durch künstliche Systeme 1 und 2 ersetzen bzw. augmentieren. Im „Freistil-Schach" kann ein professioneller Schachspieler ein Schachprogramm zur Unterstützung verwenden und ist in der Regel damit besser als das Schachprogramm alleine [BA14]. Ein Statistiker kann mit Data-Mining und Data Science wesentlich bessere Ergebnisse erzielen. Architekten benutzen seit den 90er-Jahren CAD-Systeme für ihre Entwürfe. Die meisten Menschen benutzen Wikipedia, Online-Wörterbücher, Suchmaschinen, Navigationssysteme im PKW, SMS, Emails, usw.

Die menschliche Arbeit wird in der Regel durch technische Erfindungen unterstützt. Ausgegangen ist die Arbeit selber noch nie. Aber immer haben manche Menschen dieses bei technischen Erfindungen befürchtet [Haz88]. Solange die Welt nicht perfekt ist, sind noch Sachen zu erledigen und damit ist Arbeit vorhanden.

Der Fachkräftemangel

Der immer schneller werdende technische Wandel erzeugt auch Irritationen in der Wirtschaft, wie z. B. den oft in der deutschen Presse zitierten *Fachkräftemangel*. Das Bildungssystem ist nicht in der Lage, sich alle 2 Jahre an die neuen Produkte der Computerindustrie anzupassen. Viele der heute verwendeten Tools und Softwarewerkzeuge sind noch keine zehn Jahre alt. Hadoop feierte 2015 z. B. den zehnten Geburtstag. Für viele Arbeitnehmer lohnt es sich nicht, sich kurzfristig in eine neue Technologie oder ein neues Werkzeug einzuarbeiten, wenn sich der Aufwand nicht im Gehalt wiederspiegelt und man in 3 Jahren wieder neu lernen muss. Bei sehr schneller technologischer Entwicklung lässt sich Fachkräftemangel daher nicht einfach mit dem Ruf nach „Bildung" beheben, weil viele Kenntnisse bis zum Ende der Bildung schon wieder veraltet sind. Innerhalb des Zeitraums eines Studiums von drei bis vier Jahren hat sich in der Informatik z. B. schon eine Menge verändert. Deshalb ist ein Informatikstudium in der Regel eher abstrakt. Man lernt die Grundlagen und das „Lernen", damit man sich später in die aktuellen Techniken einarbeiten kann. Viele Unternehmen müssen scheinbar noch lernen, sich auf diese Entwicklung einzustellen. Sie glauben, dass die Gesellschaft einsatzfertige Arbeitskräfte produzieren müsste, die die Unternehmen dann wie niedrighängende Früchte einfach pflücken könnten. In Wirklichkeit ist das bei einem schnellen technologischem Wandel nicht mehr möglich und die Unternehmen müssen dazu übergehen, ihre Mitarbeiter selber zu schulen oder externe Fachkräfte hinzuzuziehen.

Und die Politik?

Wie sollte sich die Politik bei „*disruptiven*" Änderungen verhalten? Nehmen wir einmal die selbstfahrenden Autos als Beispiel. Sollte die Politik diese verbieten, um die Arbeitsplätze von Taxifahrern, Busfahrern und Lokomotivführern zu schützen? Man muss hier jeweils die Vor- und Nachteile für die Fahrer und die Gesellschaft abwägen. Bei der heutigen Technik kommt man in der Regel als Ergebnis darauf, dass sich der Fortschritt nicht lange aufhalten lässt. Ein Aufhalten der Technik ist in der Regel für die heimische Wirtschaft mit Nachteilen verbunden [BA14]. In Großbritannien wurde am Anfang des 20. Jahrhunderts die Höchstgeschwindigkeit der gerade aufkommenden Automobile auf 6 km/h beschränkt, um den Pferdekutschern keine zu große Konkurrenz zu machen. Das war eine Chance für die Automobilindustrie in den anderen Ländern, weil sie Autos ohne diese Limitierungen entwickeln konnten.

Wenn Arbeiter durch Technik ersetzt werden, kann man sich fragen, ob das Wissen der Arbeiter noch in „augmentierenden" Systemen genutzt werden kann. Kann man die Produktivität des Arbeiters mit Computerhilfe wieder so erhöhen, dass sich eine Einstellung wieder rentiert. Diesen Gedanken hatte als erster Frederick Winslow Taylor, der in Abschnitt 4.2 besprochen wurde. Oder kann ein Arbeiter sein Wissen noch anderweitig nutzen? Wenn ein Taxi-Fahrer jetzt durch ein selbstfahrendes Auto ersetzt wird, kann der Fahrer sein Wissen über die Stadt ja eventuell als Stadtführer nutzen. Er kennt vielleicht die besten Restaurants und Geschäftsreisende wären über Tipps dankbar und sind auch bereit dafür etwas mehr zu zahlen.

Eine tiefere Diskussion würde allerdings den Rahmen dieses Buches sprengen. Die meisten seriösen Zukunftsforscher denken aber, dass die

positiven Seiten des technischen Fortschritts die negativen Seiten überwiegen
werden [DMW15, BA14].

> **Wichtig**: Als Faustregel gilt: je mehr eigenes Denken erforderlich
> ist und je komplizierter eine Arbeit ist, desto unwahrscheinlicher
> ist, dass sie in naher Zukunft automatisiert werden kann.

Das heutige Schulsystem allerdings schult Auswendiglernen,
„Funktionieren" und das unkritische Übernehmen des Gruppendenkens. In
der Zukunft werden aber Ideen, Problemlösen, Mustererkennung,
„Computational Thinking" und Kommunikation in der Arbeitswelt wichtig
sein. Es ist vielleicht kein Zufall, dass die Unternehmensgründer von Google,
Amazon und Wikipedia aus Montessori-Schulen stammen und nicht aus dem
staatlichen Bildungssystem [BA14].

Wenn wirklich viele Menschen arbeitslos werden sollten, sind viele
Wirtschaftswissenschaftler auch bereit, neue Arbeitsmodelle und soziale
Sicherungssysteme, wie z. B. ein bedingungsloses Grundeinkommen zu
diskutieren [BA14]. Ein solches Grundeinkommen ist allerdings ein großer
„top-down"-Eingriff in ein komplexes System. Es ist ein massiver Eingriff in
das Verhältnis von Angebot, Nachfrage und Preis von menschlicher Arbeit.
Es ist also nicht absehbar, was die Folgen eines solchen Grundeinkommens
wären.

11.8 Monopole und Patente

In Abschnitt 9.10 wurden die „Winner takes it all"-Eigenschaften vieler
digitaler Märkte erklärt. Wenn ein Unternehmen ein überragendes Produkt
anbietet, das die Konkurrenz nicht anbieten kann oder nur zu einem höheren
Preis anbietet, dann kann ein *natürliches Monopol* entstehen. Ein natürliches
Monopol ist nicht schlimm, weil es den Wunsch der Kunden wiederspiegelt.
Anders verhält es sich bei einem *künstlichen Monopol*: bei einem künstlichen
Monopol kann eine Firma alleine ein Produkt anbieten. Die Kunden sind
gezwungen, dieses Produkt von dieser Firma zu kaufen. Deshalb kann die
Firma die Preise künstlich erhöhen, das Angebot verknappen, die Qualität
verschlechtern und die Kunden „an die Leine nehmen". Deshalb werden
künstliche Monopole in der Regel sehr kritisch betrachtet.
Merkwürdigerweise aber nur, wenn es sich nicht um ein künstliches Monopol
für den Staat handelt.

Hier müssen wir uns an die beiden Perspektiven der Angebotsseite und der Nachfrageseite aus Abschnitt 5.3 erinnern: Yin und Yang. Aus der Perspektive der Nachfrage gibt es in einer Marktwirtschaft idealerweise auf der Angebotsseite Wettbewerb. Die Unternehmen stehen in Konkurrenz zueinander und die Kunden können sich preiswerte Produkte aussuchen. Aus der Perspektive des Angebots allerdings, ist es sinnvoll ein Monopol anzustreben, wie es z. B. Peter Thiel auch klar als das Ziel eines Unternehmens angibt [TM14].

Damit die Wirtschaft funktioniert, muss ein gesundes Mittelmaß zwischen Monopolen und Wettbewerb bestehen. Wenn andere Unternehmen die Produkte eines Unternehmens einfach kopieren können, dann lohnt sich für das Unternehmen die Entwicklung des Produkts nicht mehr (*„Raubkopien"*). Gefährlich wird es aber auch, wenn die Bildung von künstlichen Monopolen zu einfach ist. Denn dann gibt es keinen Fortschritt und viele Rechtsstreitigkeiten wegen *Trivialpatenten*.

In einer Informations- und Wissenswirtschaft, in der Information und Wissen als wirtschaftliches Gut gehandelt werden, ist es notwendig, „geistiges Eigentum" zu schützen. Hier unterscheidet man zwischen den folgenden Möglichkeiten:

- Geschäftsgeheimnis
- Copyright
- Patente
- Trademark, Warenzeichen

Die ursprüngliche Methode, Informationen geheim zu halten, ist das *Geschäftsgeheimnis*. Als Beispiel kann das Rezept von Coca-Cola gelten, das bisher nicht veröffentlicht wurde. Allerdings funktioniert dieses nicht bei Maschinen, die man auseinanderbauen und „re-engineeren" kann. Auch ausgelieferte Software lässt sich analysieren.

Mit einem Copyright kann die Herstellung einer Kopie eines geistigen Werks verboten werden, wie z. B. von einem Buch, Musik oder Film. Mit einem Copyright wird also eine 1 zu 1-Kopie verboten und die Investition des Erstellers geschützt. Hierdurch können keine Monopole entstehen.

Ein Patent hingegen wird bei einem Patentamt beantragt und gilt nicht für ein spezielles Werk, sondern für eine Methode oder ein technisches Muster. Die Firmen Apple und Samsung z. B. haben sich viele Gerichtsverfahren geliefert, weil Apple ein Patent auf ein „Mobiltelefon mit nur einem Button" hatte. Apple hat mit Hilfe dieses Patents Samsung daran gehindert, vergleichbare Produkte auf den Markt zu bringen. Patente können daher zu Monopolen führen und eine Bedrohung für den Wettbewerb sein.

Die heutigen Patentsysteme führen zu regelrechten „Patentschlachten" zwischen den großen Unternehmen. Hier sind insbesondere kleinere Unternehmen nicht in der Lage mitzuhalten und werden vom Markt verdrängt. Daher sind die heutigen Patentsysteme zu überdenken und gerechter zu gestalten [Rid10, Hin13].

11.9 Datenschutz und Privatsphäre

Daten und Datenschutz

Daten sind ein wichtiger „Rohstoff" von Informationen. Informationen reduzieren die Unsicherheit und führen damit zu besseren Entscheidungen. Dieses betrifft sowohl die Wirtschaft, als auch die Institutionen des Staates und die Wissenschaft.

Jetzt sind nicht alle Daten gleich. Manche Daten erlauben Rückschlüsse auf die Person, die diese Daten erzeugt hat, offenbaren peinliche Details oder bieten Möglichkeiten zur Erpressung. Hier gilt das Sprichwort *„Wissen ist Macht"*. In den falschen Händen kann Wissen sehr gefährlich werden! Andererseits sind manche Daten für die Erbringung von Diensten unerlässlich. Ein Telekommunikationsunternehmen muss wissen, in welcher Zelle sich ein Mobiltelefon befindet, damit es die Signale zum richtigen Sendemast leiten kann. In Daten ist Wissen enthalten und ist in der Wissensgesellschaft und -wirtschaft das wichtigste Element. Ohne Daten kann es kein Wissen geben.

Um das Jahr 2000 herum, als das Internet und die ganzen sozialen Netzwerke neu waren, waren erst alle begeistert. Mit den Jahren kamen dann aber doch Bedenken: Wo werden die Daten eigentlich gespeichert? Wer kann diese einsehen? Was ist mit dem Datenschutz? Was ist mit der Privatsphäre? Dass die anfängliche Begeisterung abflacht und einem kritischen Blick weicht, ist eigentlich bei allen neuen Techniken so. Als die Menschen vor der Industrialisierung noch arme Bauern waren, haben sie die Industrialisierung begrüßt und den Nebeneffekt Umweltverschmutzung zuerst ignoriert. Als dann genügend Wohlstand vorhanden war, begann man, sich um die Verschmutzung Sorgen zu machen und fing an, diese zu verbessern. Das ist eigentlich der normale Weg der Marktwirtschaft. Die Unternehmen entwickeln Produkte, die Kunden probieren sie aus und geben Feedback. Daraufhin verbessern die Unternehmen ihre Produkte, usw.

Auch die Software-Entwickler mussten hier viele leidvolle Erfahrungen machen, z. B. wie sie ihre Produkte sicherer machen können, wie Daten verschlüsselt übertragen und sicher in Datenbanken gespeichert werden können. Zwischen Software-Entwicklern und den Hackern, die versuchen, Sicherheitslücken zu finden, gibt es immer einen Wettlauf. Aber das ist in der physikalischen Welt bei Kriminellen auch so, denn es werden ja z. B. auch Banken ausgeraubt.

Die Diskussion um den Datenschutz ist oft sehr schwierig, da der Begriff Daten so allgemein ist. Sind es persönliche Daten, wie z. B. die Adresse und der Wohnort oder Nutzerdaten, wie z. B. die gekauften Spiele? Sind es Kamerabilder von einer Überwachungs-Kamera im öffentlichen Raum oder auf einem Privatgelände? Ist es ein Audiomitschnitt eines Gesprächs, bei dem der Gesprächsteilnehmer nicht wusste, dass es aufgenommen wurde?

Privatsphäre

Es ist nicht möglich, auf alle diese Fälle eine einfache Antwort zu geben, weil hier sehr viele unterschiedliche Auffassungen und Rechtsvorstellungen berührt werden. Eine von Kritikern in den Medien oft geäußerte Aussage ist *„Computer bedrohen die Privatsphäre"*. Aber was bedeutet das genau? Was ist die Privatsphäre, was ist privat? Wenn diese Fragen nicht einfach zu beantworten sind, was soll dann ein „Recht auf Privatsphäre" sein.

Das grundlegende Problem ist, das es keine eindeutige Definition von *„Privatheit"* gibt. Der amerikanische Rechtsprofessor Daniel J. Solove hat in seiner Arbeit *„A taxonomy of privacy"* die verschiedenen Definitionen von „Privat" untersucht. Er ist zu dem Schluss gekommen, dass „Privatsphäre" nicht als Grundlage für die Gesetzgebung benutzt werden kann („privacy is far too vague a concept to guide adjudication and lawmaking") [Sol06, PF13].

Man kann aber gut politisch Stimmung damit machen, ähnlich wie mit dem Wort „sozial". Es kann sich ja jeder selbst definieren, was er gerade unter „Privat" versteht.

> **Wichtig**: Weil es keine klare Definition von „Privat" gibt, kann mit dem „Recht auf Privatsphäre" daher jede beliebige Intervention, Regulierung oder Verbot gerechtfertigt werden.

Auf einer öffentlichen Straße befindet man sich eben in der Öffentlichkeit und nicht in der „Privatheit". Wenn eine Kamera diese Straße filmt, kann man dann ein Recht auf seine „Privatsphäre in der Öffentlichkeit" pochen? Wenn jemand seine Daten bei einem sozialen Netzwerk eingibt, damit er dort Spiele spielen kann und diese Daten auf den Servern des sozialen Netzwerks gespeichert werden, sind es dann noch „seine" Daten? Er benutzt schließlich die Server des Netzwerks.

Alle diese Fragen sind nicht leicht zu beantworten, weil im Endeffekt das Wort „Privat" nicht klar definiert ist. Diese Problematik überträgt sich auf Diskussionen über den „Datenschutz".

Das wichtigste ist, dass die Menschen gewisse Grundregeln des sicheren Umgangs mit Daten lernen. Dass sie wichtige Daten gar nicht in sozialen Netzwerken speichern. Diese müssen ja nicht alles wissen. Unternehmen hingegen sollten ihre Systeme so sicher wie möglich machen. Hier gibt es verschiedene Datenschutz-Siegel und rechtliche Anforderungen.

Ganz wichtig ist aber, dass nicht nur Kritiker, Juristen und große Unternehmen an den Diskussionen teilnehmen. Datenschutz ist wie Umweltschutz ein Kostenfaktor für Unternehmen. Den meisten Unternehmen ist heute klar, dass man wichtige persönliche Daten verschlüsselt speichert und die Systeme möglichst sicher macht. Aber hierzu sind unter Umständen komplizierte Maßnahmen notwendig, die die Systeme teurer machen, so dass aus Kostengründen nicht alle Daten den gleichen Schutz bekommen können. Hier müssen auch kleine und mittlere Unternehmen gefragt werden.

Man sollte Datenschutzbeauftragte auch basisdemokratisch wählen können. Ansonsten besteht die Gefahr, dass diese Beauftragten Spielball politischer Interessen werden, wenn sie von den Parteien benannt werden können.

Etwas außerhalb der Thematik dieses Buchs ist die Frage, wie mit Kameras im öffentlichen Raum umgegangen werden soll. Je kleiner die Kameras werden, desto intensiver werden wohl die Diskussionen werden. Wenn jemand eine Brille mit einer Kamera trägt, die automatisch eine Gesichtserkennung durchführt und Informationen zu diesem Gesicht im Internet sucht und die gefundenen Informationen einblenden kann (ähnlich wie die Brille von Google), dann gibt es keine Anonymität mehr. Die Menschheit lebt dann wirklich in einem globalen Dorf, wo jeder jeden kennt. Großstädter empfinden das oft als Bedrohung, während die Landbevölkerung und Kleinstädter das aus dem Alltag kennen.

Wirtschaft und Staat

Beim Datenschutz muss man zwischen den folgenden Gruppen unterscheiden:

1. Unternehmen
    - Gute: Benötigen Daten nur für Dienstleistung oder Produkterstellung
    - Schlechte: Spionage-Unternehmen, Detekteien
2. Staaten und ihre Geheimdienste
3. Gangster, Hacker, Cyber-Crime

Der normale Fall ist ein Unternehmen, dass eine Dienstleistung anbietet oder ein Produkt herstellt und hierfür Daten verarbeitet.

Wichtig: Die Übergabe von Daten an Unternehmen ist freiwillig.

Niemand ist gezwungen, Daten bei einem sozialen Netz einzugeben. Man kann auch „aussteigen" und ein „drop out" sein und dieses zur Moderichtung oder gutem Lebensstil erklären.

Unternehmen, die das Vertrauen ihrer Kunden missbrauchen, wird es leider auch immer wieder mal geben. Die „guten" Unternehmen werden aber versuchen, den Datenschutz zu verbessern und bieten z. B. verschlüsselte Übertragung an. Unternehmen werden z. T. von den Regierungen per Gesetz dazu gezwungen, bestimmte Daten freizugeben. Telekommunikationsunternehmen in Deutschland werden z. B. zur *„Vorratsdatenspeicherung"* verpflichtet. Hier gab es in den USA viele Vorwürfe an viele Unternehmen, wie z. B. Google und Apple, weil sie der amerikanischen NSA Daten geliefert haben sollen. Hier wissen viele Kritiker nicht, dass ein Unternehmen keine Möglichkeit des politischen Widerstands hat außer dem Rechtsweg, Lobbyismus und Medienarbeit. Unternehmen können keine Freiheitskämpfer sein, weil sie dann einfach geschlossen werden. Kritiker interpretieren dieses oft als Unterstützung eines politischen Systems. Unternehmen können ein Land aber nur verlassen, für sie gilt: *„like it or leave it"*. Der ausbleibende Protest bei der Zensur bei Facebook in Deutschland hat außerdem gezeigt, dass auch die „Linke" nicht prinzipiell gegen Zensur ist. Facebook hingegen kann sich der regierenden SPD nur beugen oder Deutschland verlassen.

Die zweite Gruppe bilden die Staaten, ihre Geheimdienste und die damit verbundenen Organisationen. Hier kann der einzelne Mensch nicht frei darüber entscheiden, welche Daten er an wen gibt. Der Staat begründet z. B. die Vorratsdatenspeicherung mit der Bekämpfung von Terrorismus und anderer Verbrechen. Hier wird ein Problem sichtbar: einerseits möchten viele Menschen den Staat mit wichtigen Aufgaben betrauen, weil sie es „dem Markt" nicht zutrauen oder weil sie gegen die gewinnorientierte Wirtschaft sind, aber andererseits fehlt ihnen die Möglichkeit, den gleichen Staat selber zu kontrollieren.

> **Wichtig**: Viele Menschen sind bereit dem Staat, Macht zu übertragen, haben aber bisher keine Möglichkeit gefunden, zu verhindern, dass der Staat diese Macht nicht ausnutzt.

Die NSA, CSEC, GCHQ, BND und wie sie alle heißen, sind eigentlich alle demokratisch durch ihre Wähler legitimiert. Die Mehrheit der Menschen in den jeweiligen Ländern hat dem zugestimmt. Jetzt werden manche sagen, aber die NSA ist ja kein deutscher Geheimdienst, könnte man denen nicht verbieten, in anderen Ländern zu spionieren? Ja, dann müsste man dem Bundesnachrichtendienst (BND) aber auch verbieten, in anderen Ländern zu spionieren. Hat das irgendeine Partei in Deutschland in ihrem Parteiprogramm? Seitdem es Staaten gibt, gibt es Spionage, Geheimdienste und Überwachung. Dieses Problem gab es schon immer und ist nur durch die technologische Entwicklung wieder in den Mittelpunkt gerückt.

Wenn ein Staat die Kommunikation seiner Bürger überwachen möchte, dann muss er mit allen Kommunikationsunternehmen Vereinbarungen über die Überwachung machen. Dieses ist aus der Perspektive des Staats umso einfacher, je weniger Kommunikationsunternehmen es gibt. Der Staat hat hier also ein Interesse daran, den Markt unter möglichst wenig Unternehmen aufzuteilen. Hier können große Kommunikationsunternehmen also zusammen mit dem Staat eine Koalition eingehen, indem die Regulierung so gestaltet wird, so dass die großen Unternehmen ihre kleineren Konkurrenten loswerden [Wu13].

> **Wichtig**: Je weniger Kommunikationsunternehmen es gibt, desto einfacher ist die Überwachung für den Staat. Die Anzahl der Unternehmen kann durch Regulierung verkleinert werden.

Für die Bevölkerung bleibt da nur der Trost, dass man Daten verschlüsseln kann. Zumindest solange das nicht verboten wird. Bei der Verschlüsselung lassen sich Daten nur mit dem richtigen Passwort entschlüsseln. Mehrere Staaten haben inzwischen schon gefordert, dass ihre Geheimdienste eine Art Universalpasswort bräuchten, eine „Hintertür", damit sie die ihren Aufgaben nach der Verbrechensbekämpfung nachkommen könnten. Hier gibt es einen Tradeoff zwischen der Sicherheit und der Freiheit der Bevölkerung.

> **Wichtig**: Verschlüsselung muss erlaubt bleiben ohne eine „Hintertür" für Geheimdienste.

Für offene Gesellschaften und Demokratien ist das Internet ein Segen, für Diktaturen hingegen ist es ein Überwachungsinstrument. Der CEO von Google Eric Schmidt und Google-Mitarbeiter Jared Cohen gehen in ihrem Buch *„Die Vernetzung der Welt: Ein Blick in unsere Zukunft"* auf die Rolle der Unternehmen und der Staaten im politischen Bereich genauer ein [SC13].

12. Zusammenfassung und Fazit

12.1 Zusammenfassung

Viele natürliche und künstliche Systeme sind komplexe Systeme, weil sie emergentes Verhalten aufweisen, dass durch die Interaktionen der einzelnen Agenten erzeugt wird. Diese Agenten passen sich an Änderungen des Systems an. Daher sind komplexe Systeme schwer vorherzusagen und auch schwer zu kontrollieren. Die Agenten entwickeln „bottom-up" ein Verhalten. Traditionell versucht man aber ein System „top-down" von außen zu steuern. Hier müssen beide Richtungen in Einklang gebracht werden und zueinander passen.

Die Wirtschaft und auch die menschliche Gesellschaft ist ein Beispiel für ein komplexes System. Die traditionelle Politik versucht, die Wirtschaft in die richtigen Bahnen zu bringen. Hier gibt es zwei gegensätzliche Richtungen: mehr „top-down"-Kontrolle durch den Staat vs. mehr „bottom-up" Prozesse durch den Markt. Hier wurden die Erkenntnisse der komplexen Systeme noch nicht auf die Politik und die Wirtschaft übertragen. Märkte sind ein „basisdemokratischer" Algorithmus, mit denen man die Verteilung von knappen Ressourcen mit unterschiedlichen Verwendungszwecken organisieren kann. Alternativen, wie z. B. die Planwirtschaft, sind diktatorisch. Märkte reflektieren die menschlichen Präferenzen.

Daten enthalten Informationen und diese werden benötigt, um die Unsicherheit über ein System zu reduzieren. In der Regel gilt, je mehr Informationen man hat, desto bessere Entscheidungen kann man fällen. Daher sind Daten lebenswichtig für eine funktionierende Gesellschaft. Data Science, Big Data und die Künstliche Intelligenz selber sind nicht gefährlich und die Intelligenz steckt in den Menschen, die diese Systeme nutzen oder erstellen.

Die technologische Entwicklung wird immer schneller werden, weil die Produktivität der Menschheit steigt. Die „kollektive Intelligenz" wächst aufgrund der Digitalisierung, der Vernetzung und der kombinatorischen Innovationen. Durch diese Entwicklung wird sich die Wirtschaft in den kommenden Jahren stark ändern. Große Unternehmen haben oft Schwierigkeiten, auf Änderungen schnell zu reagieren. Daher ist es wichtig, dass Startups möglichst einfach gegründet werden können und die Innovationen in das Wirtschaftssystem „hineintragen".

Hier sollte die Politik auf keinen Fall versuchen, die technische Entwicklung zu stoppen, sondern den richtigen Rahmen herstellen, damit die Änderungen möglichst optimal für alle Menschen stattfinden.

12.2 Folgerungen

Die Welt steht vor starken Änderungen. Die Menschen müssen jetzt lernen, sich an die neue Situation anzupassen. Hierzu werden die folgenden Tipps empfohlen:

1. „Reset" und völlige Neubewertung
2. Zukunft positiv sehen: Optimismus statt Angst und Panik
3. Änderungen positiv sehen, begrüßen und mitgestalten
4. Komplexität berücksichtigen
5. Fortschritt ist fragil
6. Innovation statt „politischer Debatte"

Reset und Neubewertung

Die Welt ist ein komplexes System und hat sich stark geändert. Zum Beispiel gelten in der digitalen Wirtschaft andere Regeln als in der physikalischen. Es sind neue „Geschäftsmuster" entstanden. Die dem Menschen bekannten Heuristiken und „Pi mal Daumen"-Regeln gelten nicht mehr. Man sollte daher das bisherige Wissen in Frage stellen und alles noch einmal aus der Sicht der komplexen Systeme, der Spieltheorie, der Netzwerktheorie und der Verhaltensökonomie sehen. So ein „Reset" ist aber – im Gegensatz bei einem technischen System – bei Menschen ein Prozess. Es kann etwas länger dauern, bis man die Welt wirklich aus einer anderen Perspektive sieht. Auch kann man als Mensch diese Änderungen nicht in einem Schritt machen, sondern muss sie in sehr vielen kleinen Schritten machen. Aber wenn man 360 Tage lang die Perspektive um 0,5 Grad dreht, guckt man nach einem Jahr in die andere Richtung.

Die Zukunft positiv sehen

Wer die Schlagzeilen in den Medien und die Buchtitel in den Buchhandlungen in den letzten Jahren gelesen hat, der müsste eigentlich eine ganz schöne Angst haben. Denn es drohen Hungersnöte, Seuchen und Epidemien, Rinderwahnsinn, Umweltprobleme, Grenzen des Wachstums, intelligente Killer-Roboter, Überwachungsalgorithmen und noch vieles mehr. Sind diese Warnungen realistisch oder lassen sich die Medien so nur besser verkaufen nach dem Motto „Good news is no news"?

Laut Peter Thiel sind die Menschen in Europa bezüglich der Zukunft pessimistisch, sie wissen nur noch nicht genau, welches Übel als erstes eintreten wird [TM14]. Die deutsche „Angst", die sogar im Ausland berühmt ist, lässt sich gut an der deutschen Übersetzung des Buchs „*Big Data at Work*" von Thomas H. Davenport erkennen [Dav14]. Im englischen Original heißt der Untertitel „*Dispelling the Myths, Uncovering the Opportunities*". Das heißt so viel wie „*den Mythos lüften, die Möglichkeiten aufdecken*". Bei der deutschen Version heißt es hingegen „*Chancen erkennen, Risiken verstehen*". Hier wurde also der sagenumwobene und abenteuerliche Mythos zur neutralen Chance, und die Möglichkeiten zu Risiken". Aus einer positiven abenteuerlichen Zukunft wird eine ängstliche vorsichtige Zukunft.

Wer aber immer Schlechtes erwartet und die Zukunft nicht aktiv mitgestaltet, der bekommt auch eine schlechte Zukunft. Man verbaut sich die Zukunft so durch sich selbsterfüllende Prophezeiungen. Matt Ridley argumentiert in seinem Buch „*The Rational Optimist*" dafür, dass es rational ist, optimistisch zu sein, wenn man die menschliche Geschichte betrachtet. Denn Pessimisten hat es immer gegeben und bisher hatten sie meistens unrecht [Rid10].

Änderungen positiv sehen

Die meisten technologischen Erfindungen hatten für die Menschheit positive Folgen. Der Lebensstandard ist global gesehen so hoch wie noch nie zuvor [Rid10, BA14]. Wenn neue technische Änderungen am Horizont erscheinen, dann sollte man diese begrüßen, sich dafür interessieren und sich fragen, wie man diese einsetzen könnte und wie man diese noch besser machen könnte.

Wenn heute in Deutschland viele Kritiker über Google und Facebook schimpfen, trifft das doch gar nicht den Kern des Problems. Google wird so stark benutzt, weil es die beste Suchmaschine anbietet. Das Problem ist doch eigentlich, dass es keine guten Alternativen gibt, weil die anderen Unternehmen schlechtere Produkte entwickelt haben. Erinnert sich jemand an die mit viel Steuergeldern finanzierte europäische Suchmaschinen „Quaero" und „Theseus"? Da sollte in den Jahren 2006 und 2007 mit EU- und Steuergeldern durch französische und deutsche Universitäten und Forschungseinrichtungen eine Suchmaschine erstellt werden, eine „*europäische Suchmaschine*". Das war schon viel zu spät, denn Google war seit 1998 da und man kann als „late mover" in einem Markt nur noch Erfolg haben, wenn man ein wesentlich besseres Produkt hat. Und warum war man zu spät? Weil man in den USA im Silicon Valley Änderungen begrüßt, positiv sieht und sich die Leute gleich fragen, was man da alles mit machen könnte und dann Firmen gründen, neue Möglichkeiten ausprobieren, viele Misserfolge haben, aber auch ein paar Erfolge dabei sind.

Außerdem kann man mit staatlicher Bürokratie, einer hierarchischen Forschungslandschaft, 40h-Woche und Beamten mit späterer garantierter Pension kein gewinnorientiertes Unternehmen einholen und erst recht keine Aktiengesellschaft bei der hohe Gewinne locken. Oft wird als Vorteil solcher Projekte genannt, das im Rahmen solcher Projekte die Professoren und Forschungseinrichtungen gute wissenschaftliche Artikel veröffentlichen konnten. Aber diese Befürworter vergessen, dass das Ganze mehr als die Summe seiner Teile ist. Diese wissenschaftlichen Artikel sind nur sehr kleine Teilchen in einem großen Ganzen. Und solange in solchen Projekten keiner daran arbeitet, das Ganze zu konstruieren und zu betreiben, werden mit solchen Projekten zwar wissenschaftliche Einzelkarrieren gefördert, eine wirtschaftliche Relevanz für die Gesellschaft ergibt sich daraus aber nicht.

Komplexität berücksichtigen

In der Wirtschaftspolitik gibt es traditionell zwei Richtungen „mehr Staat" vs. „mehr Markt". Mit der „komplexen Politik" kann man diese bisher gegensätzlichen Richtungen miteinander kombinieren, wie es in Abschnitt 11.5 angesprochen wurde.

Natürlich sollten die komplexen Systeme und die agentenbasierte Modellierung auch in den Wissenschaften stärker eingesetzt werden, wie es z. B. in Abschnitt 2.4 erklärt wurde. Aber aufgrund des „Twin Peaks"-Problems, wird es eine Weile dauern, bis sich die neuen Methoden wirklich durchgesetzt haben.

Das beste Mittel, um die Eigenschaften von komplexen Systeme zu erforschen und sie einer breiten Masse von Menschen beizubringen, sind Computerspiele und -simulationen. Heutzutage sind die Simulationen sehr oft „top-down" und der Spieler kann in einer gottähnlichen Position z. B. Städte oder Staaten aufbauen. Eine ABM-Simulation kann sehr rechenintensiv werden, je mehr Agenten es gibt und je „komplexer" das Modell wird. Daher hat man in der Vergangenheit hier starke Vereinfachungen gemacht. Die Grenzen von Computerspielen und Simulationen sind allerdings fließend [BP12]. Es werden „Simulationen" von komplexen Systemen benötigt, die auch Spaß machen und daher auch „Spiele" sind. Die Menschen könnten damit idealerweise die Eigenschaften von komplexen Systemen spielerisch herausfinden.

Eine wichtige Rolle werden die komplexen Systeme und die ABM bei der Klärung der Frage spielen, wie eine bessere Gesellschaft aussehen könnte. Jeder kennt Sprüche, wie *„eine bessere Welt ist möglich"* oder *„Anarchie ist machbar, Herr Nachbar"*. Aber bisher waren die verschiedenen Utopien, wie z. B. Sozialismus, Kommunismus oder Anarchismus immer darauf beschränkt „utopisch" zu sein, sich auf theoretische Texte zu beziehen oder die „Machbarkeit im Kleinen" zu beweisen, in dem man einen Fahrradladen oder Bauernhof „alternativ" organisiert hat. Die Machbarkeit im „Kleinen" ist bei komplexen Systemen aber kein „Beweis" für die Durchführbarkeit im „Großen". Mit ABM kann man alternative Wirtschaftssysteme oder Gesellschaften „ausprobieren". Man würde mit „konstruktiven Gesellschaftsdesign" die verschiedenen Möglichkeiten „simulieren". Denn eines sollte nach der Lektüre dieses Buchs klar sein: wenn es je eine Art „Sozialismus" geben sollte, dann nicht auf dem Weg der Verstaatlichung der Produktionsmittel und der Zentralisierung der Wirtschaft. Der „Sozialismus" müsste er auf jeden Fall ganz anders aussehen als die bisher geplanten und durchgeführten Versuche, wie in Kapitel 5 und 11 besprochen. Und hier muss man daran erinnern, dass weite Teile der Gesellschaft heute noch an die Durchführbarkeit eines „demokratischen Sozialismus" glauben [SPD07].

Fortschritt ist fragil

Die drei Säulen des Fortschritts sind die *Digitalisierung und Vernetzung*, das *exponentielle Wachstum* und die *kombinatorischen Innovationen* (Abschnitt 9.1). Während die ersten beiden eher technischer Natur sind und von einer falschen Politik zumindest in der EU heute nicht stark bedroht werden, sind die kombinatorischen Innovation *fragil*, d.h. zerbrechlich. Die kombinatorischen Innovationen entstehen durch „Trial and Error", durch Versuch und Irrtum und benötigen einen marktwirtschaftlichen Rahmen mit freien Märkten, Rechtssicherheit und Entrepreneurship. Es ist daher nicht verwunderlich, dass viele Startups aus Ländern mit großer wirtschaftlicher Freiheit stammen. Denn durch falsche politische Regulierungen kann die Fähigkeit zur Innovation stark eingeschränkt werden.

In komplexen Systemen haben Aktionen immer auch Nebenwirkungen, wie in Abschnitt 2.6 erklärt. Oftmals sind sich Politiker bei einer Regulierung aber nicht über die Nebenwirkungen im Klaren. Als Beispiel kann die geplante Regulierung der Scheinselbständigkeit in Deutschland dienen. In Deutschland zahlen Unternehmen für ihre Angestellte Beiträge in die Sozialversicherungen ein, wie z. B. der Rentenversicherung. Hier ist es vorgekommen, dass Unternehmen diese Beiträge „einsparen" wollten und aus Angestellten einfach Selbständige gemacht haben, zumindest auf dem Papier. Es wurden „Scheinselbständige", die noch die gleichen Arbeiten gemacht haben. Diese „Scheinselbständigkeit" möchte die Politik in Deutschland verbieten, daher arbeitet das Ministerium für Arbeit und Soziales an einem „Gesetz zur Verhinderung des Missbrauchs von Werkverträgen". Der im Jahr 2015 vorgelegte Gesetzentwurf macht allerdings auch freiberufliche IT-Mitarbeit unmöglich oder zumindest sehr „anfechtbar".

Die heutige Welt ist sehr arbeitsteilig und wissensintensiv. Der Spezialisierungsgrad ist sehr hoch. Daher können Unternehmen nicht für alle Zwecke Angestellte einstellen. Einen Datenbankfachmann benötigt man nur, wenn man das System gerade umstellt oder erweitert. Daher gibt es viele freiberufliche und selbständige Berater in wissensintensiven Gebieten. Jetzt sehen auf dem Papier viele IT-Fachleute aber von außen so aus wie die Scheinselbständigen, denn sie arbeiten beim Kunden vor Ort, benutzen deren Rechner, kommunizieren viel mit den anderen Angestellten und ein Projekt kann auch schon mal ein, zwei Jahre dauern. Hier ist es in der Vergangenheit vorgekommen, dass ein Finanzamt dann den Selbständigen und das Unternehmen rechtlich „zwingen" will, ein Angestelltenverhältnis einzugehen. Hier gibt es in Deutschland momentan keine Rechtssicherheit[39].

Ohne solche flexiblen Arbeitsverhältnisse verliert die Wirtschaft aber ihre Fähigkeit zur Innovation. Denn Innovationen kommen in der Regel von außen in ein Unternehmen, es kann ja nicht alles selber erfinden. Wenn ein innovatives Projekt nicht in Deutschland oder in der EU durchgeführt werden kann, dann macht man das eben in Kalifornien, Texas oder Israel. Und die großen Unternehmen der deutschen Wirtschaft haben sich auf dieses Szenario anscheinend auch schon gut vorbereitet, denn sie haben seit Jahren vermehrt im Ausland investiert und wenig in Deutschland. „Viele deutsche Industrieunternehmen bräuchten inzwischen nicht viel mehr tun, als quasi die Regler hier herunter- und sie an anderen Orten der Welt hochzufahren." schreibt der Journalist Olaf Gersemann [Ger14].

Es gibt natürlich noch weitere Gefahren, die das „zarte Pflänzchen" Fortschritt bedrohen. Die Wirtschaft wird in den nächsten Jahren genügend damit zu tun haben, neue technische Entwicklungen zu integrieren, wie z. B.

---

[39] Weitere Informationen über die „Scheinselbständigkeit" gibt es z. B. unter http://www.vgsd.de/scheinselbstaendigkeit/.

das Internet der Dinge, und sich an die in Abschnitt 10.2 beschrieben Änderungen durch die Globalisierung, die Urbanisierung und die demographischen Veränderungen anzupassen. Die heutige Politik aber hat teilweise noch ein Weltbild aus den 70er-Jahren. Mit einem falschen Weltbild kann man keine richtigen Regulierungen entwerfen. Jede Regulierung macht ein komplexes System noch komplexer. Ein komplexes System kann man nicht zu einem einfachen oder einem komplizierten System regulieren. Regulierungen sind in der Regel für kleine und mittlere Unternehmen schwieriger umzusetzen als für größere. Denn große Unternehmen haben große Rechtsabteilungen. Google z. B. ist auf juristische Auseinandersetzungen vorbereitet [SC13].

> **Wichtig**: Wenn ein Unternehmen in einem Land aus datenschutzrechtlichen Gründen keine Daten sammeln darf, ein Unternehmen in einem anderen Land aber schon, hat das letztere Unternehmen einen Wettbewerbsvorteil, weil es seine Kunden, Märkte, usw. sehr viel genauer kennenlernen kann.

Aber es sind nicht nur die einzelnen Unternehmen die leiden, sondern das gesamte Wirtschaftssystem gerät in Gefahr. Und das Gefährliche ist, dass man das an den bisher benutzten Metriken nicht sehen kann, wie z. B. beim Bruttoinlandsprodukt (BIP) wie in Abschnitt 9.9 beschrieben. Im Oktober 2015 schrieben Bhaskar Chakravorti and Ravi Shankar Chaturvedi in der Harvard Business Review über die *„Krise in Europa"* [CC15]. Allerdings war damit weder die Staats- und Finanzkrise in Griechenland noch die Flüchtlingsproblematik des Sommers 2015 gemeint. Europa ist in einer *„digitalen Rezession"*. Die beiden Wirtschaftswissenschaftler haben 50 Länder untersucht und einen *„Digital Evolution Index"* zum Vergleich erstellt. Von den 23 teilnehmenden europäischen Ländern haben nur die Schweiz, Irland und Estland gut abgeschnitten. Andere gut abschneidende Länder sind z. B. die USA, Singapur, Korea und Israel. In diesen Ländern können Internet-Startups gedeihen und global wettbewerbsfähige Unternehmen entstehen. Die meisten europäischen Länder sind in ihrer Entwicklung jedoch „digital zurück". Man hat den Anschluss verloren. Dieses äußert sich laut den beiden Autoren auch darin, insbesondere amerikanische Unternehmen regulieren zu wollen, wie es deutsche „Intellektuelle" in „politischen Debatten" ja auch fordern [Sch15].

Innovation statt „politischer Debatte"

Die heutige Politik scheint größtenteils darin zu bestehen, bestimmte Teile der Gesellschaft zu „konservieren" und gegen Änderungen zu schützen: die Konservativen wollen moralische Werte und Institutionen „konservieren", die Grünen die Natur, die Sozialdemokraten die Arbeitsplätze und die Großindustrie, die Linken den bürokratischen Staat und die Liberalen die Privilegien von bestimmten Unternehmen oder Industrien. Alles soll so bleiben wie es ist. Die wenigen politisch gewollten Änderungen, wie z. B. die Ökoenergie, der Euro, die Bildung oder die Einwanderung haben ihre Ursachen im Lobbyismus und werden von Wirtschaftswissenschaftlern auch sehr kritisch diskutiert.

Eine „politische Entscheidung" ist daher oft nicht die beste. Und eine „politische Debatte" von sog. „Intellektuellen" bringen auch eher mehr Verwirrung als Klarheit, weil in der Politik nicht wissenschaftlich, sondern emotional und vereinfachend argumentiert wird. Informatikern sagte man früher nach, sie würden nur in Nullen und Einsen denken und nur zwei Kategorien kennen. Das trifft aber eher auf die Politik zu, wo man Meinungen in „Links" und „Rechts" einteilt. Statt Lösungen für die anstehenden Probleme zu finden, *„bekämpft"* man die andere Gruppe mit Parolen und Losungen. Das Wort *„Kampf"* klingt hier sehr übertrieben und unwissenschaftlich, aber das ist genau das Wort, das Martin Schulz (SPD) in seinem Artikel *„Warum wir jetzt kämpfen müssen"* verwendet hat [Sch15].

Dabei hätte die Politik weitaus wichtigere Dinge zu tun. Denn die großen technologischen und sozialen Änderungen sind zu einem sehr großen Teil noch nicht im Staatsapparat und den Behörden angekommen. Es gibt inzwischen in Deutschland sicherlich schon erste Änderungen durch die Digitalisierung, wie z. B. die Abgabe von Steuererklärungen über das Internet, aber die Unternehmen sind hier schon sehr viel weiter. Statt „politische Debatten" zu führen, sollten sich die Politiker überlegen, wie die

Bürokratien der Staaten möglichst viele Vorteile aus der Digitalisierung schöpfen können. Damit könnte man die Staatshaushalte entlasten, die Steuern senken und eine bessere Versorgung erreichen.

Wie in diesem Buch erklärt wird, ist die größte wirtschaftliche Gefahr durch die technologische Entwicklung die Massenarbeitslosigkeit. Aber in einer solchen Situation ist eine Regulierung oder ein Verbot von Technik nicht hilfreich, weil die lokalen Unternehmen dadurch im Wettbewerb der „roten Ozeane" schlechter dastehen. Die beste Lösung wäre, die Produktivität der arbeitslosen Menschen zu erhöhen, indem man ihre Arbeit mit Hilfe von Computern und Robotern unterstützt bzw. „augmentiert".

Hierzu braucht man aber Menschen, die sich für neue Dinge interessieren, die optimistisch in die Zukunft schauen, neugierig sind, neue Sachen ausprobieren, sich überlegen wie man sie besser machen kann und dann evtl. ein Unternehmen gründen. Das kann auch ein „for-benefit" Unternehmen sein.

Die Lösung der heutigen Probleme heißt nicht weniger Technik, Internet und Digitalisierung, sondern mehr davon. Die Welt wird sich auf jeden Fall ändern und je eher man da mitspielt, desto mehr kann man selber mitgestalten.

13. Literaturverzeichnis

Das Literaturverzeichnis enthält sowohl die englische als auch die deutsche Version, falls es eine Übersetzung gibt.

[And13] Chris Anderson. Makers: Das Internet der Dinge: die nächste industrielle Revolution. Hanser. 2013.

[And13] Chris Anderson. Makers: The New Industrial Revolution. Random House Business. 2013.

[Ant14] Andreas M. Antonopoulos. Mastering Bitcoin: Unlocking Digital Cryptocurrencies. O'Reilly. 2014.

[Art14] W. Brian Arthur. Complexity and the Economy. Oxford University Press. 2014.

[Baa10] Roland Baader. Geldsozialismus: Die wirklichen Ursachen der neuen globalen Depression. Resch. 2010.

[Bat07] Michael Batty. Cities and Complexity: Understanding Cities with Cellular Automata, Agent-Based Models, and Fractals. MIT Press. 2007.

[BP12] Katrin Becker, Jim Parker. The Guide to Computer Simulations and Games. John Wiley & Sons. 2012.

[Bei07] Eric D. Beinhocker. Die Entstehung des Wohlstands. Wie Evolution die Wirtschaft antreibt. mi-Fachverlag. 2007.

[Bei07] Eric D. Beinhocker. The Origin Of Wealth: Evolution, Complexity, and the Radical Remaking of Economics. Random House Business. 2007.

[BK83] Monika Binas, Burckhard Kretschmann. Das Datennetz: Computer bedrohen die Freiheit. Kübler Verlag. 1983.

[Bla05] Susan Blackmore. Consciousness: A Very Short Introduction. Oxford University Press. 2005.

[Bla14] Stefan Blankertz. Mit Marx gegen Marx: 11 x 11 Thesen. Books on Demand. 2014.

[Bos14] Nick Bostrom. Superintelligenz: Szenarien einer kommenden Revolution. Suhrkamp. 2014.

[Bos14] Nick Bostrom. Superintelligence: Paths, Dangers, Strategies. Oxford University Press. 2013.

[Bro15] John Brockman. What to Think About Machines That Think: Today's Leading Thinkers on the Age of Machine Intelligence. Harper Perennial. 2015.

[BA14] Erik Brynjolfsson, Andrew McAfee. The Second Machine Age - Wie die nächste digitale Revolution unser aller Leben verändern wird. Plassen. 2014.

[BA14] Erik Brynjolfsson, Andrew McAfee. Second Machine Age: Work, Progress, and Prosperity in a Time of Brilliant Technologies. Norton & Company. 2014.

[Cas12] Gerard Casey. Libertarian Anarchy. Continuum. 2012.

[CC15] Bhaskar Chakravorti, Ravi Shankar Chaturvedi. Europe's Other Crisis: A Digital Recession. Harvard Business Review. 27.10.2015. https://hbr.org/2015/10/europes-other-crisis-a-digital-recession

[Chr97] Clayton M. Christensen, Kurt Matzler, Stephan Friedrich von den Eichen. The Innovators Dilemma: Warum etablierte Unternehmen den Wettbewerb um bahnbrechende Innovationen verlieren. Vahlen. 2011.

[Chr97] Clayton M. Christensen. The Innovator's Dilemma: When New Technologies Cause Great Firms to Fail. Harvard Business Review Press. 1997.

[CSP12] Anton Chuvakin, Kevin J. Schmidt, Christopher Phillips. Logging and Log Management: The Authoritative Guide to Dealing with Syslog, Audit Logs, Events, Alerts and Other It Noise. Syngress. 2012.

[CM16] David Cielen, Arno D.B. Meysman. Introducing Data Science. Manning. 2016.

[CK14] David Colander, Roland Kupers. Complexity and the Art of Public Policy: Solving Society's Problems from the Bottom Up. Princeton University Press. 2014.

[CLRS09] Thomas H. Cormen, Charles E. Leiserson, Ronald L. Rivest, Clifford Stein. Algorithmen - Eine Einführung. De Gruyter Oldenbourg. 2013.

[CLRS09] Thomas H. Cormen, Charles E. Leiserson, Ronald L. Rivest, Clifford Stein. Introduction to Algorithms. MIT Press. 2009.

[Cor11] James W Cortada. Information and the Modern Corporation. MIT Press. 2011.

[Dav14] Thomas H. Davenport. big data @ work: Chancen erkennen, Risiken verstehen. Harvard Business Review Press. 2014.

[Dav14] Thomas H. Davenport. Big Data at Work: Dispelling the Myths, Uncovering the Opportunities. Harvard Business Review Press. 2014.

[Dav11] Ron Davison. The Fourth Economy: Inventing Western Civilization. Figment. 2011.

[Dat13] C.J. Date. Relational Theory for Computer Professionals. O'Reilly. 2013.

[Des04] Meghnad Desai. Marx's Revenge: The Resurgence of Capitalism and the Death of Statist Socialism. Verso. 2004.

[DMW15] Richard Dobbs, James Manyika, Jonathan Woetzel. No Ordinary Disruption: The Four Global Forces Breaking All the Trends. PublicAffairs. 2015.

[Doe03] Dietrich Dörner. Die Logik des Misslingens: Strategisches Denken in komplexen Situationen. rororo. 2003.

[Doe03] Dietrich Dörner. The Logic of Failure: Recognizing and Avoiding Error in Complex Situations. Perseus. 1997.

[Don11] Gary A. Donahue. Network Warrior. O'Reilly. 2011.

[Dru85] Peter F. Drucker. Innovation and Entrepreneurship. William Heinemann. 1985.

[Dru94] Peter F. Drucker. Post-Capitalist Society. Harper Business. 1994.

[EK10] David Easley, Jon Kleinberg. Networks, Crowds, and Markets: Reasoning About a Highly Connected World. Cambridge University Press. 2010.

[Erh57] Ludwig Erhard. Wohlstand für alle. Econ-Verlag. 1957. http://www.ludwig-erhard-stiftung.de/wp-content/uploads/wohlstand_fuer_alle1.pdf

[Eps14] Joshua M. Epstein. Agent_Zero: Toward Neurocognitive Foundations for Generative Social Science. Princeton University Press. 2014.

[Eps06] Joshua M. Epstein. Generative Social Science: Studies in Agent-Based Computational Modeling. Princeton University Press. 2007.

[EA96] Joshua M. Epstein, Robert Axtell. Growing Artificial Societies: Social Science from the Bottom Up. Bradford Book. 1996.

[Fer08] Niall Ferguson. Der Aufstieg des Geldes: Die Währung der Geschichte. List Taschenbuch. 2010.

[Fer08] Niall Ferguson. The Ascent of Money: A Financial History of the World. Penguin. 2008.

[Fre14] Lawrence Freedman. Strategy: A History. Oxford University Press. 2014.

[GFC13] Oliver Gassmann, Karolin Frankenberger, Michaela Csik. Geschäftsmodelle entwickeln: 55 innovative Konzepte mit dem St. Galler Business Model Navigator. Carl Hanser Verlag. 2013.

[GFC13] Oliver Gassmann, Karolin Frankenberger, Michaela Csik. The Business Model Navigator: 55 Models That Will Revolutionise Your Business. Pearson Education Limited. 2014.

[Ger14] Olaf Gersemann. Die Deutschland-Blase: Das letzte Hurra einer großen Wirtschaftsnation. Deutsche Verlags-Anstalt. 2014.

[Gha11] Jamshid Gharajedaghi. Systems Thinking: Managing Chaos and Complexity: A Platform for Designing Business Architecture. Morgan Kaufmann. 2011.

[Gil13] George Gilder. Knowledge and Power: The Information Theory of Capitalism and How it is Revolutionizing our World. Regnery. 2013.

[Gle11] James Gleick. Die Information: Geschichte, Theorie, Flut. Redline. 2011.

[Gle11] James Gleick. The Information: A History, a Theory, a Flood. Pantheon. 2011.

[GB06] Bill Glover, Himanshu Bhatt. RFID Essentials. O'Reilly. 2006.

[Gin14] Herbert Gintis. Bounds of Reason. Princeton University Press. 2014.

[GW08] Rafael C. Gonzalez, Richard E. Woods. Digital Image Processing. Addison Wesley. 2008.

[GC12] Eliyahu M. Goldratt, Jeff Cox. Das Ziel: Ein Roman über Prozessoptimierung. Campus Verlag. 2012.

[GC12] Eliyahu M. Goldratt, Jeff Cox. Das Ziel: Ein Roman über Prozessoptimierung. North River Press. 2012.

[Gre15] Samuel Greengard. The Internet of Things. MIT Press. 2015.

[Hay48] Friedrich A. Hayek. Individualism and Economic Order. University of Chicago Press. 1948.

[Haz88] Henry Hazlitt. Die 24 wichtigsten Regeln der Wirtschaft. FinanzBuch Verlag. 2014.

[Haz88] Henry Hazlitt. Economics in One Lesson: The Shortest and Surest Way to Understand Basic Economics. Crown Business. 1988.

[Her07] Arthur Herman. The Idea of Decline in Western History. Free Press. 2007.

[HTT09] Tony Hey, Stewart Tansley, Kristin Tolle. The Fourth Paradigm: Data-Intensive Scientific Discovery. Microsoft Research. 2009. http://research.microsoft.com/en-us/collaboration/fourthparadigm/

[Hin13] Pieter Hintjens. Culture & Empire: Digital Revolution. CreateSpace. 2013.

[Hol14] John H. Holland. Complexity: A Very Short Introduction. Oxford University Press. 2014.

[IL14] W. H. Inmon, Daniel Linstedt. Data Architecture: A Primer for the Data Scientist: Big Data, Data Warehouse and Data Vault. Morgan Kaufmann. 2014.

[JL14] Keith Jones, Michael LaGrega. Six Steps to a Successful RFID Asset-Tracking System. Whitepaper. Siemens Industry Inc. 2014.

[Kad11] Charles Kadushin. Understanding Social Networks: Theories, Concepts, and Findings. Oxford University Press. 2011.

[Kah12] Daniel Kahneman. Schnelles Denken, langsames Denken. Pantheon-Verlag. 2014.

[Kah12] Daniel Kahneman. Thinking, Fast and Slow. Penguin. 2012.

[KM05] W. Chan Kim, Renée Mauborgne. Der Blaue Ozean als Strategie: Wie man neue Märkte schafft, wo es keine Konkurrenz gibt. Hanser. 2005.

[KM05] W. Chan Kim, Renée Mauborgne. Blue Ocean Strategy, Expanded Edition: How to Create Uncontested Market Space and Make the Competition Irrelevant. Harvard Business Review Press. 2015.

[Kri13] Krish Krishnan. Data Warehousing in the Age of Big Data. Morgan Kaufmann. 2013.

[KW05] Paul Krugman, Robin Wells. Volkswirtschaftslehre. Schäffer-Poeschel. 2010.

[KW05] Paul Krugman, Robin Wells. Economics. W. H. Freeman. 2005.

[Kuh12] Thomas S. Kuhn. The Structure of Scientific Revolutions: 50th Anniversary Edition. University of Chicago Press. 2012.

[Kur06] Ray Kurzweil. Menschheit 2.0: Die Singularität naht. Lola Books. 2014.

[Kur06] Ray Kurzweil. The Singularity Is Near: When Humans Transcend Biology. Penguin. 2006.

[MW15] Nathan Marz, James Warren. Big Data: Principles and Best Practices of Scalable Realtime Data Systems. Manning. 2015.

[May14] Thomas Mayer. Die neue Ordnung des Geldes: Warum wir eine Geldreform brauchen. FinanzBuch Verlag. 2014.

[Mil14] Jonathan McMillan. The End of Banking: Money, Credit, and the Digital Revolution. Zero/One Economics. 2014.

[MP07] John H. Miller, Scott E. Page. Complex Adaptive Systems: An Introduction to Computational Models of Social Life. University Press Group. 2007.

[Mis44] Ludwig von Mises. Die Bürokratie. Academia Verlag. 2013

[Mis44] Ludwig von Mises. Bureaucracy. Yale University Press. 1944.

[Mis49] Ludwig von Mises. Human Action: A Treatise on Economics. Liberty Fund. 2006. In Deutsch als "Nationalökonomie: Theorie des Handelns und Wirtschaftens" erschienen, aber nicht mehr verfügbar.

[Mit09] Melanie Mitchell. Complexity: A Guided Tour. Oxford University Press. 2009.

[Mor07] Gareth Morgan. Bilder der Organisation. Klett-Cotta. 2008.

[Mor07] Gareth Morgan. Images of Organization. Sage Publications. 2007. https://en.wikipedia.org/wiki/Images_of_Organization

[Mor11] Ian Morris. Wer regiert die Welt: Warum Zivilisationen herrschen oder beherrscht werden. Campus Verlag. 2011.

[Mor11] Ian Morris. Why The West Rules - For Now. Profile Books. 2011.

[Mue84] Erich Mühsam. Die Befreiung der Gesellschaft vom Staat. Rixdorfer Verlagsanstalt. 1984.

[Ols02] Jack E. Olson. Data Quality: The Accuracy Dimension. Morgan Kaufmann. 2002.

[Opp27] Franz Oppenheimer. Soziologische Streifzüge, gesammelte Reden und Aufsätze. 1927. http://www.franz-oppenheimer.de/fo14a.htm

[OP10] Alexander Osterwalder, Yves Pigneur. Business Model Generation: Ein Handbuch für Visionäre, Spielveränderer und Herausforderer. Campus Verlag. 2011.

[OP10] Alexander Osterwalder, Yves Pigneur. Business Model Generation: A Handbook for Visionaries, Game Changers, and Challengers. John Wiley & Sons. 2010.

[OF14] Trevor Owens, Obie Fernandez. The Lean Enterprise: How Corporations Can Innovate Like Startups. John Wiley & Sons. 2014.

[Pea15] Taylor Pearson. The End of Jobs: Money, Meaning and Freedom Without the 9-to-5. Lioncrest. 2015.

[Pet11] Martin Peterson. An Introduction to Decision Theory. Cambridge University Press. 2011.

[Por85] Michael E. Porter. Competitive Advantage: Creating and Sustaining Superior Performance. Free Press. 1985.

[PF13] Foster Provost, Tom Fawcett. Data Science for Business: What you need to know about data mining and data-analytic thinking. O'Reilly. 2013. http://data-science-for-biz.com

[RG11] Steven F. Railsback, Volker Grimm. Agent-Based and Individual-Based Modeling: A Practical Introduction. Wiley. 2011.

[Rea58] Leonard E. Read. Ich, der Bleistift - Mein Familienstammbaum, wie ich ihn Leonard E. Read erzählt habe. 1958. http://www.hayek.de/images/pdf/Ich%20der%20Bleistift_Uebersetzung_vP.pdf

[Rea58] Leonard E. Read. I, Pencil - My Family Tree as Told to Leonard E. Read. 1958. https://en.wikisource.org/wiki/I,_Pencil

[Rid10] Matt Ridley. Wenn Ideen Sex haben: Wie Fortschritt entsteht und Wohlstand vermehrt wird. Deutsche Verlags-Anstalt. 2011.

[Rid10] Matt Ridley. The Rational Optimist: How Prosperity Evolves. Fourth Estate. 2010.

[RWE15] Ian Robinson, Jim Webber, Emil Eifrem. Graph Databases. O'Reilly. 2015.

[RN10] Stuart Russell, Peter Norvig. Künstliche Intelligenz. Pearson. 2012.

[RN10] Stuart Russell, Peter Norvig. Artificial Intelligence: A Modern Approach. Prentice Hall. 2010.

[SF12] Pramod J. Sadalage, Martin Fowler. NoSQL Distilled: A Brief Guide to the Emerging World of Polyglot Persistence. Addison Wesley. 2012.

[Sch78] Thomas C. Schelling. Micromotives and Macrobehavior. W. W. Norton & Co. 2006.

[Sch15] Frank Schirrmacher. Technologischer Totalitarismus: Eine Debatte. Suhrkamp Verlag. 2015.

[SC13] Eric Schmidt, Jared Cohen. Die Vernetzung der Welt: Ein Blick in unsere Zukunft. Rowohlt. 2014.

[SC13] Eric Schmidt, Jared Cohen. The New Digital Age: Reshaping the Future of People, Nations and Business. John Murray. 2013.

[Shn15] Bruce Schneier. Data und Goliath - Die Schlacht um die Kontrolle unserer Welt: Wie wir uns gegen Überwachung, Zensur und Datenklau wehren müssen. Redline Verlag. 2015.

[Shn15] Bruce Schneier. Data and Goliath: The Hidden Battles to Capture Your Data and Control Your World. Norton & Company. 2015.

[Sch07] Ken Schwaber. Agiles Projekmanagement mit Scrum. Microsoft Press. 2007.

[Sch07] Ken Schwaber. Agile Project Management with Scrum. Microsoft Press. 2007.

[SB14] Shai Shalev-Shwartz, Shai Ben-David. Understanding Machine Learning: From Theory to Algorithms. Cambridge University Press. 2014.

[Sha15] Murray Shanahan. Technological Singularity. MIT Press. 2015.

[SV98] Carl Shapiro, Hal R. Varian. Information Rules: A Strategic Guide to the Network Economy. Harvard Business Review Press. 1998.

[Sky03] Brian Skyrms. The Stag Hunt and the Evolution of Social Structure. Cambridge University Press. 2003.

[Sig09] Karl Sigmund. The Calculus of Selfishness. Princeton University Press. 2009.

[Sim96] Herbert A. Simon. Sciences of the Artificial. MIT Press. 1996.

[Sol06] Daniel J. Solove. A Taxonomy of Privacy. University of Pennsylvania Law Review. 2006.
http://papers.ssrn.com/sol3/papers.cfm?abstract_id=667622

[Sow07] Thomas Sowell. A Conflict of Visions: Ideological Origins of Political Struggles: Idealogical Origins of Political Struggles. Basic Books. 2007.

[SPD07] SPD. Hamburger Programm - Das Grundsatzprogramm der SPD.
http://www.spd.de/linkableblob/1778/data/hamburger_programm.pdf

[Spi14] David I. Spivak. Category Theory for the Sciences. MIT Press. 2014.

[Swa15] Melanie Swan. Blockchain: Blueprint for a New Economy. O'Reilly. 2015.

[Tal08] Nassim Nicholas Taleb. Der Schwarze Schwan: Die Macht höchst unwahrscheinlicher Ereignisse. Deutscher Taschenbuch Verlag. 2010.

[Tal08] Nassim Nicholas Taleb. The Black Swan: The Impact of the Highly Improbable. Penguin. 2008.

[Tal12] Nassim Nicholas Taleb. Antifragilität: Anleitung für eine Welt, die wir nicht verstehen. Knaus. 2013.

[Tal12] Nassim Nicholas Taleb. Antifragile: Things that Gain from Disorder. Penguin. 2012.

[TG15] Philip E. Tetlock, Dan Gardner. Superforecasting: The Art and Science of Prediction. Crown. 2015.

[Tha15] Richard H. Thaler. Misbehaving: The Story of Behavioral Economics. Norton & Company. 2015.

[TM14] Peter Thiel, Blake Masters. Zero to One: Wie Innovation unsere Gesellschaft rettet. Campus. 2014.

[TM14] Peter Thiel, Blake Masters. Zero to One: Notes on Startups, or How to Build the Future. Crown. 2014.

[Tow15] C. James Townsend. The Singularity and Socialism: Marx, Mises, Complexity Theory, Techno-Optimism and the Way to the Age of Abundance. CreateSpace Independent Publishing. 2015.

[Waa07] Frans de Waal. Chimpanzee Politics: Power and Sex among Apes. Johns Hopkins University Press. 2007.

[War07] David Warsh. Knowledge and the Wealth of Nations: A Story of Economic Discovery. W. W. Norton & Co. 2007.

[WR15] Uri Wilensky, William Rand. Introduction to Agent-Based Modeling. MIT University Press. 2015.

[Wil13] Nicholas Wilt. The CUDA Handbook: A Comprehensive Guide to GPU Programming. Addison Wesley. 2013.

[WM15] Adrian Wooldridge, John Micklethwait. The Fourth Revolution: The Global Race to Reinvent the State. Penguin. 2015.

[Wri01] Robert Wright. Nonzero: The Logic of Human Destiny. Vintage. 2001.

[Wu13] Tim Wu. Why Monopolies Make Spying Easier. The New Yorker. 18.6.2013.   http://www.newyorker.com/tech/elements/why-monopolies-make-spying-easier

14. Index

Personen sind unter Nachname, Vorname zu finden. Zusammengesetzte Begriffe, wie z. B. „komplexes System" sind unter „System, komplexes" zu finden. Komposita, wie z. B. „Humankapital" sind unter „Humankapital" zu finden.

A

ABM 26, 27, 33, 35, 36, 39, 40
ACID-Prinzip 118
Adaptivität 38
Agent 22, 26, 142
    rationaler **147**
Agent_Zero 35
Aggregation 108
Agilität 174, 178
airbnb 98, 190
Allmende
    Tragik der 91
Allzwecktechnik 96
Altruismus 52
Amazon 182, 237
Anarchismus 53, 249
Anasazi-Indianer 33
Angebot 77, 84
Angebotspolitik 85
Antifragilität 44
Apple 68, 161, 162, 171, 178, 238, 242
Arbeit
    heuristische 48, 234
    systematische 48, 234
Arbeitsteilung 55, 56, 57, 72, 93, 199
Arrow, Kenneth J. 26
Arthur, W. Brian 35
Augmentierung 235
Aumann, Robert J. 25
Axtell, Robert 27, 30, 32, 33

B

Backpropagation-Algorithmus 153
Bawerk, Eugen Böhm von 231

Beinhocker, Eric D. 99
Bell, Alexander Graham 168
Bewusstsein 158, 159, 225
Beziehungen 17
Beziehungskapital 176
Big Data 9, 115, 128, 129, 137, 140, 201, 208, 210, 245, 247
Bildanalyse 146
Bildverstehen 154, 155
BIP 191, 223, 227, 251
Bitcoin 21, 212
Bohr, Niels 194
bottom-up **26**, 31, 39, 224
Brockman, John 159
Bruttoinlandsprodukt (BIP) 191
Brynjolfsson, Erik 160, 192, 200
Bürokratie 93, 94, 177, 179, 226, 227, 248, 253
Business Process Management (BPM) 117

C

Caenorhabditis elegans 215
CAP-Theorem 120
Chakravorti, Bhaskar 251
Chaturvedi, Ravi Shankar 251
Client-Server-Architektur 20
Cloud 20, 112, 184, 188
Cluster-Analyse 138
Colander, David 228
Common Sense 202
Computernetz 19
Computerspiel 39, 169, 248
CRM 113, 125
Crowd Funding 182

Crowd Sourcing 182
CSV 105
Customer-Relationship Management
   (CRM) 113

D

Daimler, Gottlieb 231
Data Mart 127
Data Mining 131, 135
Data Science 9, 82, 102, 130, 131, 140,
   186, 201, 202, 208, 210, 233, 235, 245
Data-Warehouse (DWH) 125
Daten 33, **101**, 104, 106, 112, 239
   als Wirtschaftsgut 186
Datenbank 117
   dokumentenorientiert 121
   graph-basiert 122
   Key-Value 120
   relationale 117
Datenmodell 105
Datensammelei 33, 131, 186
Datenschutz 188, 239
Davenport, Thomas H. 247
Davison, Ron 60, 68
Debatte
   politische 4, 59, 96, 229, 251, 252,
   253
Deep Learning 154
Demographische 199
Demokratisierung 189, 191
Denken
   langsames und schnelles 47
Desai, Meghnad 231, 232
Descartes, René 6, 158
Dezentralität 38, 76, 87
Diamond, Jared 34
Differentialgleichung 36, 38, 100
Differentialrechnung 15, 24
Digitalisierung 160, 161, 168, 173, 192,
   193, 194, 200, 233, 245
Dilemma
   The Innovator's 178
Disruption 178, 197, 200, 201, 236

Diversität 38
Dobbs, Richard 197
Dörner, Dietrich 41, 42
Drucker, Peter F. 67, 68
DWH 125, 126
Dynamik 43, 54, 96, 225, 232
Dystopie 195

E

Easley, David 88
Egoismus 50, 52
Ehrhard, Ludwig 46
Eigenkapitalquote 220
Eigentum
   geistiges 176, 238
Emergenz 24
Empfehlungsdienste 138
Engels, Friedrich 66, 230
Enterprise Resource Planing (ERP) 113
Entrepreneur 61, 64, 68, 82, 176, 178,
   219, 230, 249
Entrepreneurship 68, 179
Entropie 81, 82, 102, 114
Entscheidung 42, 47, 78, 86, 114, 131,
   132, 178, 191, 194, 239, 245, 252
Entscheidungsbaum 131
Entscheidungstheorie 43
Epstein, Joshua M. 27, 30, 32, 33, 35
Erhardt, Ludwig 80
ERP 113, 125, 177, 206
ETL 126
Euler, Leonard 72
Extrapolation 167

F

Facebook 67, 111, 173, 177, 178, 184,
   185, 187, 188, 233, 242, 247
Fachkräftemangel 176, 235
Faktor
   limitierender 59
Faraday, Michael 73
Fehlerrate 137

Firewall 203
for-benefit 95, 229
for-profit 95, 229
Fortschritt 39, 55, 56, 57, 59, 65, 67, 94,
    128, 162, 166, 169, 171, 186, 198, 250
Franchising 93, 179
Freiheit 217
Friedrich Wilhelm III. 64
Frühling
    arabischer 190

G

Gardner, Dan 194
Gefangenendilemma 50, 52
Gehirn 47, 48, 150, 151, 152, 155, 158,
    201, 215, 216
    kollektives 76
Geld 221
Gersemann, Olaf 69, 250
Geschäftsmodell 179
Geschäftsmodellmuster 179
Gesetz
    steigender Ertragszuwachs 168
    von Moore 166
Gewinnorientierung 93
Gilder, George 82
Glauben 101
Gleichgewicht 73, 74, 76
Globalisierung 173, 174, 193, 198, 199,
    229, 251
Godwin, William 53
Goldratt, Eliyahu M. 59
Google 111, 178, 183, 185, 192, 233,
    237, 241, 242, 244, 247, 251
GPU 154
Graph 17
    bipartiter 89
    sozialer 187, 188
Graph-Datenbank 123
Grenzkosten 170
Gut
    knappes 70
    rivales 169

H

Hadoop 125, 127, 185, 235
Hagel, John 179
Hamilton, William Rowan 72
Hand
    unsichtbare 71, 76
Hayek, Friedrich A. von 76, 87, 189, 231
Henry VIII. 61
Hirschjagd 51, 52, 217
homo oeconomicus 35, 74
Humankapital 176

I

Ich, der Bleistift 75, 228
Index
    aus gewichteter Summe 82
    der gesellschaftlichen Entwicklung 58
Industrie 4.0 115
Information 80, 81, **101**
    semantische 145
Informationstheorie 76, 80, 81, 101
Infrastruktur 179
Innovation 63, 68, 92, 98, 160, 170, 173,
    177, 178, 179, 183, 200, 252
Intelligenz
    kollektive **57**, 76, 98, 168, 186, 198,
        208, 210, 214, 245
    künstliche 137, **142**, 148, 157, 159,
        183, 195, 201, 203, 204, 213, 214,
        245
Internet der Dinge 169, 202, 204, 210

J

Jevons, William Stanley 72, 73
JSON 106, 121

K

Kahneman, Daniel 47
Kanban 174, 175
Kanten 17

Kapital 63, 64, 65, 67, **175**, 192
    intellektuelles 176
Kapitalismus 64, 65, 66, 176, 196, 222
    ohne Eigentümer 94
Kasino-Kapitalismus 43, 83, 99
Kausalität 9
Keynes, John Maynard 71, 85
Key-Performance-Indikator (KPI) 127,
    191
KI 142, 148, 157, 158
Kim, W. Chan 172
Klassifikation **133**, 136, 138
Klassifikationsfehler 136
Klassifizierung 183
Kleinberg, Jon 88
Knappheit 70
Knoten 17
Koalition 217, 226, 243
Koevolution 228
Kommunismus 53, 219, 232, 249
Konflikt 160, 190, 217, 229, 230, 233
Kooperation 51, 52, 217
Korrelation 8
KPI 127, 191
Kreditexpansion 220
Krugman, Paul 77, 80, 99
Kundenbeziehungen 179
Kupers, Roland 228
Kurzweil, Raymond 168, 216

L

Lagrange, Joseph-Louis 72
Laissez-faire 222, 228
Land (Produktionsfaktor) 61
Leibniz, Gottfried Wilhelm 72
Leistungskennzahl 191
Leitzins 221
Lernen
    überwachtes 138
    unüberwachtes 138
Lieferkette 112
Logging 12, 103, 109, 110
Long Tail 181

Lynch, David 40

M

Machiavelli, Niccolò 158
Malthus, Thomas R. 64
Manchester-Kapitalismus 65
Manyika, James 197
Marginalkosten 170
Marketing 112, 114, 115, 117, 127, 130
Markt **87**, 90
    fixer 172
    mehrseitiger 187
    zweiseitiger 183
Marktwirtschaft 46, 53, 55, 71, 84, 87,
    91, 98, 219, 221, 222, 230, 238
Marx, Karl 5, 56, 66, 67, 71, 99, 172,
    178, 195, 217, 219, **230**, 232, 233
Massenüberwachung 109
Matching 89
Matching market 88
Mauborgne, Renée 172
Maxwell, James Clerk 73
Mayer, Thomas 221
McAfee, Andrew 160, 192, 200
McCulloch, Warren 152
Menger, Carl 56
Merkantilismus 63, 218, 227
Merkel, Angela 4, 227
Metadaten 105, 126
Metadaten-Management 112
Micklethwait, John 226
Minimalstaat 223
Minsky, Marvin 153
Mises, Ludwig von 87, 93, 231
Mittel **46**
    ökonomisches 46, 59
    politisches 46, 93
Modellierung
    agentenbasierte 26
Monopol 225, 237
Monopolkapitalismus 178
Moore, Gordon 166
Moore-Nachbarschaft 22

Moravec, Hans 155
Moravec's Paradoxon 155
Morgan, Gareth 92
Morris, Ian 58, 66
Multi-Agenten-System 143

N

Nachbarschaft 22
Nachfrage 77, 84
Nachfragepolitik 85
Nadel im Heuhaufen 148
NetLogo 29, 34, 40
Netz
    neuronales 151, 216
Netzwerk 17, 19, 76
    soziales 111, 187
Netzwerkeffekt 170, 177, 184
Neuland 4, 188
Neuron 151
Newton, Isaac 72
Nicht-Nullsummenspiel **50**, 190, 217,
    229
Normalform 119
NoSQL 120
NP-Vollständigkeit 150
Nullsummenspiel **49**, 171, 190, 217, 225,
    229

O

Ockham, Wilhelm von 9
Ockham's Rasiermesser 9, 25
Ökonomie 70
    digitale **169**
    komplexe 35, 99
Ontologie 145
Open Source 184, 185
Oppenheimer, Franz 46
Ordnung 31, 57
    spontane 31, 37
    top-down und bottom-up 57
Organisationen 91
Ötzi 55

Ozean
    blauer **172**, 173, 193, 198, 229
    roter **172**, 173, 229, 253

P

P2P 21
Papert, Seymour 153
Paradigma 98
Paradigmenwechsel 98, 99
Pareto, Vilfredo 30, 72, 73, 180
Pareto-Prinzip 180
Pareto-Verteilung 181
Peer-to-Peer-Netzwerk 21
Physik
    klassische 74
Pitts, Walter 152
Planwirtschaft 85, 87, 175, 194, 220,
    221, 231, 245
Plattform 189
Politik 31, 59, 70, 71, 80, 85, 94, 96, 97,
    99, **217**, 218, 222, 226, 230, 236, 245,
    246, 248, 249, 251, 252
    komplexe 227
Porter, Michael E. 171
Post-Kapitalismus 67
Präferenz 56, 88, 89, 245
Privatsphäre 85, 207, 240, 241
Problem
    des Handlungsreisenden 148
Produktionsfaktor 59
Produktionsmittel 86
Produktivität 66, 72, 113, 168, 175, 199,
    200, 235, 236, 245, 253
Produktivkraft 231
Profiling 138
Prognose 139, 194, 196, 197, 198
Prozesse 112
Prozessoptimierung 60
Prozessorientierung 116

R

Rasiermesser

Ockham's 9
Rationalität 147
    begrenzte 47, 48, 52, 147
RDBMS 117
Rechteverwaltung
    digitale 161
Reduktionismus 6
Regression **133**, 134, 138, 153
Regulierung 44, 45, 46, 83, 84, 85, 91,
    104, 114, 190, 218, 223, 224, 226,
    227, 243, 249, 251, 253
Relationen 17
Revolution
    industrielle 63
Reziprozität 55, 158
RFID 206, 207, 208, 209
Ridley, Matt 55, 57, 247
Risiko
    unternehmerisches 79
Roboter 155, 156
Romer, Paul 73
Rothschild, Nathan Mayer 63

S

Sales 112, 127
Schachbrett
    zweite Hälfte 162
Schelling, Thomas C. 21
Schelling-Modell 21
Schmetterlingseffekt 38
Schmidt, Eric 244
Schule
    Frankfurter 195
    Österreichische 56, 76
Schulz, Martin 4, 229, 252
Schwan
    schwarzer 43, 44
SCM 113, 125, 177
Scrum 175
Segregation 23
Selbst-Organisation 37
Semantik 105, 145
Servicearbeiter 233

Shanahan, Murray 216
Shannon, Claude 76, 81
Shapiro, Carl 169
Sharing-Economy 97, 189, 192
Simulation 13, 16, 26, 28, 33
Simultaneous localization and mapping
    (SLAM) 156
Singer, Marc 179
Singularität 213, 214, 232
S-Kurve 97, 98, 208
SLAM 156
Smith, Adam 54, 71, 72, 76, 99
Solove, Daniel J. 240
Sowell, Thomas 53, 229
Sozialismus 53, 70, 85, 87, 99, 195, 218,
    222, 231, 232, 249
    demokratischer 99, 249
Spezialisierung 55, 57, 171, 182, 250
Spieltheorie 48, 49, 73, 217, 228, 246
SQL 118
Staatsquote 223
Stammdaten 126
    Management 112
Streaming 162
Structured Query Language (SQL) 118
Struktur
    syntaktische 144
Strukturkapital 176
Subsistenz 56, 172
Substitution 235
Suche 148
Sugarscape 27
Supply Chain Management (SCM) 113
Supply-Chain 112, 113, 175, 206
Syntax 105
Syntaxbaum 145
System **6**, 36
    anti-fragiles 44, 45
    fragiles 44
    komplexes 37
    Komposition von Systemen 45
    robustes 44
    verteiltes 120

T

Taleb, Nassim Nicholas 43, 83, 153
Tausch
    freiwilliger 55, 56
Taylor, Frederick Winslow 66, 236
Technologie 173
Tetlock, Philip E. 194
Text-Klassifizierung 139
Text-Mining 139
The Innovator's Dilemma 178
Theory of Constraints 59
Thiel, Peter 173, 178, 197, 230, 238, 247
Tit for Tat 52
Tolstoi, Leo 26
Ton Steine Scherben 222
top-down **26**, 31, 57, 224
Townsend, C. James 232
Transaktion 118
Transistor 151, 155, 166, 167, 168, 200
Turing, Alan 143
Turing-Test 143

U

Uber 98, 190
Überwachung 137
Umgebung 23, 28, 30, 36, 142, 156
Umverteilung 31
Ungleichheit 31, 52
Unsicherheit 43, 81, 82, 102, 114, 131, 171, 186, 239, 245
Unternehmen 68, 79, 91
    entflochtenes 180
unternehmerisches Wissen 69
Urbanisierung 198
Utopie 195

V

V's
    drei 128
Variable
    beobachtete 6, 131
    unbeobachtete 9, 43, 131
Varian, Hal R. 169
Venture-Kapital 69, 182
Veränderungen
    demographische 199
Verhalten
    emergentes 24
Verhaltensökonomie 47
Vernetzung 160, 168, 198, 200, 245, 249
Verschlüsselung 111, 244
Verteilung 31
Vision 53
    eingeschränkte 53, 71
    uneingeschränkte 53, 66, 185, 229
von-Neumann-Nachbarschaft 22
Vorhersage *Siehe* Prognose
Vorratsdatenspeicherung 108, 242, 243

W

Waal, Frans de 158
Wachstum 42, 64, 73, 98, 150, 162, 163, 166, 167, 169, 191, 192, 197, 199, 200
    exponentielles 160, **164**, 166
Wachstumsgesetze 167
Walras, Léon 72, 73
War on piracy 161
Warenkorbanalyse 138
Wasserfall-Modell 174
Watt, James 64
Wells, Robin 77, 80, 99
Wert
    subjektiver 56
Wertschöpfungskette 112
Wettbewerb 49, 170, 171, 172, 173, 217
Wikipedia 189, 192, 196
Win-Win-Situation 53, 54, 56, 73, 158, 191, 217
Wirtschaftswachstum 191, 199
Wirtschaftswissenschaft *Siehe* Ökonomie
Wissen 83, **101**
Wissensarbeiter 233
Wissenschaft

daten-intensive 140
WLAN 204, 205
Woetzel, Jonathan 197
Wohlstandsverteilung 30
Wooldridge, Adrian 226
WPAN 204, 205

X

XML 106

Y

Yin und Yang 84

Z

Zins 62
Zone
    demilitarisierte (DMZ) 203

Über den Autor

Jörn Dinkla ist ein freiberuflicher Informatiker und Unternehmensberater. Er entwickelt Software, hält Vorträge, schreibt Bücher und gibt Schulungen.

Seine Schwerpunkte sind

- Software-Entwicklung
  - Objektorientierte und funktionale Software-Entwicklung
  - Parallele, verteilte und reaktive Systeme
  - Big Data, Data Science, Data Warehousing, Business Intelligence
  - GPU-Computing
- Informatik
  - Komplexe Systeme
  - Agentenbasierte Modellierung (ABM)
  - Rationales Verhalten
  - Künstliche Intelligenz
- Unternehmensberatung

Weitere Informationen gibt es auf seiner Webseite http://ww.dinkla.com.